A Study on
the Conceptual Environment
and Governance Path of
Disabled person's Life

残疾人生活的观念环境及其治理路径研究

梁土坤 著

社科博士论文文库
总　序

　　博士研究生培养是一个人做学问的重要阶段。有着初生牛犊不怕虎的精神和经邦济世雄心的博士研究生，在读博期间倾注大量时间、心血学习，接触了广泛的前沿理论，其殚精竭虑写就的博士论文，经导师悉心指导，并在专家和答辩委员会修改意见下进一步完善，最终以学术性、创新性和规范性成就其学术生涯的首部精品。每一位有志于从事哲学社会科学研究的青年科研人员，都应将其博士学位论文公开出版；有信心将博士论文公开出版，是其今后能做好学问的底气。

　　正因如此，上海社会科学院同其他高校科研机构一样，早在十多年前，就鼓励科研人员出版其博士论文，连续出版了"新进博士文库""博士后文库"等，为学术新人的成长提供了滋养的土壤。基于此，本社拟以文库形式推出全国地方社会科学院及高校社科领域的青年学者的博士论文，这一办法将有助于哲学社会科学领域的优秀成果脱颖而出。根据出版策划方案，本文库收录的作品具有以下三个特点：

　　第一，较高程度掌握学科前沿动态。入选文库的作者以近3年内毕业的博士为主，这些青年学子都接受过严格的学术训练，不仅在概念体系、研究方法和研究框架上具有相当的规范性，而且对研究领域的国内外最新学术成果有较为全面的认知和了解。

　　第二，立足中国实际开展学术研究。这些论文对中国国情有相当程度的把握，立足中国改革开放过程中的重大问题，进行深入理论建构和学术研究。既体现理论创新特色,又提出应用对策建议,彰显了作者扎实的理论功底和把论文写在祖国大地上的信心。对构建中国学术话语体系,增强文化自信和道路自信起到了积极的推进作用。

第三,涵盖社科和人文领域。虽是社科博士论文文库,但也收录了不少人文学科的博士论文。根据策划方案,入选论文类别包括当代马克思主义、经济、社会、政治、法律、历史、哲学、文学、新闻、管理以及跨学科综合等,从文库中得以窥见新时代中国哲学社会科学研究的巨大进步。

这套文库的出版,将为理论界学术新人的成长和向理论界推荐人才提供机会。我们将以此为契机,成立学术委员会,对文库中在学科前沿理论或方法上有创新、研究成果处于国内领先水平、有重要理论意义和现实意义,具有较好的社会效益或应用价值前景的博士论文予以奖励。同时,建设上海社会科学院出版社学者库,不断提升出版物品质。

对文库中属全国优秀博士论文、省部级优秀博士论文、校级优秀博士论文和答辩委员会评定的优秀博士论文及获奖的论文,将通过新媒体和新书发布会等形式,向学术界和社会加大推介力度,扩大学术影响力。

是为序!

上海社会科学院出版社社长、研究员

2024 年 1 月

前　言

世界卫生组织和世界银行发布的《世界残疾报告》(World Report on disability)显示,2010年,全球残疾人超过10亿人,占世界总人口比例超过15%。根据2006年第二次全国残疾人抽样调查的调查数据显示,截至2006年4月1日,我国残疾人口总数达8 296万人,占全国人口的6.34%,有残疾人的家庭共7 050万户,占全国家庭总户数的17.80%,涉及3亿多残疾人亲属。根据2010年第六次全国人口普查的数据推算,我国残疾人口达8 502万人。随着人口规模的不断增长,至2020年,我国人口规模已经达到了14.117 7亿人,依此可以计算得到,2020年我国残疾人约为8 950.7万人。残疾人是一个庞大的社会弱势群体,采取相关措施有效保障残疾人权益、促进残疾人社会融入、提高残疾人生活质量、促进残疾人共享社会发展成果,既是世界各国的基本共识,也是中国式残疾人事业现代化发展和中国式民生建设的核心议题和关键任务。

2006年12月13日,联合国第61届大会通过《残疾人权利公约》(Convention of the Rights of Persons with Disabilities),其宗旨是促进、保护和确保所有残疾人充分和平等地享有一切人权和基本自由,并促进对残疾人固有尊严的尊重。《残疾人权利公约》的通过,不但表示世界各国对保障残疾人权益和促进残疾人发展形成了基本共识,也显示需要从平等、公平、尊重等为基本内涵的新残疾人观来看待残疾及其相关议题。《残疾人权利公约》强调,确认残疾是一个演变中的概念,残疾是伤残者和阻碍他们在与其他人平等的基础上充分和切实地参与社会的各种态度和环境障碍相互作用所产生的结果;确认残疾人的多样性,接受残疾人是人的多样性的一部分和人类的一份子;又确认因残疾而歧视任何人是对人的固有尊严和价值的侵犯;确认无障碍的物质、社会、经济和文化环境、医疗卫生和教育以及信息和交流,对残疾人能够充分享有一切人权和基本自由至关重要;并强调必须使残疾问题成为相关可持续发展战略的重要组成部分。这为世界各国保障残疾人权益、促进残疾人实现共同富裕和共享社会发展成果提供了全新的理念指引和路径借鉴。

我国作为《残疾人权利公约》的签约国,一直以来都非常重视和致力于推进残疾人权益保障和促进残疾人事业高质量发展。早在1990年12月28日,我国第七届全国人民代表大会常务委员会第十七次会议就通过和颁布《中华人民共和国残疾人保障法》,随后国务院先后颁布了《残疾人教育条例》《残疾人就业条例》《残疾预防与康复条例》等相关法规,我国逐步建立了较为完善的残疾人社会政策体系,以保障残疾人权利和促进残疾人全面发展。同时,党和国家通过编制和实施专门的残疾人事业发展规划,采取有针对性的具体措施以促进中国残疾人事业高质量发展。2021年7月8日,国务院印发《"十四五"残疾人保障和发展规划》(国发〔2021〕10号),明确指出:残疾人事业是中国特色社会主义事业的重要组成部分,扶残助残是社会文明进步的重要标志;在全面建设社会主义现代化国家的新征程中,决不能让残疾人掉队。但是,目前我国残疾人不仅仍然面临返贫致贫风险高、社会保障水平和就业质量还不高、家庭人均收入与社会平均水平相比还存在不小差距等问题;而且,残疾人就学就医、康复照护、无障碍等多样化需求还没有得到满足;残疾人平等权利还没有得到充分实现,歧视残疾人、侵害残疾人权益的现象还时有发生。由此可见,改善社会无障碍环境,营造良好的社会氛围,仍然是我国残疾人事业发展的重要内容。

尽管,我国众多学者对残疾人康复、教育、就业、社会保障、无障碍环境建设等议题进行了较为多元的研究,对于我们深入了解残疾人相关议题和促进残疾人事业发展提供了重要参考。然后,从可获得文献来看,残疾人生活的观念环境等相关议题研究文献仍然较为少见,残疾人研究存在"观念环境研究缺位"的现实问题。显而易见的是,残疾人生活的观念环境对残疾人教育、就业、社会参与、权益保障等方面都具有重要的现实意义。因此,个人在博士研究生期间对残疾人生活的观念环境议题开展了初步的探索性研究,以期为相关部门和社会公众深入了解残疾人生活的观念环境的基本特征和影响因素等内容、制定相关政策和改善残疾人生活的环境提供一些参考。

书稿得以最终成形,源于导师关信平教授的大力支持。2016年初,依托导师的助残环境研究项目,个人具体负责在天津市开展了社会公众助残意识及助残行为问卷调查,收集了相关数据和资料,为书稿的写作铺垫了坚实的基础。书稿的主要内容包括以下几个方面。一是通过对社会环境、观念环境的定义、内涵、范围、外延等相关研究进行归纳和总结,同时,对如何看待残疾的几种模式相关文献进行梳理,结合《残疾人权利公约》的主要原则,厘清权利模式的基本要义及其主要原则,在此基础上构建残疾人生活的观念环境的分析指标体系,提出具体从社会公众对残疾人基本情况的认知状况、对残疾及残疾人相关议题的基本态度、对帮助残疾人的助残意愿三个维度来测量残疾人生活的观念环境,为评价残疾人生活的观念环境提供依据。二是立足助残环境研究项目问卷数据,运用SPSS统计分析软件,采用均值分析、频数分析、交叉表分析等描述性统计分析方法对问卷数据进行具体分析,以揭示残疾人生活的观念环境的基本概况及其主要特征。三是从城乡差异和地域差异两个方面来考察残疾人生活的观念环境的区域差异。运用因子分析方法对社会公众对残疾及残疾人相关议题的基本看法、社会公众的助残意愿等进行因子提取,然后对残疾人生活的观念环境的城乡差异进行分析。运用聚类分析方法对不同社区进行聚类分析,总结不同类别的社区的残疾人生活的观念环境的主要特点及其差异。四是运用Logistic回归模型等方法建构残疾人生活的观念环境的影响因素实证模型,从人口学特征、家庭特征、残疾议题关注度、助残和志愿经历等维度分别对社会公众对残疾人基本情况的认知状况、对残疾及残疾人相关议题的基本态度、对帮助残疾人的助残意愿等三个方面的影响因素进行实证分析,力图揭示影响残疾人生活的观念环境的各类因素;并且归纳和分析认知状况、基本态度、助残意愿的影响因素的异同,力图深入反映残疾人生活的观念环境的影响因素及其成因。五是结合实证分析结果,并在借鉴相关经验的基础上,提出改善我国残疾人生活的观念环境的对策建议,以期为各级政府和相关部门制定相关政策提供参考。

一定程度而言,本书丰富了残疾人议题研究的内容体系,初步建立了一个残疾人生活的观念环境影响因素的探索性分析框架,对于残疾人议题研究和相关政策制定具有一定的理论价值和参考价值。期待本书能够为想了解残疾人生活观念及其相关议题的学者和学生提供一定参考。然而,十年前,个人刚刚踏入科研的大门,个人学术水平和研究经验相当有限,使得本书仍然存在残疾人生活的观念环境测量维度的有待拓展和影响机制分析框架相对单一等问题,不足之处在所难免。也期待未来能够有更多学者对残疾人、残疾人权利、残疾人生活的观念环境等议题进行更加深入的研究,为保障残疾人权益、提高残疾人生活质量、促进残疾人社会融入和实现共同富裕而添砖加瓦。

科研路漫漫,本书既是个人对残疾人研究的一个阶段性归纳,也是个人未来对残疾人研究的一个新起点。回望来时路,本书的每一章、每一节、每一段、每一个字都凝聚了个人的不少心血。本书能够出版,也得益于众多师友的帮助与鼓励。他们如同夜空中闪烁的星辰,照亮了我前行的道路,感激之情,难以言表。我深知,个人仅仅是站在残疾人及社会政策研究门口,离真正入门仍有距离,未来个人将一如既往地继续对相关议题进行研究,期待在下一本书与大家再相聚。同时,也要感谢即将翻开这本小书的您,感谢您给予我的支持、信任与肯定。愿这本书能够为您了解残疾人及其相关议题提供一些参考。

目　录

总　序 …………………………………………………… 1
前　言 …………………………………………………… 3

第一章 ｜ 绪论 …………………………………………… 1
　　第一节　研究背景及研究意义 ………………………… 3
　　第二节　文献回顾及简要述评 ………………………… 7
　　第三节　研究内容及主要方法 ………………………… 37

第二章 ｜ 理论基础及分析框架 ………………………… 41
　　第一节　残疾人生活的观念环境分析的逻辑起点 …… 43
　　第二节　残疾人生活的观念环境的分析框架 ………… 50

第三章 ｜ 基本概况及存在问题 ………………………… 67
　　第一节　认知情况：社会公众对残疾人状况的了解
　　　　　　程度 …………………………………………… 69
　　第二节　基本态度：社会公众对残疾议题的主要
　　　　　　看法 …………………………………………… 83

第三节 助残意愿：社会公众帮助残疾人的意愿特点
.... 92
第四节 残疾人生活的观念环境特征汇总 96

第四章 区域差异及主要特点 99
第一节 社会公众对残疾人基本状况认知程度的
区域差异 101
第二节 社会公众对残疾及相关议题基本态度的
区域差异 119
第三节 社会公众助残意愿的区域差异分析 138
第四节 残疾人生活的观念环境区域差异的对比
分析 151

第五章 影响因素及理论分析 155
第一节 社会公众对残疾人基本状况认知程度的
影响因素分析 157
第二节 社会公众对残疾相关议题基本态度的
影响因素分析 170
第三节 社会公众助残意愿的影响因素分析 184
第四节 残疾人生活的观念环境影响因素对比分析
.... 198

第六章 政策意涵及改善建议 205
第一节 总体规划,将改善观念环境纳入残疾人事业
发展目标 207

第二节　纳入残障议题通识教学内容,提高各受教育
　　　　　　阶段学生的残障意识 …………………… 208
　　第三节　完善无障碍环境建设,增加残疾人能见度
　　　　　　……………………………………………… 210
　　第四节　提升媒体报道策略,充分发挥媒介传播
　　　　　　作用 ………………………………………… 211
　　第五节　立足社区,多形式开展残健融合活动 …… 214
　　第六节　多渠道宣传,逐步普及新残疾人观等内容
　　　　　　……………………………………………… 216
　　第七节　发挥专业人员的作用、助推观念环境改善
　　　　　　……………………………………………… 218

第七章　研究结论及未来展望 ……………………………… 221
　　第一节　研究结论 …………………………………… 223
　　第二节　研究创新点 ………………………………… 225
　　第三节　研究不足及展望 …………………………… 227

参考文献 ………………………………………………………… 229

附　录　天津市社会公众助残意识及助残行为
　　　　 调查问卷 ………………………………………… 244

后　记 …………………………………………………………… 254

第一章 | 绪 论

- 第一节 研究背景及研究意义
- 第二节 文献回顾及简要述评
- 第三节 研究内容及主要方法

第一章 | 绪 论

本章作为研究的开篇,将简述残疾人生活的观念环境的研究背景及研究意义,从残疾人相关研究、社会环境与观念环境相关研究、残疾人与社会环境及观念环境相关研究等方面对已有文献进行梳理、归纳、总结和简要述评,并在此基础上形成研究的分析框架,明确研究的主要内容;结合已有资料和数据,确定研究目标和分析方法,为后续研究的开展奠定基础。

第一节 研究背景及研究意义

一、研究背景

自 2006 年 12 月 13 日联合国第 61 届大会通过《残疾人权利公约》(Convention of the Rights of Persons with Disabilities)后[1],2007 年 3 月 30 日,《残疾人权利公约》开放签署仪式在纽约联合国总部举行。中国常驻联合国代表王光亚代表中国在该公约上签字。81 个国家及区域一体化组织的代表当天出席了仪式并签署了该公约。《残疾人权利公约》于 2008 年 5 月 3 日正式生效[2]。2009 年 7 月 30 日,美国签署《残疾人权利公约》,使美国成为第 142 个签署这一公约的国家。到目前为止,签署《残疾人权利公约》的国家已经达到 148 个[3]。

---

[1] 何洪泽.联大通过《残疾人权利公约》[N].人民日报,2006-12-15(003).
[2] 张国忠.20 年见证:从梦想到行动:《残疾人权利公约》开放签署仪式目击[J].中国残疾人,2007(5):21.
[3] 联合国与残疾人权利公约.残疾人权利公约[OL/EN].[2017-03-20].http://www.un.org/chinese/disabilities/default.asp?navid=12&pid=714.

《残疾人权利公约》从权利模式的视角来界定残疾的定义、基于残疾的歧视、残疾人的权利等相关内容,其根本宗旨是促进、保护、确保所有残疾人充分和平等地享有一切人权和基本自由,并促进对残疾人固有尊严的尊重。自此以后,从权利模式的视角来看待残疾、残疾人及其相关问题,并促进残疾人事业的发展成为世界各国的共识。外部良好的环境极大地促进了我国残疾人事业的发展。自2006年起,党和政府连续出台了多项政策以改善残疾人的生存状况,解决残疾人贫困问题,提高残疾人受教育水平,解决残疾人就业相关问题,增进残疾人社会参与和社会融入,促进我国残疾人事业的全面发展等。比如,2007年,国务院颁布实施《残疾人就业条例》,2008年重新修订了《中华人民共和国残疾人保障法》等。然而,尽管如此,我国残疾人在受教育、就业、社会参与等各个方面依然面临着严峻挑战。残疾人就业率低、就业质量不高[4]、按比例安排残疾人就业制度在现实实施过程中面临着较大困难等各种问题[5]仍然特别突出。问题背后的深层次原因值得进行更加深入的探究。

在我国,根据《中华人民共和国残疾人保障法》(中华人民共和国第十一届全国人民代表大会常务委员会第二次会议于2008年4月24日修订通过,自2008年7月1日起施行)的规定,残疾人是指在心理、生理、人体结构上,某种组织、功能丧失或者不正常,全部或者部分丧失以正常方式从事某种活动能力的人。残疾人包括视力残疾、听力残疾、言语残疾、肢体残疾、智力残疾、精神残疾、多重残疾和其他残疾的人。

我国残疾人人口数量较大。2006年第二次全国残疾人抽样调查的调查数据显示,截至2006年4月1日,我国残疾人口总数已高达8 296

---

4 张建伟,胡隽.中国残疾人就业的成就、问题与促进措施[J].人口学刊,2008(2):49-52.
5 尚珂,梁土坤.按比例安排残疾人就业问题分析与思考[J].残疾人研究,2012(2):66-70.

万人,占全国人口的6.34％,有残疾人的家庭共7 050万户,占全国家庭总户数的17.80％,涉及3亿多残疾人亲属[6]。而根据2010年第六次全国人口普查的数据推算,我国残疾人口高达8 502万人[7]。随着我国人口规模的不断增长,至2020年,我国人口规模已经达到了14.117 7亿人[8],依此可以计算得到,2020年我国残疾人规模为8 950.7万人。可见,残疾人是社会最庞大的弱势群体,残疾人发展问题是无法回避的社会问题。如何进一步探究和分析残疾人问题及残疾人事业发展现实困境的背后的深层次的原因,改善社会环境,提升残疾人生活品质,促进残疾人共享发展成果,以进一步提高我国残疾人事业发展的质量,这不仅是中国特色社会主义民生建设的核心议题,而且,也是促进中国式现代化高质量发展的必由之路。

然而,在现实中,盲道被占用、航空公司拒载残疾人、酒店拒绝残疾人入住、孤独症儿童被家长联名赶出学校等事件不断见之于各类报纸等媒体,令社会公众哗然的同时,也反映出目前我国残疾人生存、生活、发展的社会环境依然相当恶劣。如何改善残疾人生活的社会环境,促进残疾人回归社会、融入社会、全面发展等是摆在我们面前的迫切问题。众所周知,社会环境,尤其是作为社会环境重要组成部分的观念环境,不但对残疾人的生存状况、受教育程度、职业发展、政治参与、社会融入等各个方面均会产生重要影响,而且也对我国残疾人相关社会政策的制定、执行和实施效果等具有不可忽视的影响。因此,探索我国残疾人生活的观念环境及其相关问题,改善残疾人生活的社会环境对促进我国残疾人事业发展具有重要意义。

---

6 第二次全国残疾人抽样调查办公室.第二次全国残疾人抽样调查主要数据手册[M].北京:华夏出版社,2007:1-10.
7 中国残疾人联合会网站.2010年末全国残疾人总数及各类、不同残疾等级人数[OL].[2012-06-26]. http://www.cdpf.org.cn/sjzx/cjrgk/201206/t20120626_387581.shtml.
8 陆娅楠.人口总量保持平稳增长[N].人民日报,2021-05-12(1).

二、研究意义

研究残疾人生活的观念环境及其相关问题,具有重要的理论意义和实践意义。

一方面,目前关于我国残疾人生活的社会环境和观念环境的相关研究几乎空白。在这样的背景下,对残疾人生活的观念环境的基本概况、主要特征、区域差异、影响因素等相关内容展开研究,能够充实我国残疾人研究的实践材料,拓展残疾人研究领域的范围和深度。同时,残疾人观的构成体系、残疾人生活的观念环境的内容体系、评价体系等内容的建构,也能够充实我国观念环境和社会环境方面的理论研究内容。这不但能够为我国残疾人康复、教育、就业、社会融入、政治参与等具体方面问题的研究,以及相关残疾人社会政策的实施效果的研究等提供评价体系等方面的参考,也能够为研究其他群体的生活的观念环境等相关议题提供重要参考。

另一方面,对残疾人生活的观念环境进行深入研究,能够为社会公众、各级政府、相关部门、社会组织等深入了解我国残疾人生活的观念环境提供更加直观的材料;能够增进社会公众对残疾人生活的观念环境的了解程度,提高其对残疾人相关问题的关注度,还能够为相关部门了解残疾人问题背后更深层次原因提供重要参考,为其了解和分析残疾人社会政策的效果、实施困境等提供新的审视视角,从而为制定可操作性更强的残疾人社会政策提供参考;使得政府部门、社会组织、社会公众等立足现实,依托各自的角色,采取有效措施以改善我国残疾人生活的观念环境和社会环境,为促进我国残疾人和残疾人事业的发展提供参考。基于此,本文将结合相关调查,对我国残疾人生活的观念环境的基本概况、主要特点、区域差异、影响因素等相关问题展开分析,以期全方位、多角度、深层次地对残疾人生活的观念环境进行阐述和分析,为各级政府和相关部门深入了解残疾人生活的观念环境及相关问题以及制定相关政策等提供借鉴。

第二节　文献回顾及简要述评

下面对社会环境、观念环境、残疾人及其观念环境等相关文献进行归纳、回顾及简要分析,为后续研究提供借鉴。并在总结已有研究存在的不足的基础上,提出本文的研究框架和技术路线。

一、残疾人相关研究文献的简要回顾

残疾人相关议题在较早的时候就受到了学者们的关注。1984年3月15日,中国残疾人福利基金会成立,彭真、王震、习仲勋、邓朴方、崔月犁、崔乃夫等领导出席成立大会,崔月犁等明确指出,各级卫生部门及相关部门应该重视残疾人康复事业。[9] 1987年,我国进行了第一次全国残疾人抽样调查,共调查了1 579 316人,占全国总人口的1.5‰。其中汉族人口1 431 075,占调查总人口的90.61%,少数民族人口148 241人,占9.39%。我国残疾人口占全国总人口的4.9%。但是,各民族的残疾人占比存在较大差异。彝族的残疾人人口占比最高,占7.55%,而朝鲜族的残疾人人口占比最低,为3.55%。并且,不同民族残疾人人口的残疾类型构成也存在较大差异。[10]随后,相关学者对残疾人教育、就业、康复等相关议题进行了多元化的研究,其主要内容体现在以下几个方面。

9　崔月犁.要重视发展残疾人的康复事业[J].医院管理,1984(6):3-4.
10　董兆文.我国各民族的残疾人状况[J].人口学刊,1990(6):26-27.

（一）残疾人就业及其相关问题研究

就业是民生之本,学者们对残疾人就业问题进行了较多相关研究。1989年张再平就明确指出,制定残疾人劳动保障条例等是贯彻我国宪法精神和完善我国劳动就业立法的必然选择、是切实保障残疾人基本权利的必要手段、落实《残疾人职业康复和就业公约》等国际公约的客观需要,并且,应该从职业培训、劳动条件、工资保障、就业保障、监督检查等方面来具体制定残疾人劳动保障条例。[11]残疾人就业问题研究的内容主要包括以下3个方面。

一是残疾人就业存在的问题研究。就业是残疾人改善生活状况、参与社会生活和实现人生价值的主要途径。近年来,我国残疾人的就业率、就业规模和就业服务均取得很大进展,但作为最困难群体的残疾人就业更为艰难,存在就业层次低、收入水平低和发展不平衡等问题。[12]许琳等也指出残疾人就业难是具有普遍性的社会问题。与健全人相比,残疾人无论是在就业率、就业质量、就业结构等方面都存在着很大差距。在市场经济条件下,对残疾人就业困难对象提供就业援助,实施就业促进,是确保市场导向就业机制顺利运行、实现全体劳动者公平就业的重要手段。[13]残疾人主要通过在福利企业就业、分散按比例就业等几种有限的途径和形式实现就业,在社会转型期,残疾人就业面临更加严峻的形势。[14]目前我国残疾人与非残疾人之间的就业率存在明显差距。在已实现就业的残疾人内部,城乡、地区、性别、不同残疾类型之间也存在着较大的就业差异。残

---

11 张再平.制定残疾人劳动保障条例刍议[J].政治与法律,1989(6):36-37.
12 张建伟,胡隽.中国残疾人就业的成就、问题与促进措施[J].人口学刊,2008(2):49-52.
13 许琳.残疾人就业难与残疾人就业促进政策的完善[J].西北大学学报(哲学社会科学版),2010,40(1):116-120.
14 王雪梅.残疾人就业问题与就业保障政策思考[J].北京行政学院学报,2006(2):67-70.

疾人的身体状况、受教育水平、社会保障状况、地区经济发展水平等都是影响其就业的主要原因。[15]徐宁等指出,我国残疾人灵活就业比例高于全国劳动者平均水平,并存在区域差异,西南地区高于华东地区。残疾人灵活就业面临就业环境有待改善、服务保障体系不健全、自身素质有待提升等现实挑战。[16]辅助性就业是促进智力、精神和重度肢体残疾人就业的重要方式。辅助性就业具有社会投资的重要特征,是残障个体赋权增能、残障家庭能力发展、助残组织培育孵化、市场主体责任践履、社会精神文明实践的重要途径。但是,我国辅助性就业发展相对较为缓慢,未能充分发挥促进残疾人就业的现实作用。[17]随着残疾人口年龄结构和经济社会形势的变化,残疾人就业问题从"就业难"转向"就业难"和"招工难"并存的结构性矛盾。马艳宁指出社会性障碍是导致残疾人就业困难的主要原因之一,具体来看,环境领域、观念领域、政策领域等方面存在的主要障碍是制约残疾人就业的主要社会性障碍。残疾人就业能力不足也是导致残疾人就业难的重要原因。残疾人就业能力不足的主要原因是残疾人受教育机会的匮乏和残疾人就业机会的匮乏。[18]因而,需要立足以社会性障碍的消除为重心以全面完善残疾人就业政策及支持体系,从而全面提高残疾人就业的可及性和促进残疾人社会融合。[19]缓解残疾人就业问题的基本思路是促进需求侧的增长,并由此形成具有中国特色

---

15 赖德胜,廖娟,刘伟.我国残疾人就业及其影响因素分析[J].中国人民大学学报,2008(1):10-15.
16 徐宁,李艳,李长安.我国残疾人灵活就业:现状、挑战与政策建议[J].残疾人研究,2023(1):79-86.
17 周沛.社会投资:残疾人辅助性就业服务的逻辑与效用[J].社会科学辑刊,2020(2):80-86.
18 唐钺.从就业能力角度探讨政府、企业和个人在残疾人就业中的作用[J].教学与研究,2008(3):59-64.
19 马艳宁.残疾人就业障碍及促进残疾人就业的路径选择:残障社会模式的视角[J].济南大学学报(社会科学版),2022,32(5):131-138.

的残疾人庇护性就业保障模式。[20]祝萍等指出,解决残疾人就业,亟须转变传统的残疾人观,立足优势视角,从积极的角度看待残疾人的潜能与显能,挖掘有利于残疾人就业的个人资源和社会资源,以有效促进残疾人就业。[21]

　　二是残疾人就业政策及其问题研究。唐鑛等对美国近百年的残疾人就业政策进行了归纳分析,指出其经历了以治疗残疾为特征的生存保障阶段、以强化职业康复和建设基础设施为特征的社会融合阶段、以消除就业歧视和完善工作场所为特征的权利扩展阶段以及以扩展自由和发挥潜能为特征的潜能发展阶段。在新世纪,进一步扩展残疾人的就业权利,创造更好的无障碍社会生活环境与工作场所环境,充分有效地挖掘残疾人人力资源的创造潜力,将是残疾人就业政策的发展趋势。[22]我国迄今已经形成了相对完整的残疾人就业政策体系,但是,我国残疾人就业政策仍然面临一些较为突出的现实问题。[23]《残疾人就业条例》实施后,我国城镇残疾人就业和收入在该条例出台前后并无显著变化。而《残疾人就业条例》实施后福利企业的税收优惠幅度减少、残疾人个体就业的政策门槛较高、申请程序复杂等是导致残疾人就业不乐观的重要原因。[24]王健等指出,我国残疾人按比例就业制度实施30多年,但其效果相对有限,其主要原因在于按比例就业制度的法规密度低、社会公众了解度低、雇主的变通做法、公共部门表率作用缺乏等。因此,可以借鉴国外相关经验,在此基础上,从提升立法操作性、保障残疾人主体地位、强化公共部门核

20　杨立雄,郝玉玲.城镇残疾人就业:"问题"的转移与政策隐喻[J].西北大学学报(哲学社会科学版),2019,49(4):74-88.
21　祝萍.优势视角下残疾人劳动就业问题研究[J].东岳论丛,2014,35(5):55-59.
22　杨伟国,陈玉杰.美国残疾人就业政策的变迁[J].美国研究,2008(2):63-76.
23　杨伟国,代懋.中国残疾人就业政策的结构与扩展[J].学海,2007,(04):48-55.
24　廖娟.残疾人就业政策效果评估:来自CHIP数据的经验证据[J].人口与经济,2015(2):68-77.

心责任等方面优化我国残疾人按比例就业制度,以促进残疾人就业发展。[25]

三是残疾人就业统计及政策效应量化研究。张蕾等梳理了国际典型发达国家残疾人就业统计实践及其经验,指出国际残疾人就业统计具有共识性和差异性的重要特征。其共识性体现为"秉承相同理念,遵循相同原则和确立保障制度",差异性体现为"指标选择差异和统计重心差异",为我国建立更加科学的残疾人就业统计指标体系提供了重要参考。[26]吕学静等研究指出,经济增长对残疾人就业增长的拉动作用不明显。残疾人就业的影响因素主要是残疾人社会保障制度不健全,导致残疾人就业率偏低。但是,经济增长为残疾人社会保障的发展和完善提供了经济支持,进而有利于残疾人的就业。因此,我国应逐渐把宏观政策目标从关注效率转到效率与公平兼顾上,使经济增长的目标更着眼于社会公民,特别是社会弱势群体权利的实现。[27]张琼等基于中国2007—2012年度残疾人追踪数据的实证研究发现,最低工资标准对残疾人就业具有负向影响,最低工资提高反而会使得残疾人就业意愿显著下降和失业概率随之上升;东北地区、女性等就业意愿受最低工资影响程度相对更大。[28]肖日葵等指出,残疾人享受最低生活保障政策等方面支持,发挥了重要的收入支持功能,但却对残疾人就业支持产生了一定程度的挤出效应。因此,需要采取相关措施来弥合低保政策的收入支持和就业融入之间的结构性

---

[25] 王健.残疾人按比例就业制度的国际比较观察与本土优化路径[J].残疾人研究,2024(1):87-96.
[26] 张蕾,张孝栋.残疾人就业统计指标体系构建:国际经验及对中国的启示[J].残疾人研究,2023(4):75-85.
[27] 吕学静,赵萌萌.经济增长对残疾人就业的影响分析[J].湖北社会科学,2012(4):85-88.
[28] 张琼,封世蓝,曹晖.中国最低工资调整与残疾人就业:基于县级邻近配对及个体追踪数据的经验证据与影响机制[J].经济学(季刊),2022,22(3):1061-1078.

张力,可以考虑通过加大残疾人人力资本投资、加强消除功能障碍和完善无障碍环境等来提升残疾人就业能力和就业水平,促进残疾人就业质量的提高。[29]

此外,赵利军等基于2020年残疾人互联网就业质量调查数据进行实证研究,发现人力资本对残疾人互联网就业质量具有显著的提升作用,而社会资本和数字素养发挥了人力资本提升残疾人就业质量的重要中介作用。而且,人力资本对残疾人互联网就业质量具有群体异质性,人力资本对东部和中部地区、直辖市和省会城市,个体特征为男性、40岁及以下的残疾人就业质量具有相对更大的提升效应。因此,应健全以康复、教育、培训和就业服务为主要内容的全周期人力资本政策体系,以提高残疾人就业质量。[30]这些相关研究,为我们深入了解残疾人就业相关问题提供了重要参考。

(二) 残疾人教育及其相关问题研究

教育是残疾人提升人力资本、提高就业质量和回归社会的重要现实基础和重要条件。一项关于1989—2011年的中国营养与健康调查数据的实证研究表明,随着时间的推移,残疾人教育收益率呈现明显的上升趋势且高于非残疾人,且残疾人的教育收益率并未像非残疾人那样呈现出显著的性别差异。[31]教育对残疾人生存发展尤为重要,学者对残疾人教育相关议题进行了相对较多的研究,其主要内容体现在以下几个方面。

一是残疾人教育及其政策的发展状况与现实问题研究。近年来,我

---

29 肖日葵,郝玉玲.残疾人社会保障策略优化:弥合收入支持与就业融入的结构性张力[J].南京社会科学,2022(2):71-79.
30 赵军利,陈功.人力资本与残疾人互联网就业质量[J].北京工商大学学报(社会科学版),2023,38(5):46-59.
31 廖娟.中国残疾人教育收益率研究[J].教育学报,2015,11(1):103-114.

国残疾人教育事业取得了较大发展,《残疾人教育条例》(以下简称《条例》)的修订进一步完善了残疾人教育政策体系。[32]修订后的《条例》提出要"保障义务教育",要禁止任何基于残疾的教育歧视,对各级政府、社会及家庭对残疾儿童义务教育的各自职责提出了要求,凸显了残疾儿童义务教育属性。《条例》总则中"优先采取普通教育方式"的规定表明,残疾人不仅享有平等的受教育权利,而且享有与普通人一样在普通机构接受教育的权利,明确了融合教育是未来残疾人教育发展的核心。[33]但是,当前我国残疾人受教育状况仍然呈现结构性困境,残疾人平均受教育水平远低于全国平均水平,农村残疾人受教育程度远低于城镇残疾人;居住区域经济发展水平等宏观因素,家庭收入等经济因素,性别、残疾类别、残疾程度等个体因素是影响我国残疾人受教育程度的显著要素。[34]同时,基于黑龙江省调查数据的研究发现,残疾人受教育状况与普通人相比差异显著。初中以上各层次的受教育水平的人数比例都远远低于非残疾人;女性残疾人的受教育权利受到更多的剥夺;农村残疾人的受教育状况远远低于城市;文盲率随年龄的分布呈现 U 形曲线;40~50 岁年龄组的残疾人文盲率最低;15~19 岁年龄段残疾人的文盲率高达 48.4%;学龄残疾儿童的就学率仅为 45.3%。[35]而且,政府在残疾人教育成本中的分担比例不够,经济困难是众多残疾人家庭面临的共同问题。单纯追求经济收益不是发展残疾人教育的主要驱动力,教育也会带来一系列的非经

---

32 刘璞.以基本权利功能理论完善我国残疾人教育法律制度[J].教育发展研究,2018,38(23):51-58.
33 彭霞光.保障所有残疾儿童的义务教育权利:《残疾人教育条例》解读[J].中国特殊教育,2017(6):13-17.
34 许巧仙,詹鹏.公平正义与弱有所扶:残疾人教育结构性困境及服务提升研究[J].中国行政管理,2018(11):68-72.
35 尹海洁.残疾人受教育状况及对其生存的影响[J].山东社会科学,2012(11):65-70.

济收益,所以政府投资残疾人教育具有更为重要的意义。因此,应规范残疾人教育财政投入机制,着力发展残疾人高等教育和加强残疾人教育投资的研究。[36]

二是残疾人融合教育及相关问题研究。保障残疾人生存发展的关键在于实现残疾人的受教育权,这不仅是实现社会公平的重要基础,更是教育公正的体现,应以融合教育为核心、国家义务为本位、平等保护为原则、终身教育为理念等4个维度来保护残疾人的受教育权。虽然我国已经初步构建起宪法、法律、行政法规、部门规章和地方行政法规4个层次的保护残疾人受教育权的法律法规体系,但是仍然存在立法层级较低、体系不完备等一系列问题,建议从专项立法角度推动残疾人教育进步,完善残疾人受教育权的法制保障系统。[37]联合国《残疾人权利公约》倡导融合教育原则,为我国残疾人教育及其政策提供了重要指引。融合教育对我国整个教育系统和残疾人教育都具有深远意义,建立完善的支持系统尤其是残疾人教育师资的培训和认证系统是促进残疾人融合教育发展的重要内容。[38]融合教育是国际残疾人教育发展的主流,主张承认并保障残疾人在主流学校接受包容性教育的权利。但是,目前我国残疾人融合教育救助法律体系并不健全,面临理念"限能性"障碍、主体"单一性"障碍、体系"挤出性"障碍和监管"缺位性"障碍,亟待从法治理念转型出发,明确多元责任主体法律定位,实现教育法与教育救助立法互构,建立残疾人融合教育救助监督制度,更好地完善我国残疾人教育救助法律制度,确保残疾人通过共享社会发展成果实现受教育权,最终助力共

---

36 汪斯斯,邢芸.人力资本视角下的残疾人教育成本和教育收益分析[J].中国特殊教育,2016(7):3-11.

37 陈颖.从应然到实然:残疾人受教育权保护之法律形塑[J].湖南师范大学教育科学学报,2016,15(5):97-102.

38 崔凤鸣.推动残疾人融合教育的几个关键问题[J].教育发展研究,2010,30(6):80-84.

同富裕的实现。[39]同时,融合教育主张尊重残疾学生的主体地位,保证他们尽可能在普通教育环境中接受优质的教育,这一理念日益影响着我国的残疾人教育发展。我国融合教育取得了长足进展,但仍有近三成的适龄残疾儿童少年未能入学,随班就读这一融合安置方式还存在招生范围有限、规模萎缩、质量堪忧、经费保障不足等问题,全社会的融合教育观念还未形成。[40]

三是高等教育等特定阶段残疾人教育问题研究。贺祖斌等指出,1985年开始,我国残疾人高等教育迈入制度化、规范化发展的轨道,历经40余年,形成了立足残疾大学生现实需求的培养定位、推行分类招生考试政策、探索多元融合的独具特色的本土化残疾人高等教育模式。但是,我国残疾人高等教育的公平性仍然有待提升,生活、学习和人际交往等各种显性或隐性排斥,增加了残疾人实现高等教育的困难。[41]同时,我国残疾人普通高等教育招生政策改革滞后,残疾人高等教育招生考试支持政策尚不完善,仍面临考试权益维护不足、区域统筹规划有限、教育经费保障薄弱等现实困境。[42]而基于2008—2013年数据的研究发现,我国残疾人中等职业教育有了较大的发展,但也存在着学校数量不足且地区分布不均衡、不同类型残疾人就读比例不协调等问题。[43]

---

39 王素芬,杨晓婷.论全纳教育赋能残疾人教育救助的法治路径[J].人权,2024(4):156-179.
40 庞文.我国残疾人融合教育的现状与发展研究[J].残疾人研究,2017(4):35-43.
41 贺祖斌,杨婷婷.残疾人高等教育发展的本土经验、实践困局及优化路径[J].社会科学家,2024(5):190-196.
42 张杨,佘丽.我国残疾人高等教育普通招生考试支持政策分析[J].中国特殊教育,2022(1):3-9.
43 李耘,王瑛,李坤.残疾人中等职业教育现状、问题与对策:基于2008—2013年的数据分析[J].中国特殊教育,2015(7):10-17.

此外,刘璞等对残疾人教育权利职责评估指标体系进行了研究,指出应该从保障制度、保障措施、保障状况、监督机制等维度建立完善的三级指标体系,以建立更加完善的残疾人教育状况长效评估机制。[44]也有学者从理论视角对残疾人教育议题进行了研究。比如,庞文等认为,增权理论与残疾人教育具有内在一致性,可以为残疾人教育发展提供重要的理论指引。要实现残疾人的教育增权,需建立能力本位的教育、重视教育的结果公平、突出残疾人的主体性,同时强化政府职责、加强学校建设、引导社会各方参与等。[45]这些研究为我们全面了解残疾人教育及其相关问题提供了重要借鉴。

(三)残疾人康复政策及其相关问题研究

残疾预防和康复是残疾人能力提升和改善生活质量的重要方面,学者对相关议题也进行较为多元的研究,其主要内容体现在以下几个方面。

一是残疾人康复政策及其主要问题研究。邓猛等对西方相关国家的残疾人康复服务模式的特点等进行了归纳分析,指出在社区融合观念影响下,西方国家残疾人康复服务模式发生了重要转变,从传统的寄宿制与机构日间活动服务模式向以社区为基础、以家庭为中心的综合康复服务模式转变,这使得生活质量满意度评估在残疾人康复服务中发挥了更加重要的现实作用,这为我国残疾人康复服务的发展提供了重要参考。[46]而郭桐桐等通过对2021—2023年国家层面的残疾人康复政策进行量化研

---

44 刘璞,刘怡婷,麻敏洁,等.政府履行残疾人受教育权保障职责评估指标体系的构建[J].中国特殊教育,2021(3):3-10.
45 庞文,于婷婷.论残疾人的教育增权[J].中国特殊教育,2011(7):8-12.
46 邓猛.社区融合理念下的残疾人康复服务模式探析[J].中国特殊教育,2005(8):23-27.

究,发现我国残疾人康复政策文本总体质量较好,在政策公开、作用方式和政策性质方面较为完善,但仍需从政策视角、政策对象和激励方式等方面进行优化,以完善我国残疾人康复政策体系。[47]

二是残疾人康复服务需求及其发展水平研究。我国残疾人康复服务需求总量较大,但其中大部分人的康复服务需求没有得到满足。辅助器具配备和相关康复服务等供给仍然不足,目前我国康复需求与供给之间还存在巨大差距,导致许多本来可以康复的残疾人因没有得到及时的治疗而导致残疾程度进一步加深,不利于残疾人人力资本的提高,也不利于残疾人回归社会及其社会参与度的提高。[48]当前我国残疾人康复事业发展仍然面临康复资源不平衡不充分等问题,未来我国残疾人康复服务的发展应该重点关注精准康复服务、残疾预防、辅具产业、康复人才建设和区域协调发展等方面。[49]杨俊等通过对2006年第二次全国残疾人抽样调查数据进行实证分析,发现社区无障碍设施、康复协调员和康复站的设置对残疾人数量具有显著的反向影响,而这种影响表现为对非永久性残疾的残疾康复和对永久性残疾的残疾预防,可见,社区康复模式具有重要的现实意义,应该广泛地加以推广。[50]而万国威等通过对31个省区市的残疾人康复服务状况进行量化研究,发现我国残疾人康复服务存在明显的区域发展不均衡问题,其主要特征体现在"东优西劣"的残疾人康复服务格局基本形成,地区经济发展水平是影响其康复服务发展水平的重

---

47 郭桐桐,张欣怡,嵇丽红,等.我国残疾人康复政策量化研究:基于政策建模一致性指数模型[J].中国康复理论与实践,2024,30(6):621-629.
48 孙树菌,毛艾琳.我国残疾人康复需求与供给研究[J].湖南师范大学社会科学学报,2009,38(1):5-11.
49 陶慧芬,江传曾,唐利娟.中国特色残疾人康复事业发展道路探析[J].残疾人研究,2018(2):21-29.
50 杨俊,庄为岛.社区和康复机构对残疾人事业影响的分析:基于残疾人"二抽"的数据[J].湖南师范大学社会科学学报,2009,38(1):18-21.

要因素,而且,各地残疾人康复服务建设的重点也略有差异。[51]同时,罗遐等对2012年安徽农村残疾人调查数据的实证研究显示,个体特征、残疾状况、认知因素、家庭特征等对残疾人康复行为具有显著影响,受教育程度、康复需求认知、康复服务了解度、家庭收入等因素对残疾人康复行为产生正向显著性影响。因此,需要不断提高残疾人的文化程度和认识水平,加大残疾人康复服务及其政策宣传力度,以不断促进残疾人康复事业的发展。[52]

三是残疾人社区康复及其服务问题研究。王孝刚等指出,社区康复已经成为发展和改进残疾人康复服务,促进其权益保障和社会融入的重要途径。社区康复涉及医疗、护理、生活、工作和社交等各个方面,既需要不断提升医疗服务和保障水平,也需要努力营造良好的社会环境,持续改善对残疾人的政策关怀,仅靠社区自身的力量是难以回应这些复杂问题的。我国残疾人社区康复事业的发展仍然面临整体发展水平不高并且存在巨大地域差异等问题。因此,需要进一步转变发展理念、完善社区康复设施、加强人才培养、创新工作机制,不断促进我国社区康复事业的不断发展。[53]密忠祥等认为,我国残疾人社区康复发展需要重点关注个性化服务、居家康复服务、转介服务以及社区康复评估等问题。[54]残疾人社区康复服务是健康中国战略中的重要内容,也是我国基本公共服务体系建设中的薄弱领域,残疾人健康服务、康复扶贫、康复服务效果有待提高,需要

---

51 万国威.解析残疾人康复服务的区域差异:基于31个省区市的定量分析[J].青海社会科学,2012(1):135-139.
52 罗遐,卜普.农村残疾人接受康复治疗行为的影响因素研究[J].安徽大学学报(哲学社会科学版),2013,37(4):128-134.
53 王孝刚,温晋锋.论我国残疾人社区康复社会化发展的路径与策略[J].学海,2016(6):28-32.
54 密忠祥,张金明,程军,等.残疾人社区康复发展中关键问题的探讨[J].残疾人研究,2017(4):30-34.

打造残疾人社区康复服务共同体以提高残疾人社区康复服务效能。[55]

此外,周沛等认为,把残疾人康复工作和残疾人精准扶贫有效结合,建立"＋康复"残疾人精准扶贫新模式,通过机制创新和供给侧结构性改革,实现残疾人康复和精准扶贫的供给侧与需求侧的对接,对推动中国特色残疾人事业的良性发展具有重要的意义。[56]

(四) 残疾人体育及其他议题研究

体育不仅是助力残疾人康复和提升人力资本的重要方面,也是促进残疾人社会融入的重要途径,学者对残疾人体育等内容进行了多方面的研究。1992年,杨森等从组织体制、竞技体育、群众体育等方面对天津市残疾人体育发展的状况进行了简要分析,并指出应该把残疾儿童体育工作当作头等大事、把群众体育作为残疾人体育发展的战略重点、科学地提高竞技体育水平、加强残疾人体育理论建设等方面不断促进残疾人体育发展。[57]我国残疾人群众体育在多方面都取得显著成绩,但仍存在制度资源、经费资源、信息资源、人力资源、物质资源等方面的缺失等问题。[58]同时,残疾人体育参与仍然存在各种社会性障碍,具体体现为残疾人参与社会的动力不足、各种外部环境障碍严重、各种观念排斥等。为此,应以消除社会性障碍为重点促进残疾人的体育参与。[59]而且,我国残疾人公共体育

---

[55] 吴军民.健康中国战略下农村残疾人社区康复服务的效能优化[J].社会科学家,2022(12):21-29.

[56] 周沛."＋康复"残疾人精准扶贫模式及其运作路径研究:基于协同治理视角[J].社会科学研究,2017(3):97-103.

[57] 杨森,姚毓武.天津市残疾人体育现状及战略思考[J].天津体育学院学报,1992(4):76-80.

[58] 吴燕丹,王聪颖.资源配置视角下残疾人群众体育的现状、问题与对策[J].体育科学,2015,35(3):3-11.

[59] 杨立雄.残疾人体育参与的社会性障碍:基于社会—文化视角[J].上海体育学院学报,2022,46(3):1-11.

服务面临供给主体单一、资金投入不足、城乡和区域发展失衡等问题。[60]此外,残疾人体育权利法律保障尚存在公私合作保障模式中行政给付责任分配不清和缺乏相应司法救济的问题,因此,需要推进残疾人体育权利法律保障的均等化和多元化,实现残疾人平等权利、全面发展、融入社会等。[61]政府购买残疾人公共体育服务存在着残疾人需求和购买内容之间信息不对称、市场化不足、评价机制不够健全等问题,制约了残疾人便利地、有效地、高质量地参与体育和康复,不利于其人力资本和生活质量的提升。[62]

建立完善的社会保障体系也是促进残疾人事业发展的重要方面,学者也对相关内容进行了较多的研究。比如,郑功成等指出,残疾人是特别需要社会保障的社会群体,但是我国残疾人仍然处于社会保障严重缺失的阶段。将照顾残疾人单纯视为家庭责任的传统观念、整个社会保障制度建设与国民福利未能随着经济增长而发展、缺乏对社会保障体系建设的总体设计与统筹考虑残疾人保障的合理定位、缺乏对残疾人保障事业发展道路的合理选择等是造成我国残疾人社会保障政策体系缺失的主要因素。[63]残疾人社会福利体系包括社会保险与社会救助等基础项目、社会工作与康复教育等专业项目及社会服务与社会支持等高级项目,只有通过残疾人相关法律的完善、社会保险制度的规范及残疾人服务与救助网络的形成,才能保证残疾人社会福利体系的构建与推行。[64]需要全面提高残疾人社会保险的覆盖水平,加大对失业保险和工伤保险的实施力度,重点关注社会保险水平较低的残疾类型及青年和高龄残疾人,不断推动各

---

60 金梅,常芙蓉.江苏省残疾人公共体育服务体系现状、经验及发展路径[J].体育文化导刊,2018(6):63-67.
61 袁钢,孔维都.论我国残疾人体育权利的法律保障[J].人权,2022(4):103-118.
62 张韬磊,吴燕丹.政府购买残疾人公共体育服务的实现路径研究[J].西安体育学院学报,2018,35(1):48-55.
63 郑功成.残疾人社会保障:现状及发展思路[J].中国人民大学学报,2008(1):2-9.
64 周沛.残疾人社会福利体系研究[J].江苏社会科学,2010(5):27-32.

地区残疾人社会保险均衡发展,并加快农村地区社会保险制度建设等。[65]此外,也有学者对残疾人社会工作及其伦理等内容进行了相关研究。我国残疾人社会工作的伦理困境主要体现为社会型残疾观和个体型残疾观的价值观念困境、保密和知情同意的原则困境以及社会工作者的角色困境,需要正确处理这些问题以促进残疾人社会工作的发展,为残疾人提供高质量社会工作服务,从而改善其生存状况及提高其生活质量等。[66]

二、社会环境和观念环境研究文献简要综述

(一)国外关于社会环境相关研究

从可以找到的相关文献来看,最早关于社会环境的相关研究主要是探讨社会环境与具体某类人群的关系以及社会环境对某些事物(群体、疾病等)的影响等。比如,小儿麻痹与社会环境之间的关系[67]、社会环境恶化对精神病患者的影响[68];社会环境对女性骨盆发育的影响[69]、社会环境对0~3岁儿童成长的影响等。[70]再如,疾病、生活经验与社会环境之间的

---

[65] 李迎生,孙平,张朝雄.中国残疾人社会保障制度现状及完善策略[J].河北学刊,2008(5):7-13.

[66] 毛新志,李思雯.我国残疾人社会工作的伦理困境及其出路[J].武汉理工大学学报(社会科学版),2014,27(5):741-746.

[67] Hillab, Martinwj. Poliomyelitis and the social environment[J]. British medical journal, 1949, 24:623.

[68] Mayar. Changes of social environment; their effect on mentally deteriorated patients.[J]. The Lancet, 1956, 2:706-921.

[69] Krukiereks. Effect of social environment on development of the female pelvis[J]. Polskitygodniklekarski, 1950, 5:46-57.

[70] Saelzlera. Survey of there sults of measurements of weight and size in children from 0 to 3 years of age-Effect of social environment on growth in small children[J]. Zeitschriftfürärztliche Fortbildung, 1960, 54:108-120.

关系[71]、身心健康与社会环境之间的关系及其相互影响[72]、社会环境对病理的影响及其作用[73]、精神疾病与社会环境中的参照系分析框架及其影响因素等相关问题等。[74]从这些研究中可以看出,社会环境对精神病患者、小儿麻痹患者等都会产生影响。因此可以认为社会环境会对残疾的发生、变化等产生影响,并与其存在一定的联系等。

尽管社会环境一词以及相关内容广受关注,然而,到目前为止,一直没有统一的定义。如戴维·波普诺(Dvaid.Popenoe)的《社会学》(第十版)中,虽将社会环境和社会变迁一起并列,但却仍未对社会环境这个概念进行系统论述,只是强调,这些社会现实环境不仅影响着我们追求的目标,而且最终真正会影响我们走向这个目标。[75]尽管如此,这并不妨碍相关学者研究社会环境相关内容,以及从社会环境视角来研究某些特定领域、特定群体及相关具体问题。国外关于社会环境相关议题研究的文献多如牛毛,令人眼花缭乱。归结起来,大概可以分为以下5个方面。

一是研究社会环境对人类身体、遗传等方面的影响。这是国外有关社会环境研究的重要方面,比如早期生活社会环境与DNA的相互作用与关系[76];

---

71 Hinklele, Wolffhg. Ecologic investigations of the relationship between illness, life experiences and the social environment[J]. Annals of Internal Medicine, 1958, 4: 96-102.

72 Smittjw. Physical and mental health in relation to social environmen t and adjustment[J]. Social medic in skTidskrift, 1953, 307: 105-111.

73 Goldschmide. The influence of the social environment on the style of pathological illustration[J]. Journal of the History of Medicine and Allied Sciences, 1952, 73: 98-106.

74 Leigtonah. Psychiatric disorder and social environment: an outline for a frame of reference[J]. Psychiatry(New York), 1955, 184: 435-441.

75 Popenoe. David.社会学[M].北京:中国人民大学出版社,1999:35.

76 Szyf Moshe. The early life social environment and DNA methylation: DNA methylation mediating the long-term impact of social environments early in life[J]. Epigenetics, 2011, 6(8): 971-918.

社会环境如何影响大脑的进化[77];遗传学、社会行为、社会环境与老化之间的关系[78];精神、意识和社会环境之间的联系[79];表型可塑性与社会环境之间的关系[80];社会环境对情感、社会、认知能力发展的影响[81]等。

二是社会环境对人类精神、情感等各个方面的影响、相互关系及其相关问题的研究。比如,抑郁症和社会环境之间的关系及其问题研究,澳大利亚学者温菲尔德(Winefield H R)通过探索患抑郁症女性和正常妇女之间的差异来研究社会支持对社会环境的重要意义和相互影响[82];有学者以巴基斯坦城市中的抑郁症孕妇及其社会环境为例,研究社会关系对抑郁症孕妇的重要性及其相关影响;也有学者研究青少年生活的社会环境(社会网络、课外活动、家庭关系)与抑郁症的关系。再如,社会环境与精神失常之间的相互影响及其关系研究[83]、基因和社会环境对精神错乱的影响分析等[84]。

三是社会环境、社会行为以及心理压力、心理问题之间的作用及其相

---

77 Denise Dellarosa Cummins. How the Social Environment Shaped the Evolution of Mind [J]. Synthese, 2000, 1221: 527-532.
78 Harris Jennifer R. Genetics, social behaviors, social environments and aging[J]. Twin Research and Human Genetics, 2007, 10(2): 235-240.
79 J. E. Tiles. Mind, consciousness and the social environment—A reply to Biesta[J]. Studies in Philosophy and Education, 1996, 154: 65-73.
80 Robert Fagen. Phenotypic plasticity and social environment[J]. Evolutionary Ecology, 1987, 13: 131-137.
81 Jane V. Wheeler. The impact of social environments on emotional, social, and cognitive competency development[J]. Journal of Management Development, 2008, 271: 95-102.
82 Winefield H R. Social support and the social environment of depressed and normal women[J]. Australian & New Zealand Journal of Psychiatry, 1979, 134: 54-62.
83 Mueller D P. Social networks: a promising direction for research on the relationship of the social environment to psychiatric disorder[J]. Social science & medicine. Medical psychology & medical sociology, 1980, 14A2: 120: 126-132.
84 Koenen K C, Uddin M, Amstadter A B, Galea S. Incorporating the social environment in genotype environment interaction studies of mental disorders[J]. International Journal of Clinical Practice, 2010, 6411: 1101-1109.

关关系研究和分析。比如关于社会环境与健康的分析框架[85],社会环境、社会网络与健康的关系[86],生物学、社会环境与健康的关系[87]等关于社会环境与健康的关系研究等。又如性别和社会环境对社会行为的影响研究[88],不同社会环境中的母亲对新生儿行为和神经系统的影响分析[89]、社会环境中的社会行为与个体孤独感之间的关系分析[90]等。再如社会环境对人类心理及其压力的影响研究,分析严重的失败对成长少女的心理学和行为学后果[91],研究社会环境对学生心理的影响[92],研究社会参与、社

---

85 Faresjö T. Social environment and health--a social epidemiological frame of reference.[J]. Scandinavian journal of primary health care,1992,102:101-105.
86 Bosworth H B, Schaie K W. The relationship of social environment, social networks, and health outcomes in the Seattle Longitudinal Study: two analytical approaches[J]. The journals of gerontology. Series B, Psychological sciences and social sciences,1997,525:81-87.
87 Bridget K. Gorman, Rathi Asaithambi. Biology, Social Environment, and Health: How Family History and Social Conditions Affect Adult Asthma[J]. Social Science Quarterly,2008,893:156-163.
88 Josephs Robert A, Mehta Pranjal H, Carré Justin M. Gender and social environment modulate the effects of testosterone on social behavior: comment on Eisenegger et al.[J]. Trends in Cognitive Sciences,2011,1511:521-527.
89 Lynette Chandler, Michael D. Roe. Behavioral and neurological comparisons of neonates born to mothers of differing social environments[J]. Child Psychiatry & Human Development,1977,81:65-73.
90 Maike Luhmann, Felix D. Schönbrodt, Louise C. Hawkley, John T. Cacioppo. Loneliness and social behaviours in a virtual social environment[J]. Cognition and Emotion,2015,293:212-219.
91 Ruis, de Groot J, te Brake JH, Dinand Ekkel E, van de Burgwal JA, Erkens, Engel, Buist, Blokhuis, Koolhaas. Behavioural and physiological consequences of acute social defeat in growing gilts: effects of the social environment[J]. Applied Animal Behaviour Science,2000,703:28-35.
92 Mehl Matthias R, Pennebaker James W. The sounds of social life: a psychometric analysis of students' daily social environments and natural conversations[J]. Journal of Personality and Social Psychology,2003,844:214-223.

会环境与死亡意念[93],研究社会压力的免疫反应,即对社会环境与应对能力的依赖[94]等。

四是社会环境与家庭、家庭关系与个体之间的相关联系及其作用机制研究。比如,成人家庭中的社会环境分析[95];低收入非洲裔美国人自身倾向的社会环境因素,即家庭关系和社会支持的保护作用的研究[96];社会环境与社会支持的关系的相关研究[97];等等。

五是社会环境对社会各个领域的影响和相关关系的研究。比如,环境、社会发展与城市化之间的相关关系分析[98];社会环境变化对社会保障支出的影响[99];社会环境、社会保障与医疗卫生制度的关系及其相互影响[100];

---

93 Saïas Thomas, Beck François, Bodard Julie, Guignard Romain, du Roscoät Enguerrand. Social participation, social environment and death ideations in later life[J]. PL o S One, 2012, 710: 110-117.

94 Bohus B, Koolhaas J M, Heijnen C J, de Boer O. Immunological responses to social stress: dependence on social environment and coping abilities[J]. Neuropsychobiology, 1993, 281-2: 101-108.

95 Marylou W. Downs, Jeanne C. Fox. Social environments of adult homes[J]. Community Mental Health Journal, 1993, 291: 167-174.

96 Michael T. Compton, Nancy J. Thompson, Nadine J. Kaslow. Social environment factors associated with suicide attempt among low-income African Americans: The protective role of family relationships and social support[J]. Social Psychiatry and PsychiatricEpidemiology, 2005, 403: 523-529.

97 Kobasa S C, Spinetta J J, Cohen J, Crano W D, Hatchett S, Kaplan B H, Lansky S B, Prout M N, Ruckdeschel J C, Siegel K. Social environment and social support[J]. Cancer, 1991(Supp. 1): 178-183.

98 F. M. Listengurt, V. V. Pokshishevskiy. Social development, urbanization and the environment[J]. GeoJournal, 1980, 41: 67-73.

99 Robin Boadway, Maurice Marchand, Pierre Pestieau. Pay-as-you-go social security in a changing environment[J]. Journal of Population Economics, 1991, 44: 58-65.

100 Raminashvili D, Gvanceladze T, Kajrishvili M, Zarnadze I, Zarnadze Sh. Social environment, bases social markers and health care system in Shida Kartli region[J]. Georgian Medical News, 2009, 175: 346-353.

等等。同时还包括大学环境及其社会阶层,如不同的大学环境及其对美国社会阶层结构的影响[101]等。

此外,还涉及社会环境自身的某些相关内容的探索等。比如,社会环境诊断中的社会抽样误差解析[102];基于社会环境视角的社会工作相关教程的研究及开发,如人类行为与社会环境中的社会工作教材[103];等等。

由此可见,国外关于社会环境的相关研究主要集中在社会环境对身体健康、心理压力、精神疾病和健康等方面的微观层面的研究,也涉及家庭环境、社会环境对某些领域的影响等。这些相关研究为我们研究残疾人生活的社会环境提供了极其重要的借鉴。然而也可以看到,这些社会环境的相关研究都是关于外部的客观环境对某些群体及其具体事物的影响和相互关系。

(二)国内社会环境相关研究回顾

在20世纪80年代初期,我国相关学者就开始关注社会环境及其相关议题。比如,栾早春早在1982年就探索了社会环境对情报工作的影响,指出情报工作是一种重要的社会现象,它在现代社会中的地位和职能越来越重要,给予社会的影响越来越大,但是它的社会职能的发挥是和具体的社会环境紧密结合在一起的,并受后者的制约;[104]罗路在

---

101 Robert G. Cope. Diverse college environments and the effect on American social class structure[J]. Higher Education,1973,22:99-107.

102 Galesic Mirta, Olsson Henrik, Rieskamp Jörg. Social sampling explains apparent biases in judgments of social environments[J]. Psychological Science,2012,2312:132-139.

103 Sarah Taylor, Elizabeth A. Mulroy, Michael J. Austin. Social Work Textbooks on Human Behavior and the Social Environment[J]. Journal of Human Behavior in the Social Environment,2005,103:235-243.

104 栾早春.论情报工作的社会功能和社会环境[J].情报科学,1982,(1):24-27.

1983年就对图书馆及其社会环境的因果关系进行了初步探索;等等。[105]总体而言,我国学者关于社会环境的相关研究,大致可以归纳为以下3个方面。

一是社会环境对某些领域、群体以及某些事物的影响及其相互关系。何中华从马克思唯物主义的视角对人与社会环境的相关关系进行了分析,指出人与社会之间也存在非线性的双向互动的辩证关系,这种关系可以从两个方面分别予以考察。一方面,社会环境对人的存在和人的活动具有潜在制约性,这种潜在制约性既具有逻辑的意义,也具有时间的意义;另一方面,人对社会环境又具有能动的一面,即人通过实践活动积极地变革和重建自己的社会环境,并在对社会环境不断地优化过程中推动历史的发展。[106]樊丽明对市场、社会环境与税收调控之间的关系进行了分析;[107]张劲松等对会计及社会环境的相关内容进行了探索;[108]等等。其他相关事物与社会环境之间的关系的研究,还包括档案事业与社会环境的关系[109]、创新思维与社会环境的关系[110]、水资源与社会环境的关系[111]、学校德育与社会环境的关系[112]等。

与此同时,社会环境对某些领域、事物、群体的影响的相关研究则更为多见。施学忠对社会环境对儿童青少年智力发育的影响相关内容进行

---

105 罗路.图书馆与其社会环境的因果关系[J].图书馆学研究,1983,(6)147-148.
106 何中华.试论人与社会环境及其关系[J].长白学刊,1999(5):40-45.
107 樊丽明.市场、社会环境与税收调控[J].涉外税务,1999(9):9-13.
108 张劲松,杨玉芳,王秀玲.略论会计和当前社会环境的关系[J].商业研究,1999(4):50-51.
109 李财富.档案事业与社会环境的关系[J].档案,1992(5):12-14.
110 张颖春.创新思维与社会环境的关系[J].未来与发展,2008(11):14-17.
111 刘昌明,王红瑞.浅析水资源与人口、经济和社会环境的关系[J].自然资源学报,2003(5):635-644.
112 万美容,杨昕.学校德育与社会环境矛盾关系之论析[J].中国教育学刊,2007(2):40-41.

分析,指出家庭环境、学校环境和儿童青少年的心理健康等方面对其智力发育具有重要影响。[113] 有学者关注社会环境对大学生思想行为[114]、价值取向[115]、入党动机[116]、创业意向[117]的影响、社会环境对青少年行为[118]的影响、社会环境对学生健康教育的影响[119]、社会环境因素对妇女产后避孕的影响[120]、社会环境对高校教师科研创新能力的影响[121]以及社会环境对军队思想政治教育[122]及其内部关系[123]的影响等。也有学者关注社会环境对名牌的影响[124]、对道德境界形成的影响[125]、对作家创新的影响[126]、对

---

113 施学忠,李炽民.社会环境—心理因素对儿童少年智力发育的影响[J].国外医学(社会医学分册),1992(3):112-115.
114 李昌邦,陆志远,林虎,钟德辉.特区社会环境对大学生思想行为的影响:海南大学大学生调查结果分析[J].高等教育研究,1993(2):50-55+90.
115 社会环境对大学生价值取向的影响[J].江苏高教,1996(1):85.
116 陈如,徐晶.社会环境对大学生入党动机的影响及对策[J].黑龙江高教研究,1996(6):88-90.
117 彭正霞,陆根书,康卉.个体和社会环境因素对大学生创业意向的影响[J].高等工程教育研究,2012(4):75-82.
118 张炳全.心理、生理、社会环境对青少年行为的影响:30例犯罪少年的调查分析[J].当代青年研究,1996(3):7-11.
119 宋光春,刘卫,刘瑛.社会环境因素对学生健康教育的影响[J].体育学刊,2002(4):86-89.
120 李国红,楼超华,袁伟,高尔生.社会环境因素对妇女产后避孕的影响[J].中国公共卫生,1999(3):63-64.
121 卢小驰.社会环境对高校教师科研创新能力的影响[J].江西教育科研,2007(6):69-70.
122 项文荣.社会环境对军队思想政治教育的影响及对策探讨[J].南京政治学院学报,1996(3):89-90.
123 贺家红.社会环境对部队内部关系的影响及对策[J].军队政工理论研究,2007(1):91.
124 柴艳萍.社会环境对于名牌的影响[J].商业研究,2005(14):161-163.
125 陈哲力.社会环境对道德境界形成及变化的影响[J].社会科学战线,2009(5):273-274.
126 杨燕翎.社会环境对作家创作的影响[J].新闻爱好者,2010(10):178-179.

民族地区村民法律意识的影响[127]等。这些方面的研究众多,数不胜数,为我们研究社会环境对残疾人及其社会状况等相关内容提供了重要借鉴。

二是对某些领域和事物的社会环境及其面临问题进行分析。相关学者对我国经济发展的社会环境进行了探讨[128]。卫淑霞等对我国循环经济发展的社会环境进行了分析,指出循环经济发展需要一定的社会环境作支撑,其主要包括政府充分发挥主导作用、企业积极主动实施、公众热情参与3个方面。与此相对应,现有循环经济发展的社会环境却存在着政府主导作用薄弱、企业绿色生产动力不足、公民有效参与不够等问题。针对这些问题,应当充分发挥政府、企业和公民的作用:政府主动培育有利于循环经济发展的社会环境要素,为循环经济发展创造良好的外部环境;构建激发生产者实施循环经济的内外驱动机制,促使生产者自觉增强发展循环经济的内在动力;加强环境道德教育,创立消费支持制度,调动公民参与循环经济的积极性,为发展循环经济创造源动力[129]。这些研究为全面了解我国经济发展的社会环境等内容提供了重要参考。

曹慧对民营企业发展的社会环境进行了界定,并从政治环境、经济环境、政策环境、科技环境、社会文化环境5个方面对南京市民营企业发展的社会环境状况及其相关问题进行了研究[130]。也有部分学者对企业家社会环境等相关内容进行了探究,为企业发展和企业家成长等提供了参考[131]。

---

127 李婉琳.论社会环境变迁对民族地区村民法律意识的影响:以法人类学为视角[J].思想战线,2010(1):139-140.
128 李彦和.再论经济发展的社会环境:我国经济高速发展原因探析[J].宁夏社会科学,2007(3):24-27.
129 卫淑霞,张宏华.循环经济发展的社会环境审视[J].理论探索,2010(2):88-90.
130 曹慧,周俭初.南京民营企业发展的社会环境及其对策分析[J].南京社会科学,2005(增刊1):386-390.
131 张辉.企业家社会环境若干思考[J].暨南学报(哲学社会科学版),2002(4):54-56.

裴立新等对我国社会主义初级阶段体育事业发展所面临的经济和社会环境等相关内容进行了深入探讨[132]。唐炎等则对我国体育教学的社会环境的构成及相关内容进行了深入分析[133]。而朱家新对我国农村体育发展的社会环境进行了分析,指出闲暇时间的增多、丰富的民间体育项目资源和自然活动场所资源形成了农村体育自身的发展优势;农村体育人口偏低、场馆不足、体育组织管理的滞后等问题则是制约农村体育发展的劣势。新时期农村政治、经济、教育的不断发展为体育的发展提供了新的机遇,同时农民体育观念、城乡二元体制、尚未彻底的社会群体分化以及人口老龄化等问题是农村体育发展所要面临的挑战[134]。

高等教育相关问题一直是学术界关注的焦点,不少学者也对其相关的社会环境及问题进行了研究。张文华等对高校思想政治教育社会环境及其优化等内容进行了分析,指出优化高校思想政治教育的社会环境,要确立"以人为本"的高校思想政治教育教学理念;采取切实有效的措施,稳步推进经济体制改革,为高校思想政治教育创建良好的经济环境;切实加强民主法治建设,为高校思想政治教育营造良好的政治环境;加快先进文化的发展,为高校思想政治教育提供良好的文化环境;加强大众传媒的建设,为高校思想政治教育创造良好的媒介环境[135]。马长世等对高校德育社会环境分析与整体性建构等相关议题进行了分析[136]。王晓刚等对普

---

132 裴立新,武志峰,熊振强,王晔.社会主义初级阶段体育事业发展的经济、社会环境特征研究[J].天津体育学院学报,2000(4):1-6.

133 唐炎,周登嵩.体育教学社会环境的构成及其影响:关于体育教学的社会学分析[J].北京体育大学学报,2009(8):71-74.

134 朱家新,沈丽玲.对我国农村体育发展社会环境的理性分析[J].北京体育大学学报,2009(5):16-20.

135 张文华.论高校思想政治教育社会环境的优化[J].教育理论与实践,2012(21):26-28.

136 马长世.高校德育社会环境分析与整体性建构[J].探索,2008(6):123-125.

通高校体育教学社会环境的构成及其特点展开了研究等[137]。

其他关于某个领域或者群体生存或发展的社会环境的议题,还包括中国当代科技发展所需社会环境及其内容分析[138]、牧区经济发展中的文化不适及社会环境问题分析[139]、人才市场建设中的社会环境及其创新[140]、如何为青少年成长营造良好的社会环境[141]、我国社会工作职业化发展的社会环境及其面临的问题[142]、舆论监督的良好社会环境[143]、科技进步的社会环境和条件[144]、互联网络成为大众传媒的社会环境[145]等。可见,我国关于各个领域及群体的社会环境的相关内容的研究,其研究著作数量较多,为我们提供了重要参考。

三是从社会环境的视角来研究某一个领域或某一个方面的问题。张学浪从社会环境的视角对农村留守儿童发展问题的困境进行了分析,指出"农村留守儿童"作为一种社会事实性的存在,是中国城乡二元体系松动的一种"制度产物"。随着社会发展的转型,农村留守儿童越来越得到关注,尤其是他们的发展问题。留守儿童发展问题的影响因素众多,但社会环境因素却是其中的重要因素之一。影响农村留守儿童发展的社会环

---

137 王晓刚,李金龙.普通高校体育教学社会环境的构成及其特点[J].成都体育学院学报,2008(6):80-82.

138 王婧漪,付顺.中国当代科技发展所需社会环境之优化[J].宁夏大学学报(人文社会科学版),2010(2):194-196.

139 杨德亮.牧区经济发展中的文化不适及社会环境问题:青海祁连畜牧业经济可持续发展的调研报告[J].北方民族大学学报(哲学社会科学版),2010(3):33-39.

140 袁敬伟.人才市场建设中的社会环境创新[J].社会科学战线,2000(5):265-268.

141 李岚清.为青少年成长营造良好的社会环境[J].中国青年研究,2000(3):2.

142 林卡.论中国社会工作职业化发展的社会环境及其面临的问题[J].社会科学,2009(4):62-70.

143 夏虹.创建舆论监督的良好社会环境[J].新闻界,1998(6):35.

144 张红.科技进步的社会环境和条件[J].中国软科学,1998(2):85-89.

145 吴廷俊.互联网络成为大众传媒的社会环境[J].现代传播-北京广播学院学报,1998(2):7-11.

境因素主要包括社会治理体制、农村社会经济环境、农村社会文化环境、农村社区教育4个方面,如何针对上述4个方面的困境,理性思考具体的突破对策,将有助于留守儿童的健康发展[146]。有学者从社会环境等方面对老年歧视相关问题进行了多维度研究[147]。也有学者从社会环境的视角来分析少数民族的相关问题,如从社会环境视角对傣族民族工艺相关内容进行分析等[148]。

其他从社会环境视角来研究相关问题的文章,还包括人口统计特征、社会环境因素与中国大学生信用卡持有关系研究[149]、旅游学科核心体系分析[150]、社会责任问题研究[151]、组织内部关系网络特征及管理[152]、档案价值观及其变化[153]等。

此外,还有一些专家学者对国外一些群体及事物的社会环境进行了归纳和分析。如韩国女性参政的社会环境分析[154]等。同时,部分专家学者对社会环境相关教材的内容、框架、研究大纲等进行了初步归纳、整理

---

146 张学浪.转型期农村留守儿童发展问题的困境与突破:基于社会环境因素的理性思考[J].兰州学刊,2014,(04):109-115.
147 吴帆.认知、态度和社会环境:老年歧视的多维解构[J].人口研究,2008(4):57-65.
148 金少萍.生态和社会环境视阈下的傣族民族工艺[J].中南民族大学学报(人文社会科学版),2010(2):75-78.
149 韩德昌,王大海.人口统计特征、社会环境因素与中国大学生信用卡持有关系研究[J].上海金融,2007(11):79-83.
150 王晓华,马耀峰,李天顺.基于经济社会环境和谐发展的旅游学科核心体系的思考[J].旅游学刊,2009(8):17-23.
151 莫少群.风险社会环境下科学的社会责任问题研究[J].科技进步与对策,2008(12):197-200.
152 刘铁民,李雪.基于情理社会环境的组织内部关系网络特征及管理[J].中国人力资源开发,2008(2):16-19.
153 王小云.新社会环境下的档案价值观嬗变:基于多学科视角的研究[J].档案学通讯,2013(2):28-31.
154 全信子.韩国女性参政的社会环境浅析[J].当代亚太,2007(5):58-62.

和研究。如库少雄对人类行为与社会环境研究大纲进行了简要分析。[155] 这些相关研究为我们研究残疾人生活的社会环境等内容提供了重要借鉴。

(三) 国内关于观念环境的相关研究

相对而言,我国学术界关于观念环境的独立研究则较少,能够找到的文献数量极为有限。最早以"观念环境"为篇名的期刊论文出现于1989年,傅家隽提出应该重建外贸集团,树立正确的外贸包干观念,治理我国外贸的观念环境。[156] 随后零零星星地出现了一些关于观念环境的相关研究。张显富指出应该解放思想,必须把"三个有利于"作为检验一切工作的根本标准,必须真抓实干,勇于创新,必须牢固树立发展才是硬道理的观念,把思想和行动从那些不合乎发展实际的条条框框中解放出来,营造更加有利于改革和发展的良好的观念环境等[157]。

同时,一些学者对教育中的观念环境相关问题进行了探索性的研究。胡社荣总结分析了世界各国科学技术发展历程和我国全面实施科教兴国战略的社会主义建设实践,对教育环境、教育观念、人才成长的关系进行了论述,指出改变某些教育观念,营造良好的教育观念环境,是实现科技创新的重要条件;创造良好的学习和工作环境是培养创造性人才的关键[158]。胡琼海则指出,观念环境具有历史继承性,民办教育法制化的观念环境问题,并不是改革开放以来才出现的新问题,而是一直贯穿于我国民办教育管理和发展的全过程的老问题;并且对我国民办教育法制化的观念环境的历史

---

155 库少雄.人类行为与社会环境研究大纲[J].中国青年政治学院学报,2002(4):105-109.
156 傅家隽.治理外贸的观念环境与政策环境[J].中国经济问题,1989(4):28-30.
157 张显富.努力营造良好的观念环境[J].四川党的建设(城市版),2002,(01):5.
158 胡社荣.教育观念、环境与创造型人才成长[J].教育探索,2001,(02):24-25.

沿革、当前现状、主要障碍（人治观念、公私观念、商人观念等）等问题进行了深入分析，提出了优化民办教育法治化观念环境的对策建议[159]。随后，杜琳娜等对观念环境的定义进行了界定，其认为观念环境是围绕主体并对主体行为与发展产生影响的外界思想意识体系，并且认为人治观念、官民观念、公私观念、"商人"观念等4个观念是当前制约我国民办教育法治化发展的主要观念性障碍，其产生了严重的消极作用[160]。郭莉等从教育观念环境的视角对当前大学外语教育的相关问题进行了分析，指出如何更新教育观念以及全方位促进外国语教学是现行大学外语教育的当务之急，必须更新教师的教育观念等[161]。

三、残疾人与社会环境的相关研究

20世纪80年代，我国相关部门就开始探索改善残疾人生活环境的途径和方法。早在1985年7月16日，中国残疾人福利基金会，北京市残疾人协会，北京市建委、民政局、规划局、建筑设计院，建设部设计局等单位在北京国谊宾馆举行了"残疾人与社会环境讨论会"。会上中国残疾人福利基金会、北京市残疾人协会、北京市建筑设计院联合发出了"为残疾人创造便利的社会生活环境的倡议"。

会上提出，关于改善残疾人生活环境首先需要解决的是认识问题。我国残疾人福利事业取得了很大进步，残疾人的工作、生活状况大有改善。但是，残疾人在社会参与等方面仍然存在很多问题，应该为他们创造

---

159 胡琼海.民办教育法治化观念环境研究[J].党史纵横，2003，(11)：43-46.
160 杜琳娜，胡琼海.民办教育法治化的观念环境问题探讨[J].辽宁教育研究，2005，(01)：22-25.
161 郭莉，汪浪，龚丹.基于更新教育观念环境下的外语教学改革[J].江西金融职工大学学报，2005，(04)：74-75.

便利条件,使他们一起共享社会和经济发展的成果;然后,遵循"实事求是,先易后难"的原则,逐步改善残疾人生活环境。并且从十个方面提出了具体实施办法[162]。

随着社会的发展,社会公众对残疾、残疾人、社会障碍等的认识不断提高,越来越多的社会公众及相关媒体呼吁改善残疾人生存和发展的社会环境。比如,2007年4月17日,《大理日报》刊登了题为《为残疾人创造感受公平与尊严的社会环境》的报告,呼吁为残疾人创造"DIY"的环境,但这一举措任重而道远;[163]新华每日电讯等也呼吁"营造残疾人平等参与的社会环境"[164];2013年,苏州日报刊发《为残疾人创造更加公平的社会环境》[165]等文章;党和政府等有关部门相当重视和多次强调,应该改善残疾人生存发展的社会环境;等等。2013年7月23日,天津市残疾人联合会第六次代表大会召开,号召"营造残疾人平等参与共享的社会环境,实现残疾人事业与经济社会协调发展"[166]。

与此同时,极少数的学者及研究人员也对残疾人社会环境的议题展开了探索和研究。其主要内容大体可以分为两大方面。一方面是社会环境对残疾人事业某一方面的影响及其改善对策。比如,社会环境对我国残疾人田径运动的影响,研究发现,相关政策、国家投入、训练条件等社会因素对我国残疾人田径运动的发展起主导作用,很大程度上决定了我国残疾人田径运动继续发展的前景。我国近些年来发布了许多有关保障残

---

162 本刊编辑部.残疾人与社会环境讨论会在京举行并发出倡议[J].建筑学报,1985(9):60.
163 王峥嵘.为残疾人创造感受平等与尊严的社会环境[N].大理日报(汉),2007-05-17(A02).
164 记者.营造残疾人平等参与的社会环境[N].新华每日电讯,2008-03-29(1).
165 海燕.为残疾人创造更公平社会环境[N].苏州日报,2013-12-03(A11).
166 马波米,哲韩雯.营造残疾人平等参与共享的社会环境实现残疾人事业与经济社会协调发展[N].天津日报,2013-07-24(1).

疾人权益的法规和政策,对我国残疾人参加体育活动和体育比赛提供了良好的精神(政策)环境。但是在一些具体的配套措施上和物质投入上仍需进一步加大力度,使我国残疾人田径运动的物质环境得到相应改善。我国优秀残疾田径运动员的训练条件日趋改善,但相应政策法规的宣传工作还需加强,经费还需增加,场地器材还需增设,以保证残疾田径运动员能够得到长期的系统训练,在国际比赛中取得更好的成绩,以此带动更多的普通残疾人提高体育意识,主动参与身体锻炼等[167]。又如,基于武汉市轨道交通的调查研究发现,公交站点密度、路网密度、大型公园密度和站点开通时间对站点残疾人客流量均具有正向影响,土地利用混合度、站点无障碍设施对站点残疾人客流量的影响并不显著[168]。

另一方面是对残疾人社会环境的调查、具体某一类社会环境及其问题的分析和研究。张芳和刘艳虹对残疾人社会环境相关议题进行了初步的探索,其认为物理和心理社会环境对残疾人的影响更加直接,并通过对河北省残疾人的问卷调查,从社会保障、医疗康复、生活感受、生活活动、法律意识和生活环境6个方面对残疾人社会环境进行了分析[169]。然而,该文从残疾人的角度来对社会环境相关内容的分析值得商榷。天津行政学院刘琼莲副教授则对残疾人均等享有公共服务的社会环境进行了分析,指出残疾人均等享有基本公共服务,需要有一个健康、有序、温馨的社会环境,而这取决于如何构建残疾人心理服务体系,如何牢牢把握住为残疾人提供无障碍环境服务,如何落实完善福利体系与提供收入补贴服务等[170]。

---

167 张建宁,何俊虎,沈信生,朱静华.社会环境对我国残疾人田径运动的影响[J].北京体育大学学报,2002(6):737-739.
168 王安琪,彭建东,任鹏,等.轨道站点周边建成环境对残疾人出行行为的影响研究:以武汉市189个轨道站点为例[J].地理科学进展,2021,40(7):1127-1140.
169 张芳,刘艳虹.残疾人社会环境的调查研究:以河北省某市为例[J].中国特殊教育,2006(11):20-24.
170 刘琼莲.试论残疾人均等享有公共服务的社会环境[J].湖湘论坛,2014(4):106-114.

刘志春对残疾人参与社会的制度环境进行了分析。指出制度环境在残疾人平等参与社会过程中的作用,是通过正式制度与非正式制度以及制度的实施机制来实现的,这一过程不仅为残疾人平等参与社会提供便利的社会环境,也在一定程度上能够提高他们参与社会的能力。并从加强残疾人社会保障制度的建设、完善残疾人的社会服务体系、消除对残疾人的社会歧视、构建残疾人平等参与社会的社会支持网络、优化残疾人参与政治生活的政治生态环境、完善促进残疾人就业的法律法规和政策、加强残疾人无障碍设施的建设、加强残疾人特殊教育体系的建设、丰富残疾人的业余生活等9个方面提出了完善残疾人参与社会的制度环境的对策建议等[171]。

这些研究为我们了解社会环境、残疾人生存和发展的社会环境、观念环境等状况以及相关问题等提供了重要参考。但是,容易看到,我国关于残疾人生活的观念环境的相关研究几乎空白。基于此,笔者认为,有必要对残疾人生活的观念环境的相关议题进行更加深入的研究,全面反映我国残疾人生活的观念环境的现状及其主要问题,为改善我国残疾人生活的观念环境、生存和发展的社会环境,促进我国残疾人事业发展提供借鉴。

第三节　研究内容及主要方法

一、研究内容

本研究在参考国内外关于社会环境、观念环境、残疾人等相关研究的基础上,结合"天津市助残环境研究"的项目数据和相关访谈资料,对残疾人生活的观念环境等相关议题展开深入分析,其主要内容涉及残疾人生

171　刘志春.残疾人平等参与社会的制度环境研究[J].山东行政学院学报,2012,
　　(05):30-33.

活的观念环境的基本概况、区域差异、影响因素等。

研究的基本框架如图1-1所示。

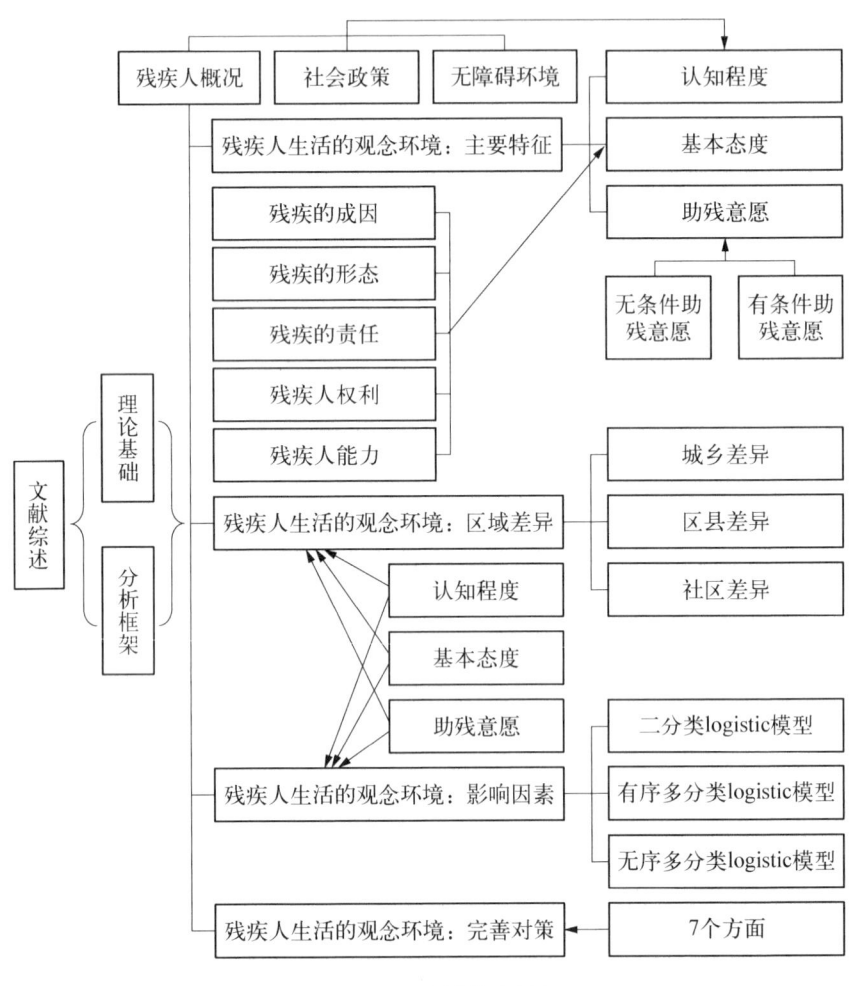

```
文献综述
├── 理论基础
│   ├── 残疾人概况
│   ├── 社会政策
│   ├── 无障碍环境
│   └── 残疾人生活的观念环境：主要特征
│       ├── 残疾的成因
│       ├── 残疾的形态
│       ├── 残疾的责任
│       ├── 残疾人权利
│       └── 残疾人能力
│       ├── 认知程度
│       ├── 基本态度
│       └── 助残意愿
│           ├── 无条件助残意愿
│           └── 有条件助残意愿
└── 分析框架
    ├── 残疾人生活的观念环境：区域差异
    │   ├── 城乡差异
    │   ├── 区县差异
    │   └── 社区差异
    │   ├── 认知程度
    │   ├── 基本态度
    │   └── 助残意愿
    ├── 残疾人生活的观念环境：影响因素
    │   ├── 二分类logistic模型
    │   ├── 有序多分类logistic模型
    │   └── 无序多分类logistic模型
    └── 残疾人生活的观念环境：完善对策 —— 7个方面
```

图1-1 研究的基本框架

二、研究方法及技术路线

本研究计划采取文献分析、实证研究和比较研究相结合的方法、定性分析与定量分析相结合的分析方法，对我国残疾人生活的观念环境及其相关问题进行全面深入的研究，具体主要包括以下 6 个方面。

（一）基本分析框架

采用文献分析法与资料归纳法，对资料进行系统的整理、归纳、总结、分析，理清思路，形成基本的分析框架。通过对社会环境、观念环境的定义、内涵、范围、外延等相关研究进行归纳和总结，以及在目前我国社会环境和观念环境相关研究的基础上，吸取观念环境研究的相关经验。对我国残疾人现存相关研究进行归纳、总结、分析，在揭示其研究存在不足之处的基础上，提出本研究的基本内容、分析框架、可能创新点以及面临的主要困难（境）等。

（二）理论基础

梳理社会排斥理论、生态系统理论等相关理论，为研究残疾人生活的观念环境提供理论基础。同时，通过对文献的归纳，对如何看待残疾的几种模式进行梳理，结合《残疾人权利公约》的主要原则，厘清权利模式的基本要义及其主要原则，在此基础上构建分析残疾人生活的观念环境的评价体系和指标体系，为评价残疾人生活的观念环境提供依据。结合残疾人日常生活中面临的观念排斥等问题，对残疾人生活的观念环境的定义、内涵、维度进行界定，构建残疾人生活的观念环境的主要分析框架，为后面的研究奠定基础。

（三）基本概况及主要特征

依托"天津市助残环境研究"项目，对天津市 1 170 名社会公众进行调查，考察残疾人生活的观念环境的基本概况及主要特征。运用 SPSS 统计分析软件，采用描述性统计分析方法，从社会公众对残疾人基本情况的认知状况、对残疾及残疾人相关议题的基本态度、对帮助残疾人的助残意愿等 3 个方面对残疾人生活的观念环境的基本概况进行深入描述和分析，从整体上呈现残疾人生活的观念环境的主要特点以及现实问题。

（四）区域差异

从城乡差异、和地域差异两个方面来考察残疾人生活的观念环境的区域差异。为了使得分析更为直观，运用因子分析方法对社会公众对残疾及残疾人相关议题的基本看法、社会公众的助残意愿等进行因子提取，然后对残疾人生活的观念环境的城乡差异进行分析；并且运用聚类分析方法对不同社区进行聚类分析，总结不同类别的社区的残疾人生活的观念环境的主要特点；同时尝试归纳和分析各类社区残疾人生活的观念环境差异的主要原因。

（五）影响因素

运用 logistic 回归模型等对残疾人生活的观念环境的影响因素展开深入分析。分别从认知状况、基本态度、助残意愿等 3 个方面的影响因素进行分析，力图揭示影响残疾人生活的观念环境的各类因素。并且归纳和分析认知状况、基本态度、助残意愿 3 种不同状况的影响因素的异同，全面深入地反映残疾人生活的观念环境的影响因素及其成因。在结合个案访谈和定性资料的基础上，进一步对影响因素的成因进行理论解析，以期为改善残疾人生活的观念环境铺垫坚实的理论基础和实践基础。

（六）对策建议

结合上述分析状况，并在借鉴相关经验的基础上，全方位、多维度、深层次地提出改善我国残疾人生活的观念环境的对策建议，以期为各级政府和相关部门制定相关政策提供参考和借鉴。最后总结本研究的不足之处，为未来更加深入的研究提供方向和经验借鉴。

第二章 | 理论基础及分析框架

- 第一节 残疾人生活的观念环境分析的逻辑起点
- 第二节 残疾人生活的观念环境的分析框架

第二章 理论基础及分析框架

残疾人在日常生活中面临着各种社会排斥,观念排斥是各种社会排斥的基础和核心,本章基于观念排斥,对残疾人生活的观念环境分析的理论基础进行简要回顾。并对残疾的医疗模式、权利模式等相关内容进行归纳和分析,从《残疾人权利公约》出发,建立新残疾人观等内容的基本分析框架,为后续研究奠定理论基础和分析框架。

第一节 残疾人生活的观念环境分析的逻辑起点

残疾人在日常生活中面临着各种社会排斥,观念排斥是各种社会排斥的基础和核心,其他各种社会排斥的根源是观念排斥,这也是残疾人生活的观念环境研究的现实需要。下面对社会排斥、观念排斥等相关内容进行简要回顾和分析,简要阐述残疾人生活的观念环境分析的逻辑起点。

一、社会排斥:残疾人问题研究的重要视角

普遍认为,"社会排斥"(social exclusion)概念于20世纪70年代出现于法国。1974年,法国学者勒内·勒努瓦(Rene Lenoir)首先明确提出了"社会排斥"这一概念,用以阐述被排斥在就业岗位真实来源和收入保障制度之外的特定社会边缘群体的状态。勒内·勒努瓦估计当时法国受排斥者达到了其全国人口的1/10。这些人包括精神病患者、身体残疾者、有自杀倾向者、老年病人、受虐待的儿童、吸食毒品者、有越轨行为者、单

身父母、多问题家庭、边缘人、反社会者和社会不适应者[1]。由于欧洲共同体委员会的推动,使其逐渐成为社会公正等相关议题的核心概念。关于社会排斥形成的理论有多种,包括自我生成论、社会结构生成论、劳动过程创造论、社会政策创造论、意识形态认可论、社会流动反应论等[2]。

尽管社会排斥理论在很多研究领域产生了重要影响,但是,学术界对社会排斥的定义并无明确定论。1993年,欧洲共同体委员会提出了一个综合性的定义,认为社会排斥是指由于多重的和变化的因素导致人们被排斥在现代社会的正常交流、实践和权利之外。贫困仅仅是其中最明显的因素之一,社会排斥也指不能享受住房、教育、健康和服务的充分权利[3]。2004年,欧洲理事会(European Council)提出,社会排斥是某些个人由于贫穷、缺乏基本技能和终身学习的机会,或者由于受到歧视,导致他们被推入社会边缘,无法全面参与各项社会活动的过程。社会排斥使他们不能得到工作、收入和教育的机会,也使他们远离社会、社区网络和各种社会活动。他们难以触及权力和决策团体,因而经常感到没有权利和不能控制影响他们自身生活的决策问题[4]。

中国社会科学院唐钧研究员通过对贫困问题的深入分析,指出社会排斥常常是游戏规则的缺陷造成的。社会政策研究的目标就是要找出规则的不完善之处,修订游戏规则,使之尽可能地惠及每一个社会成员,从而使政策的结果更加合理、更加公平。社会政策研究在某种意义上就是要代表贫弱群体的利益来参与修订游戏规则,使之趋于更合理、更公平[5]。

---

1 阿马蒂亚·森,王燕燕.论社会排斥[J].经济社会体制比较,2005(3):1-7.
2 李斌.社会排斥理论与中国城市住房改革制度[J].社会科学研究,2002(3):106-110.
3 唐钧.社会政策的基本目标:从克服贫困到消除社会排斥[J].江苏社会科学,2002(3):41-47.
4 熊光清.欧洲的社会排斥理论与反社会排斥实践[J].国际论坛,2008(1):14-18.
5 唐钧.社会政策的基本目标:从克服贫困到消除社会排斥[J].江苏社会科学,2002(3):41-47.

从这些学者的研究中可以看到"社会排斥"包含以下几层含义。一是社会排斥理论通常被用来分析社会弱势群体问题。这些弱势群体包括失业者、无家可归者、单亲家庭、青少年、老年人、残疾人、吸毒者等。二是社会排斥表现在多个维度,包括政治排斥、经济排斥、文化排斥、社会关系排斥、公共服务排斥等。三是社会排斥是一个动态的过程,而不仅仅是一种结果和状况。社会排斥理论强调要从动态的系统的角度对弱势群体问题进行考察和研究。国外学者的研究为我们研究弱势群体问题提供了重要参考。我国很多学者正是在借鉴国外研究范式的基础上,对我国弱势群体问题和社会政策问题进行了深入研究。

尽管我国学者对社会排斥相关议题的研究起步较晚,但近年来关于社会排斥理论及相关问题的研究较多。程苏等从拒绝范式、放逐范式、孤独终老范式、其他范式等4个方面总结了社会排斥的研究范式,并对排斥者心理行为反应的理论模型进行了归纳和分析[6]。丁开杰从社会排斥现象的不同定义、多个向度、主要属性、产生原因4个方面总结和分析了社会排斥的四大问题[7]。这些关于社会排斥的理论性的归纳和总结分析的研究为相关具体问题的研究提供了重要的理论支持。

与此同时,近年来社会排斥理论被广泛运用于研究我国各个领域的相关问题上。比如,早在2004年,潘泽泉就在归纳总结社会排斥内涵的基础上,从社会排斥的视角对流动人口发展困境及其面临的社会风险进行了深入分析,指出社会制度的区隔和另类标签进一步生产和再生产社会排斥,使得我国流动人口面临日益边缘化的困境,因此,政府及相关部门应该反对一切歧视,特别是基于身份的歧视,以促进流动人口融入主流

---

6 程苏,刘璐,郑涌.社会排斥的研究范式与理论模型[J].心理科学进展,2011(6):905-915.
7 丁开杰.西方社会排斥理论:四个基本问题[J].国外理论动态,2009(10):36-41.

社会[8]。又如,农民工面临经济层面、政治层面、社会层面、文化层面、社会关系层面的社会排斥等[9]。同时,相关学者还从社会排斥的视角对农民工和流动人口等人群的市民化及其市民化进程问题[10]、经济融入的三重弱势及其成因[11]、医疗保险缺失及其相关问题[12]、心理压力及相关问题[13]、流动人口子女的教育公平与权利[14]等进行了相关研究。

曾群等从经济排斥、政治排斥、社会关系排斥、文化排斥、福利制度排斥5个维度对社会排斥的内涵和内容进行了深入分析,并且构建了一个失业和社会排斥的分析框架,[15]为分析失业问题提供了一个重要的理论视角。也有不少学者从社会排斥的视角对各群体的就业问题展开了深入分析,如失地农民的就业问题[16]、大学生就业问题[17]、贫困大学生就业歧视问题[18]等;此外,还有学者从社会排斥的视角来分析我国农村青年婚配困难问题[19]等。

---

8 潘泽泉.中国城市流动人口的发展困境与社会风险:社会排斥与边缘化的生产和再生产[J].战略与管理,2004(1):87-91.
9 杨风.城市农民工社会排斥问题研究[J].华东理工大学学报(社会科学版),2014(2):87-92+100.
10 黄佳豪.社会排斥视角下新生代农民工市民化问题研究[J].中国特色社会主义研究,2013(3):77-81.
11 杨菊华.社会排斥与青年乡—城流动人口经济融入的三重弱势[J].人口研究,2012(5):69-83.
12 邓大松,刘国磊.突破农民工医疗保险缺失困局:基于社会排斥理论的视阈[J].江汉论坛,2013,(06):132-135.
13 曹杨.社会排斥视角下的新生代农民工心理压力问题研究[J].安徽农业科学,2011(14):8757-8759.
14 左光霞,冯帮.社会排斥与流动人口子女的教育公平[J].现代教育科学,2009(6):5-7.
15 曾群,魏雁滨.失业与社会排斥:一个分析框架[J].社会学研究,2004(3):11-20.
16 陈世伟.反社会排斥:失地农民和谐就业的社会政策选择[J].求实,2007(3):92-94.
17 肖云,邹力.大学生就业社会排斥问题研究[J].中国青年研究,2009(7):80-83.
18 庞荣.社会排斥视角下贫困大学生就业歧视研究[J].中国青年研究,2013(5):20-23.
19 何绍辉.社会排斥视野下的农村青年婚配难解读:来自辽东南东村光棍现象的调查与思考[J].南方人口,2010(4):18-25.

不难看出，我国学者从社会排斥的视角来研究各群体及各种问题的文献较多。总的来说，我国弱势群体问题的成因是社会排斥，而社会排斥又是一个动态的过程和恶性循环系统，因此，打破社会排斥是增加社会整合的关键。这些研究，对于促进我国社会进步和制度完善提供了重要参考，也为我国残疾人问题的研究提供了借鉴。

二、观念排斥：残疾人生活的观念环境研究的现实需要

我国某些学者对残疾人面临的社会排斥问题进行了深入分析。比如，中山大学政务学院社会学博士周林刚从观念排斥、就业排斥、教育排斥、其他排斥4个方面详细地分析了我国残疾人所面临的社会排斥；并指出当某些群体一旦被社会构建为残疾人，观念排斥、就业排斥、教育排斥及其他排斥就会随之而至，共同构成了排斥残疾人的一张强有力的网。各种社会排斥之间相互关联，相互影响，环环相扣从而形成了一个恶性的怪圈，而观念层面的排斥是最深层的最根本的排斥。残疾人面临的社会排斥如图2-1所示。

图2-1 残疾人面临的社会排斥[20]

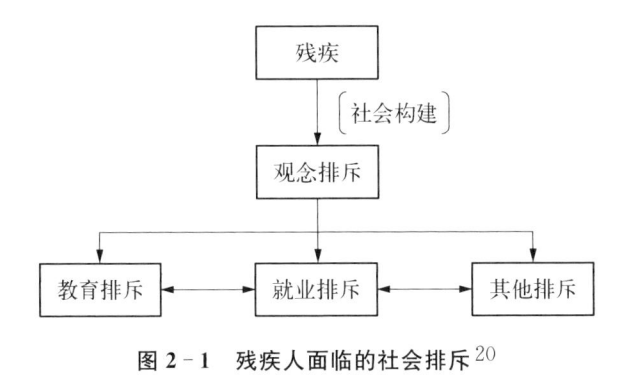

20 周林刚.社会排斥理论与残疾人问题研究[J].青年研究,2003(5):32-38.

贵州民族大学社会发展学院的潘光莉从制度排斥、观念排斥、教育排斥3个方面分析了社会排斥对残疾人就业的影响，指出残疾人面临的社会排斥是多方面的，是多重社会排斥叠加的结果，它们共同将残疾人推向就业市场的边缘，使其生存境况更为脆弱，从这个角度而言，残疾人恶劣的就业环境是社会构建的。[21]华南农业大学公共管理学院的卓彩琴和李颖奕以广州市农村残疾人为例，对农村残疾人就业排斥问题进行了深入研究，也从制度排斥、观念排斥、教育排斥3个方面对农村残疾人就业排斥问题进行了探究，并指出应该从促进残疾人自我觉醒与发展以及促进社会价值观和社会制度的革新两个方面促进农村残疾人就业。[22]

可见，国内学者对残疾人社会排斥相关问题的研究均无法忽略观念排斥。而且，人类社会与自在自然最大的区别就在于人类社会是由具有意识的人所主宰，当个体一旦被构建为残疾人，这种意识就会存在于人类的大脑中并且在群体之间扩散和遗传给下一代，形成深刻而持久的观念排斥，难以消除。观念排斥一旦形成，便会延伸至社会制度的制定层面上来，形成制度排斥，而制度排斥将被构建的残疾人排除在制度保护范围之外，使得社会对残疾人的观念排斥被强化了。

观念排斥和制度排斥的双重排斥延伸至人类社会的各个具体领域，使得排斥的内容和形式具体化和多样化，从而产生了具体的可怕的排斥后果。双重排斥延伸至教育领域，导致残疾人的受教育权利难以得到保障，使得其文化水平和技能普遍低下；在就业领域，排斥的直接后果是残疾人就业率低，难以找到工作，生活陷入困境；而在外部环境方面，导致残疾人出行不便，与社会的交流隔断。

---

21 潘光莉.从社会排斥视角看残疾人的就业状况[J].贵州民族学院学报(哲学社会科学版)，2007(2)：39-42.

22 卓彩琴，李颖奕.农村残疾人就业排斥及对策探讨：以广州市农村残疾人为例[J].改革与战略，2009(5)：98-101.

各个领域的排斥一旦产生,就会相互影响,形成无法突破的更严重恶性循环。如教育排斥使得残疾人受教育程度低,从而无法从事高端的职业,生活处于困境之中,有限的可支配收入不可能让残疾人有经济实力接受技能培训;环境排斥导致残疾人出行困难和交际不便,从而导致其可选择的工作区域受限,而就业的排斥又反过来影响环境;等等。如此循环往复,形成恶性循环。可见,残疾人面临的社会排斥是如此之可怕,就如一张无法逃脱的网。观念排斥是所有其他一切排斥的根源,是最基本的排斥。[23]观念排斥产生于残疾人生活的观念环境和社会环境,社会公众对残疾人相关议题的了解和认识产生偏差和错误等。观念排斥是研究残疾人生活的观念环境的重要理论基础。

残疾人生活的观念环境中存在的观念排斥对残疾人及其家庭等各个方面产生了严重的制约作用。在人类出现之初,社会生产力极为低下,人们无法了解残疾产生的真正原因,由于恐惧等原因往往把残疾解释为恶魔的迷惑、对罪恶的惩罚或者被上帝选中的证明等。在主要以体力劳动为主的社会生产中,由于残疾人的工作能力比较低,在同等的条件下与健全人竞争处于劣势,不可避免地处于社会的最底层。因而,几千年来,"残"与"废"总是如影随形,因残而废的观念根深蒂固于人们脑海挥之不去,长期以来"残=废=无能"的思维定势严重地损害和歪曲了残疾人的形象。残疾人遭到主流社会排斥的状况一直没有得到明显(显著)改变。

正是这种根深蒂固的观念排斥,致使残疾人处于社会的边缘,成为社会最底层的弱势群体。虽然随着社会的不断进步,国际社会和我国政府越来越重视残疾人事业的发展,并且出台了一系列相关的政策措施和法律法规以保障残疾人权益,但是,由于全社会对残疾人的观念没有得到根

---

[23] 尚珂,梁土坤.新形势下的中国残疾人就业问题研究[M].北京:中国劳动社会保障出版社,2011:105.

本改变，观念排斥依然无处不在，其政策措施的实施效果也不尽如人意。观念排斥是各种排斥的根源，也是残疾人平等参与社会、融入社会、真正成为"社会人"、实现教育就业权利等的最大障碍。所以，全面了解残疾人生活的观念环境及其面临的观念排斥等，是消除残疾人面临的观念排斥和社会排斥的重要前提。

第二节 残疾人生活的观念环境的分析框架

了解残疾人生活的观念环境的含义和主要内容，是分析残疾人生活的观念环境的基础，本节基于以往相关研究经验以及可获得性数据，对残疾人生活的观念环境的主要内容和分析框架做简要说明。并且对残疾人生活的观念环境的具体内容的评价体系和标准进行探索和分析。

一、残疾人生活的观念环境的定义及内涵

环境（environment）在不同语境中，其含义也不同。有的学者将环境简单定义为周围的地方、情况和条件等。[24] 在文学作品中，环境是指环绕着人物和人物活动所展现出来的各种相关的行为条件和生活因素的具体构成。通常它包括人物活动的时间、处境、场合和各种融入人际关系的社会历史背景等。从环境所展示的具体内容看，其有自然环境和社会环境之分。社会环境指围绕着人物活动而展现的包含着人际关系的各种社会生活实体的状况，大可至一定历史时期的社会制度和政治、经济、文化生活等

---

24 冯志纯.现代汉语用法词典[M].成都：四川辞书出版社，2010：128.

社会背景,小可至人物活动的生活具体环境。[25]在环境科学中,环境指环绕着人群的空间及其中可以直接、间接影响人类生活和发展的各种因素的总体,包括自然环境和社会环境。[26]由此可见,无论在何种背景下,对于人类社会而言,环境通常可以分为自然环境和社会环境(social environment)。

环境既影响着个体的发展,也受个体的影响。由布朗芬布伦纳(U. Bronfenbrenner)提出的生态系统理论(ecological systems theory),强调个体嵌套于相互影响的一系列环境系统之中,在这些系统中,系统与个体相互作用并影响着个体发展。环境(或自然生态)是"一组嵌套结构,每一个嵌套在下一个中,就像俄罗斯套娃一样"。换句话说,发展的个体处在从直接环境(像家庭)到间接环境(像宽泛的文化)的几个环境系统的中间或嵌套于其中。生态系统理论的环境结构如图 2-2 所示。根据生态系统理论,可以将环境分为微观系统(microsystem)、中间系统(mesosystem)、外层系统(exosystem)、宏观系统(macrosystem)等。宏观系统(macrosystem),指的是存在于微观系统、中间系统、外层系统 3 个系统中的文化、亚文化和社会环境。宏观系统实际上是一个广阔的意识形态系统。在不同文化中这些观念是不同的,但是这些观念存在于微系统、中系统和外系统中,直接或间接地影响群体知识经验的获得和群体的发展。实际上,宏观系统也可以看作广义的社会环境。

就社会环境而言,其在不同的领域和不同的学科中,其定义和内涵也不尽相同。一般来说,社会环境是指人类在自然环境的基础上,经过长期有意识的社会劳动,加工和改造自然物质后,建立起来的物质生产体系和积累起来的精神文化体系。它是与自然环境相对的概念,是人类物质文

---

25 王向峰.文艺美学辞典[M].沈阳:辽宁大学出版社,1987:258.
26 刘清泗.中国成人教育百科全书·地理·环境[M].海口:南海出版公司,1994:514.

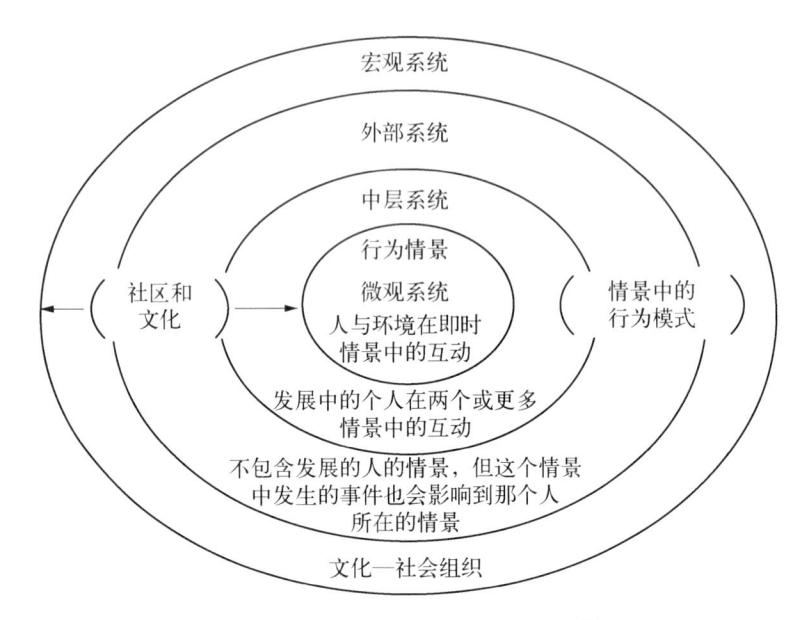

图 2-2 生态系统理论的环境结构[27]

明和精神文明的总体现,主要由经济、政治和文化等要素构成。[28]构成社会环境的因素是多种多样的,主要包括人和物,人与物之间、人与人之间的各种关系;由人、物、关系所形成的观念系统(包括价值系统、知识系统和理论系统等)。社会环境有不同的存在形式,其中有物质形式、人际交往形式、人际关系网络以及社会意识和社会心理氛围。[29]可见,观念系统是社会环境的重要组成部分。

在现实中,就某些特定事物或者特定群体而言,观念系统实际上就是其生存、存在、生活的观念环境。尽管我国一些学者在相关研究中也使用观念环境一词,但是,目前尚未有学者对观念环境的定义、内涵、内容等进行

---

27 姚进忠.农民工子女社会适应的社会工作介入探讨:基于生态系统理论的分析[J].北京科技大学学报(社会科学版),2010(1):22-27.
28 罗肇鸿,王怀宁.资本主义大辞典[M].北京:人民出版社,1995:1056.
29 刘建明.宣传舆论学大辞典[M].北京:经济日报出版社,1993:20.

系统和详细的论述。在相关外文文献中,也极少能够见到相关的词语。与观念环境具有紧密联系的词语主要包括观念、价值观、意识形态等。下面结合相关概念的定义和内涵等,尝试对残疾人生活的观念环境进行定义和解析。

首先,就环境的特性而言,环境并不是孤立存在的,它总是相对于某一中心(主体)而言。实际上,可将其定义为"除中心而外的客观存在"。换言之,就是围绕着某一个中心事物的外围世界。不同的中心相应有不同的环境范畴。在环境科学中,一般认为环境是围绕着人群的空间,及其中可以直接、间接影响人类生活和发展的各种自然因素和社会因素的总体。[30]因此,从这个视角来看,残疾人生活的观念环境,应该是以残疾人为中心,社会公众关于残疾、残疾人及相关议题的认知状况、基本态度、价值判断等的总的看法和态度,其直接或者间接地对残疾人的生存和生活产生影响,同时,残疾人的生存和生活状况也会对其生活的观念环境产生影响。即存在于残疾人周围的一切直接或间接地影响着残疾人生活的观念、文化、传统、价值判断等的因素构成残疾人生活的观念环境。

其次,观念环境与自然环境、制度环境、经济环境、政治环境等特征截然不同。主要体现在其他类型环境均具有一定的客观性,即具有某些通用的客观指标能够对其他类型环境进行测量,比如,国内生产总值(GDP)及其增长率可以衡量经济发展状况及经济环境的态势等。然而,观念环境则会因研究主体的不同,其基本内涵和主要内容也完全不同,其测量指标与研究主体的主要特点密切相关。因此,残疾人生活的观念环境,其基本内涵和测量指标,应该根据残疾人的基本特点进行界定。这些测量指标应该能够从总体上反映观念环境对残疾人生活的影响等。

再次,观念环境,其核心是人的观念。观念是客观事物在人脑中的一种能动反映形式。马克思说:"观念的东西不外是移入人的头脑并在人的

---

30 向洪.国情教育大辞典[M].成都:成都科技大学出版社,1990:556.

头脑中的改造过的物质的东西而已。""观念"一词来自希腊文"idea",原意是"看得见的形象"。马克思主义哲学使用"观念"一词,其含义有三:一是指表象或印象,即人们的感官直接受客观事物的刺激而形成的认识;二是泛指人们对事物的看法、认识,观念的东西与客观物质的东西相对立;三是指作为社会存在反映的社会意识,其中包括人们对社会各种现象的认识、看法而形成的观念以及系统化、理论化的观念形态。[31]人关于某事物的观念,会随着社会的发展和客观环境的变化而变化。因此,残疾人生活的观念环境,在不同的时代,其特点也显著不同。总的来说,残疾人生活的观念环境的内涵和外延也随社会发展而不断延展。研究残疾人生活的观念环境的主要着眼点在于,观念环境的发展能否跟得上社会制度等环境的发展步伐。

最后,残疾人观是残疾人生活的观念环境的核心,社会公众如何看待残疾、残疾人及相关议题等,即社会公众对残疾及残疾人的价值判断,具体体现为价值观。价值观是关于价值的性质、标准和评价的理论体系,也是系统化、理论化了的评价意识,它表达的是人们对周围事物的意义、是非、好坏、重要性的评价和看法。[32]社会公众对残疾的起因、残疾存在的意义、残疾的责任、残疾人的权利、残疾的形态等的评价和看法,就是社会公众对残疾等议题的价值判断。这构成残疾人观的主要内容,这也是残疾人生活的观念环境的核心。

由于需要、利益、文化传统和生活方式的不同,不同历史时代、同一时代的不同社会集团或不同个体具有不同的价值观。人们的价值观不是与生俱来的,而是在人出生后,在家庭环境和社会环境的影响下,在人们的社会活动过程中逐步形成的。价值观是社会意识形态的重要组成部分,它具有相对稳定性和持久性,是制约社会舆论、调节人们的态度和行为的

---

[31] 金炳华.马克思主义哲学大辞典[M].上海:上海辞书出版社,200:216.
[32] 刘建明.宣传舆论学大辞典[M].北京:经济日报出版社,1993:528-529.

重要因素。个体的价值观,则随着其经济地位、社会地位、世界观和人生观的变化而变化。据此推知,在特定的时代,残疾人观的特点具有相对稳定性。不同时代、不同地区、不同群体的残疾人观可能不同,对残疾及相关议题的价值判断也不同。因此,如何测量和研究时代变迁中的残疾人观的发展变化和主要特点,是探究残疾人生活的观念环境的关键和重点。

此外,关于残疾人生活的观念环境的主要内容和测量指标,可以根据观念体系的构成体系,即知识体系、价值体系、理论体系等进行划分,并根据残疾人及残疾人事业发展的主要特点进行指标选取。

二、残疾人生活的观念环境的主要内容及测量指标

残疾人生活的观念环境,可以结合残疾、残疾人、残疾人事业发展的状况等主要特点,并且按照知识体系、价值体系、理论体系等,将其分为认知程度、基本态度、助残意愿等逐级递减的3个方面。残疾人生活的观念环境的测量指标见表2-1。

表2-1 残疾人生活的观念环境的测量指标

内容分类			测量指标
认知程度	残疾人基本状况	残疾人概况	残疾人数 残疾人占比 残疾人权利公约签署年份 中国残联成立年份 残疾人抽样调查次数 现代文明残疾人观的核心内容 第一届全国残疾人运动会举办时间及地点 第十届全国残运会举办地 天津残疾人数 天津市残联成立年份 设有特殊教育学院的天津高校

续 表

内容分类		测量指标
认知程度	残疾人基本状况 — 残疾人社会保障政策	残疾人权利公约 中国残疾人保障法 残疾人教育条例 残疾人就业条例 无障碍环境建设条例 天津市实施保障法办法 天津加快残疾人事业发展的意见 天津市残疾人法律救助实施办法 天津市无障碍建设"十二五"实施方案
	无障碍环境建设	日常生活中的马路盲道 所在小区的楼房入口无障碍坡道 工作单位(就读学校)大楼门口无障碍坡道 工作单位(就读学校)中无障碍洗手间 小区中无障碍停车位 天津站无障碍通道
基本态度	残疾及相关议题 — 旧残疾人观	残疾人是社会和家庭的负担 残疾是不正常的 残疾人是一个被动的、病态的、不能独立的群体 残疾,主要是因为疾病和身体缺陷造成的 残疾人最应该受家庭照顾,而非政府和社会 政府投入巨资改善无障碍环境是浪费资源 残疾人所遭遇的困难主要并非由残疾本身所致,而是由社会和外部障碍所造成的 盲人无法使用电脑上网等 残疾人最好在盲校、聋校等特殊教育学校接受教育 盲人不能在普通高等学校上大学 残疾人应该去特殊教育学院读大学 盲人既不能考公务员,也不能当公务员 盲人、聋人等不能从事教师职业

续 表

内容分类		测 量 指 标
基本态度	残疾及相关议题 / 新残疾人观	残疾,是一个演变发展的概念 残疾人是人的多样性的一部分 残疾人具有公民的各项权利 随班就读等融合教育方式是残疾人教育未来发展方向 招录残疾人是企业的法定义务 有意愿去普通学校读书的残疾人,学校应该接收他们 为残疾人提供更多救助和服务是政府和社会的责任 促进残疾人事业发展是社会文明进步的重要标志
助残意愿	帮助残疾人的意愿 / 无条件助残意愿	在公交地铁上随时为残疾人让座 愿意随时随地无偿帮助残疾人 愿意为贫困残疾人捐款捐物 看到盲人需要过马路时,愿意主动帮忙
助残意愿	帮助残疾人的意愿 / 有条件助残意愿	愿意无偿帮助有需要的残疾学生辅导功课 成为社区助残志愿者,帮助社区中有需要的残疾人 愿意有偿地为一些残疾人提供照料服务 成为活动志愿者,为参加各类活动的残疾人提供帮助 作为志愿者,定期到残疾人康复机构或者托养机构提供助残服务 成为2019年天津全国残运会(特奥会)志愿者

(一)认知程度

社会公众对残疾人基本状况的了解和认知程度是残疾人生活的观念环境的最基本的方面。其主要涉及社会公众对残疾人人数、残疾人社会组织、残疾人运动会等相关概况的认知程度,对《残疾人权利公约》等国际残疾人政策、《中华人民共和国残疾人保障法》《残疾人教育条例》《残疾人就业条例》《无障碍环境建设条例》等国家层面残疾人社会政策以及各省市出台的地方层面的残疾人社会政策的认知程度,对无障碍环境建设等具体内容的认知程度等内容。

(二) 基本态度

社会公众如何看待残疾及相关议题,即残疾人观的相关内容,是残疾人生活的观念环境的核心内容。实际上,主要是考察和分析目前社会公众是基于残疾的医疗模式还是权利模式来看待残疾及相关议题,这也是直接影响残疾人所面临的观念排斥的主要因素。其后将对残疾的各类模式,以及基于《残疾人权利公约》的权利模式等相关内容进行阐述和分析。可以根据残疾人观的内容,将其分为残疾的原因、残疾的形态、残疾的责任、残疾人的权利、残疾人的能力5个方面,如图2-3所示,也可以从这5个方面来区分新残疾人观(权利模式视角)和旧残疾人观(医疗模式视角)。

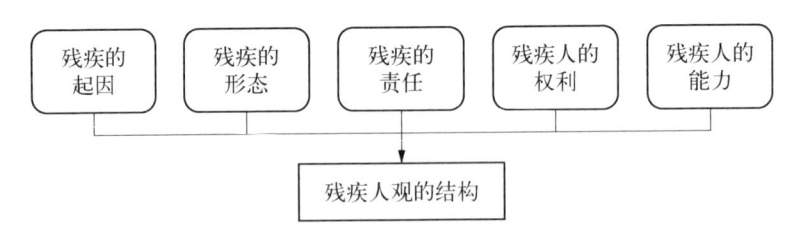

图 2-3 权利模式视角下的残疾人观

(三) 助残意愿

面对残疾人,社会公众的助残意愿如何,也是残疾人生活的观念环境的重要方面。社会公众的助残意愿,根据其不同特点可以分为无条件助残意愿和有条件助残意愿两个方面。无条件助残意愿是指不需要花费太多时间以及某些专业的技能和能力等即可实现的助残意愿,如公交车上让座、帮助盲人过马路等;有条件助残意愿是指,需要花费一定的时间或者精力,并需要一定的技能才能够实现的助残意愿,如,成为助残志愿者、为残疾人辅导功课等。本书将结合调查数据，对社会公众的无条件助残意愿和有条件助残意愿的主要特点进行简要分析。

三、残疾人生活的观念环境的评价标准

关于社会公众对残疾人概况、残疾人社会政策、无障碍环境等残疾人基本状况的认知程度，主要依据是否知道和知道多少的情况来评价。关于社会公众的助残意愿，主要从助残意愿的程度来考察，将意愿程度由低到高分为很不愿意、不愿意、一般、愿意、十分乐意5个等级，并且加上"没有想过"的选项。

关于社会公众对残疾及相关议题的基本态度，主要是从权利模式的视角（新残疾人观）来进行评价。所谓残疾人观，是指一定历史时期内社会主流意识对残疾人的认识和态度。如何看待残疾和残疾人问题，是社会文明发展的重要标志。目前为止，社会对残疾和残疾人的看法和观念，主要可分为两种模式，即残疾的医疗模式和残疾的社会模式。

（一）旧残疾人观

残疾的医疗模式认为残疾问题是医学问题与个人问题，残疾人是一个被动的、病态的、不能独立的、需要被"治疗"和救济的群体，他们不能以有意义的方式贡献社会，并且个人应该对残疾与障碍负责。社会对残疾问题的疗治主要是通过医疗卫生服务、社会福利和慈善救助等项目对残疾人进行关心、保护和帮助，通过治疗与康复尽力帮助残疾者重建身体功能，以使他们适应"正常的"社会机制。社会本着人道的考虑，将残疾人作为福利与慈善的对象，通过救济与施舍使残疾人的生活状况有所改善。这种残疾人观属于落后的旧残疾人观。随着社会的发展和人类文明的进步，人们对残疾和残疾人的态度发生了改变，开始逐步从社会模式和权利

模式来认识残疾和残疾人,这一过程中产生了新残疾人观,也就是现代文明社会的残疾人观。

(二)新残疾人观

残疾的社会模式,又称为权利模式,认为残疾人所遭遇的困难主要并非残疾本身所致,而是社会和外部障碍所造成的,是不健康的残疾人观念与社会政策共同造成了对残疾人的普遍的社会排斥与隔离。残疾人作为社会主体当然享有与生俱来的基本人权,残疾人不仅是社会的参与者,更应当是各种权利的享有者;残疾人是公民权利主体,国家应当在立法中明确规定残疾人在教育、就业、选举、交通、文化生活等方面的权利,以及这些权利被侵犯后的救济途径和措施。[33]

自联合国大会于2006年12月13日通过《残疾人权利公约》后,残疾的社会模式(权利模式)成为世界各国的共识,将"促进、保护和确保所有残疾人充分和平等地享有一切人权和基本自由,并促进对残疾人固有尊严的尊重"作为其宗旨。《残疾人权利公约》确立了"八个一般"原则:尊重固有尊严和个人自主,包括自由做出自己的选择,以及个人的自立;不歧视;充分和切实地参与和融入社会;尊重差异,接受残疾人是人的多样性的一部分和人类的一分子;机会均等;无障碍;男女平等;尊重残疾儿童逐渐发展的能力并尊重残疾儿童保持其身份特性的权利。[34]由此可见,外部障碍和歧视是造成残疾问题的主要诱因。因此,消除障碍,改善残疾人生活的外部环境,是促进残疾人事业发展的重要方面和基本共识。

根据《残疾人权利公约》的相关内容,可以将新残疾人观的主要内容

---

33 李志明,徐悦.树立新型残疾人观,促进残疾人社会参与和融合[J].社会保障研究,2010(1):105-108.

34 联合国经济和社会事务司等编著.联合国《残疾人权利公约》导读[M].张国忠,译.北京:华夏出版社,2008:105.

归纳为以下5个方面。

一是残疾的成因。《残疾人权利公约》明确指出，确认残疾是伤残者和阻碍他们在与其他人平等的基础上充分和切实地参与社会的各种态度和环境障碍相互作用所产生的结果。[35]即残疾人的身体机能差异和社会的外部障碍共同作用从而导致残疾的产生，而不仅仅是由于疾病或者身体机能缺失而造成的。

二是残疾的形态。《残疾人权利公约》指出，残疾人是人的多样性的一部分和人类的一分子。可见，残疾是人类多样性的重要表现形式，而不是"不正常"的群体。同时，《残疾人权利公约》确认，残疾是一个演变发展中的概念。由此可推知，残疾的概念、内涵、外延等内容会随时代的发展而变化，但只要人类的差异性存在，残疾就不会消亡。

三是关于残疾的责任。《残疾人权利公约》深信家庭是自然和基本的社会组合单元，有权获得社会和国家的保护，残疾人及其家庭成员应获得必要的保护和援助。因而，家庭和社会应当共同承担残疾的相关责任，为残疾人的生存发展等提供必要的支持和帮助。

四是关于残疾人的权利。残疾人作为基本公民，享有作为公民的各项权利。《残疾人权利公约》的宗旨是促进、保护和确保所有残疾人充分和平等地享有一切人权和基本自由，并促进对残疾人固有尊严的尊重。残疾人享有受教育、就业、社会参与、政治参与等各项权利。

五是关于残疾人的能力。《残疾人权利公约》指出，应当提高对残疾人的能力和贡献的认识，并促进承认残疾人的技能、才华和能力以及他们对工作场所和劳动力市场的贡献。不是从"无能"等陈腐的观念来认识残疾人的能力，甚至以此为依据剥夺残疾人相关权利的参与权等。

---

[35] 联合国经济和社会事务司等编著.联合国《残疾人权利公约》导读[M].张国忠，译.北京：华夏出版社，2008：102.

因而,其后关于社会公众关于残疾及相关议题的基本态度,主要从残疾的成因、残疾的形态、残疾的责任、残疾人的权利、残疾人的能力这 5 个方面来进行分析。

四、残疾人生活的观念环境分析的资料来源

关于残疾人生活的观念环境的研究资料,主要包括问卷调查和个案访谈两个部分,具体的资料收集方法和资料收集情况如下面所述。

(一)问卷调查

在 2016 年 4 月 14 日至 5 月 8 日期间,项目组先后分批次地对天津市南开区、东丽区、河西区、静海区、滨海新区等 5 个区的 16 个社区和 2 个村进行了问卷调查。所采取的样本抽样方式为分层逐级随机抽样,遵循区(县)、街道(乡镇)、社区(村)等顺序进行逐级抽样。并根据天津市的区县分布情况进行随机抽样,市内六区中抽取南开区和河西区两个区,环城四区中抽取东丽区、农村抽取静海区、滨海新区等作为抽样调查区域;然后,以各区县的街道为抽样框,对街道和乡镇进行随机抽样,除静海区外,其他区分别随机抽取两个街道。而后,将街道所属社区按照首字母以拼音顺序排序,分别选取 1/3 和 2/3 处的社区为样本调查社区(由街道办事处帮忙抽取);此外,静海区的调查目标为农村住户,也遵循随机抽样的模式,其样本量根据天津市城乡人口比例确定,为 18% 左右。

本次调查共收回问卷 1 175 份,其中有效问卷 1 170 份,问卷有效率达到了 99.57%。具体样本量见表 2-2。其中 Ja 村的样本量最多,原因是该村人数众多,临时根据实际情况,增加了一些样本。南开区 Nc 里社区的样本也较多,是由于在该社区进行前期试调查和后续调查,共两次调查所造成的。

表 2-2 调查的基本情况(分区县)

区县	频数	百分比(%)	街道/乡镇(代号)	频数	百分比(%)	社区	频数	百分比(%)
静海区	205	17.52	11	205	17.52	Ja 村	121	10.34
						Jb 村	84	7.18
南开区	294	25.13	21	137	11.71	Na 里	63	5.38
						Nb 里	74	6.32
			22	157	13.42	Nc 里	91	7.78
						Nd 里	66	5.64
河西区	219	18.72	31	104	8.89	Ha 里	53	4.53
						Hb 里	51	4.36
			32	115	9.83	Hc 里	59	5.04
						Hd 里	56	4.79
东丽区	240	20.51	41	120	10.26	Da 园	60	5.13
						Db 园	60	5.13
			42	120	10.26	Dc 园	60	5.13
						Dd 园	60	5.13
滨海新区	212	18.12	51	106	9.06	Ba 里	60	5.13
						Bb 里	46	3.93
			52	106	9.06	Bc 里	56	4.79
						Bd 里	50	4.27

分性别来看,本次接受调查的女性有 644 人,占 55.0%,而男性只有 526 人,占调查人数的 45.0%,见表 2-3。女性多于男性,这是受调查时间和调查方式的影响而造成的。在家中的女性往往多于男性。

表 2-3　调查的基本情况(分性别)

	男	女	合 计
频率	526	644	1 170
百分比(%)	45	55	100

从户口的性质来看,非农业人口占大部分。其中农业户口人员有 311 人,占 26.6%,而非农业户口人员有 859 人,占 73.4%,见表 2-4。

表 2-4　调查的基本情况(分户口性质)

	农 业	非农业	合 计
频率	311	859	1 170
百分比(%)	26.6	73.4	100

从民族性来看,接受调查的人员绝大部分为汉族。其中汉族有 1 142 人,占比高达 97.6%,而少数民族仅有 28 人,仅占接受调查人员的 2.4%,见表 2-5。

表 2-5　调查基本情况(分民族)

	汉 族	少数民族	合 计
频率	1 142	28	1 170
百分比(%)	97.6	2.4	100

从接受调查人员的受教育程度来看,硕士研究生及以上的人员最少,仅有 16 人,占接受调查人数的 1.4%;其次没有上过学的人员,仅有 36 人,占 3.1%;受教育水平为初中的人员最多,有 357 人,占 30.5%;受教育程度为本科的人员也较多,有 203 人,占 17.4%。总的来说,大专及以上的人员占比近 35%,见表 2-6。

表 2-6 调查基本情况(分受教育程度)

	没上过学	小学	初中	高中(含中专、职高)	大专	本科	研究生	合计
频率	36	104	357	274	180	203	16	1 170
百分比(%)	3.1	8.9	30.5	23.4	15.4	17.4	1.4	100

分年龄段来看,接受调查的老年人多一些,其他各年龄段的人数差不多(相差不大),见表 2-7。具体来说,60 岁以上的老年人有 318 人,占 27.2%;20~30、30~40、40~50、50~60 岁的受调查人员分别占 16.4%、18.3%、17.0%、18.5%;20 岁以上的人员最少,仅有 31 人,占 2.6%。这是因为本次调查主要是以 18 岁以上的成年人为主而导致的。

表 2-7 调查基本情况(分年龄段)

	20 岁以下	20~30 岁	30~40 岁	40~50 岁	50~60 岁	60 岁以上
频率	31	192	214	199	216	318
百分比(%)	2.6	16.4	18.3	17	18.5	27.2

本次调查采取的抽样方法较为科学,样本来源于天津市的不同区县。同时,严格按照城乡人口比例进行抽样。问卷调查采取的方式为,直接安排学生志愿者在社区和农村进行实地调查,大大提高了调查的信度和效度。

(二) 个案访谈

对部分社会公众、残疾人、残疾人工作者进行了个案访谈,合计对 11 人进行了深入的访谈。接受面对面访谈的有残疾人专职委员、社区居委会工作人员、社会公众、残疾人等。具体访谈提纲见附录。

第三章 | 基本概况及存在问题

- 第一节 认知情况：社会公众对残疾人状况的了解程度
- 第二节 基本态度：社会公众对残疾议题的主要看法
- 第三节 助残意愿：社会公众帮助残疾人的意愿特点
- 第四节 残疾人生活的观念环境特征汇总

残疾人生活的观念环境主要涉及以下3个方面的内容：一是社会公众对残疾人及其概况、残疾人事业的发展状况等方面的了解和认知；二是社会公众对残疾的起源、形态、责任及残疾人权利等方面的基本看法和主要观点，这也是残疾人观的主要内容；三是社会公众的助残意愿及其促进残疾人事业发展等方面的意愿。这3个方面层层递进，共同构成残疾人生活的观念环境的主体。本章从认知状况、基本态度、助残意愿3个方面对残疾人生活的观念环境的基本概况及其主要特点进行简要分析。

第一节　认知情况：社会公众对残疾人状况的了解程度

社会公众对我国残疾人基本情况、残疾人政策、残疾人组织等相关宏观层面情况的了解和认知程度是残疾人生活的观念环境的极其重要的方面，其会对社会公众如何看待残疾、残疾人及其相关问题等产生重要的影响。因而，本节从我国残疾人概况、残疾人社会政策、残疾人相关议题的关注度3个方面对社会公众对残疾人概况的了解程度进行简要分析。

一、社会公众对我国残疾人概况的了解程度

运动不仅是健身的关键，也是容易传播和引起关注的重要社会活动，比如，奥林匹克运动会就广为社会公众所熟知。因此，本部分除了研究全国残疾人总体情况外，也将残疾人运动会的相关内容纳入分析范围。同时，由于研究的调查对象为天津市社会公众，因而将社会公众对天津市残

疾人概况的相关内容也纳入研究范围。所以,本节将从残疾人总体情况、残疾人运动会、天津市残疾人情况3个方面来分析社会公众对我国残疾人状况的了解程度。

(一) 残疾人总体情况

从我国残疾人事业发展的历程来看,其具有里程碑意义的事件主要包括负责残疾人事业的组织——中国残疾人联合会的成立、两次全国残疾人抽样调查的开展、联合国《残疾人权利公约》的签署等方面。我国残疾人最基本的状况的内容包括残疾人总体人数及其人口占比等内容。因此,选择我国残疾人人数、残疾人占人口总数的比例、《残疾人权利公约》签署年份、中国残疾人联合会成立年份、我国所开展的全国残疾人抽样调查次数等5个方面的内容来设置问题以考察社会公众对我国残疾人总体概况的了解程度。抽样调查情况如下。

一是中国残疾人联合会成立年份。尽管中国残疾人联合会于1988年就已经成立,距今已有30多年历史。但是,调查发现,高达74.4%的受调查者并不知道中国残疾人联合会成立的具体时间,仅仅有13.8%的受调查者能够正确回答中国残疾人联合会的成立时间。绝大部分的社会公众对中国残疾人联合会成立时间等历史性事件并不了解。

二是我国所开展的全国残疾人抽样调查次数。自1987年第一次残疾人抽样调查后,时隔20年后,我国于2006年开展了第二次全国残疾人抽样调查,该次调查为相关部门全面了解残疾人的基本状况,为相关社会政策的制定等提供了重要的实践基础,是对我国残疾人事业发展具有里程碑意义的重要事件。但是调查发现,绝大多数社会公众对这些事件并不了解,仅仅有11.7%的受调查者了解到目前为止我国所开展的全国残疾人抽样调查次数,有高达72.4%的社会公众并不知道这些内容,还有15.9%的受调查者回答错误。

三是《残疾人权利公约》签署年份。2006年联合国通过《残疾人权利公约》，这是对世界残疾人事业发展具有重大里程碑意义的大事件。我国于2007年签署联合国《残疾人权利公约》，使我国残疾人事业朝着世界残疾人事业发展的方向而努力。调查结果显示，社会公众对该事件的了解程度也相当低，高达76.4%的受调查者不知道我国签署《残疾人权利公约》的具体时间，该比例为该组调查题目中最高的，回答错误的受调查者占比12.8%，而仅有10.8%的受调查者回答正确。由此可见，绝大部分的社会公众也不清楚我国近些年来残疾人事业发展的重要事件。

四是基本残疾人概况。残疾人总体人数及其占全国人口的比例是了解我国残疾人最基本概况的重要指标。调查发现，社会公众对这些基本内容也不十分了解。分别仅有13.8%、10.0%的受调查者能够正确选择"我国残疾人人数""残疾人人数占全国总人口的比例"等问题的答案。不了解和回答错误"残疾人人数占全国总人口的比例"的比例之和高达90.0%。由此可见，绝大部分社会公众对我国残疾人人数等基本的残疾人概况的相关内容均不了解。

总体而言，尽管，受调者对中国残疾人联合会成立时间和残疾人总体人数了解程度略高于其他议题，但是差异较小。对这些内容回答不知道的受调查比例均超过了70%，回答错误的比例均超过10%，回答正确的比例均不足14%。社会公众对我国残疾人情况的了解程度见表3-1。可见，绝大部分社会公众对我国残疾人及残疾人事业的总体概况都不了解。

表3-1 社会公众对我国残疾人情况的了解程度(%)

	残疾人人数	残疾人占比	残疾人权利公约签署年份	中国残联成立年份	残疾人抽样调查次数	现代文明残疾人观的核心内容
正确	13.8	10.0	10.8	13.8	11.7	21.5
错误	14.3	16.2	12.8	11.8	15.9	23.3
不知道	71.9	73.8	76.4	74.4	72.4	55.1

(二) 全国残疾人运动会

众所周知,奥林匹克运动会举办时间、地点、中国获得奖牌数、奥运冠军等相关内容广为社会公众所熟知。大型相关体育赛事是社会公众关注的焦点。而为了促进残疾人体育事业的发展,自1984年开始,我国开始举办全国残疾人运动会,这对提高全民素质等起到了重要作用。1984年,在安徽省合肥市举办了第一届全国残疾人运动会,至2015年,在四川省已经举办了九届全国残疾人运动会。然而,与世人对奥林匹克运动会等相关体育赛事的高关注度和熟悉度不同的是,社会公众对残疾人运动会的相关内容关注较少,并不十分了解这些相关内容。

从第一届全国残疾人运动会的举办时间及地点、第十届全国残疾人运动会举办地等内容来考察社会公众对全国残疾人运动会等相关内容的了解程度,调查结果见表3-2。可以看到,对"第一届全国残疾人运动会的举办时间和举办地"回答正确的仅仅有10.9%,有15.9%的人回答错误,73.2%的人回答"不知道"。从"第十届全国残疾人运动会举办地"的情况来看,其回答正确率略微高一点,有18.3%的人回答正确。然而,也有15.6%的人回答错误,有68.1%的人回答"不知道"。此外,该题回答正确率略高的原因,可能是调查员在介绍调查目的的时候已经对第十届全国残疾人运动会的基本情况做了简单介绍。然而,在这种情况下,回答正确率依然不足20%。

表3-2 对全国残疾人运动会的了解程度(%)

	第一届全国残疾人运动会举办时间及地点	第十届全国残运会举办地
正确	10.9	18.3
错误	15.9	15.6
不知道	73.2	68.1

由此可见,整体而言,绝大部分社会公众不但对全国残疾人运动会等相关赛事不是非常了解,绝大部分受调查者不清楚相关内容,而且,他们也对残疾人运动会等赛事缺乏兴趣。尽管体育赛事等是社会公众广泛关注的话题,然而,当他们与残疾人相联系时,其关注度会极大降低。可见,社会公众对残疾人相关议题的关注度相当低。

(三) 天津市残疾人总体情况

从地域情况来看,当地居民可能对居住地城市的情况较为了解。因而,除了从天津市残疾人人数、天津市残疾人联合会成立年度两个方面来考察社会公众对天津市残疾人事业概况的了解程度外,由于天津理工大学是我国设置有特殊教育学院的高等教育学校之一,具有鲜明的特色,因而,也将天津市高校设置特殊教育学院的情况纳入了考察天津市社会公众对天津市残疾人概况的了解程度的范围之内。然而,调查发现,天津市社会公众对其居住地天津市的残疾人的基本概况的了解程度与全国残疾人的情况相差不大,绝大部分受调查者均不了解天津市残疾人概况的相关内容,其各题回答的正确率普遍不高,见表3-3。

表3-3 对天津残疾人情况的了解程度(%)

	天津残疾人数	天津市残联成立年份	设有特殊教育学院的天津高校
正确	13.8	13.8	12.4
错误	10.4	11.7	21.2
不知道	75.8	74.5	66.4

具体而言,社会公众对天津市残疾人人数的回答正确率最高,有13.8%的受调查者能够正确选择"天津市残疾人总数"的答案,但是,却有75.8%的人回答"不知道",还有10.4%的人回答错误,超过85%的受调查者并不

清楚天津市残疾人总人数等内容。同时,关于"天津市残疾人联合会成立年度"的回答情况与天津市残疾人人数的回答情况相差无几,回答正确的人员有13.8%。关于"天津市的哪所高校设置有特殊教育学院"的回答情况则略微差一些,仅有12.4%的人员回答正确,21.2%的人回答错误,同时有66.4%的人回答"不知道",约88%的受调查者不清楚天津理工大学设置有特殊教育学院。由此可知,绝大部分社会公众对天津市当地残疾人基本概况等相关内容的了解程度也相当低,绝大部分人均不了解天津市残疾人人数、天津市残疾人联合会成立时间、设置特殊教育学院的地方院校等的基本情况。

(四) 小结

总而言之,受调查者对我国残疾人人数、中国残疾人联合会成立、《残疾人权利公约》签署时间、全国残疾人总人数及其占全国总人口的比例等全国残疾人的概况,对全国残疾人运动会的举办地及举办时间等相关内容,对天津市残疾人总人数、天津市残疾人联合会成立年度、设置特殊教育学院的地方高等教育学校等当地残疾人的概况等的了解程度相当低。由此可见,绝大部分社会公众对我国残疾人的基本概况缺乏了解,很多受调查者完全不清楚相关内容。

二、社会公众对残疾人社会保障政策的熟悉程度

我国残疾人相关法律法规体系是一个较为完善的政策体系,主要以《中华人民共和国宪法》等为基础,以《中华人民共和国残疾人保障法》为核心,以《残疾人就业条例》《残疾人教育条例》《无障碍环境建设条例》等国务院颁布的行政法规为主体,以各个部委及中国残疾人联合会颁布的相关文件为指导,以各省市地方政府颁布的具体实施办法等地方规定为具体

内容。本部分将根据我国残疾人社会政策体系的上述特点,从《残疾人权利公约》(国际)、国家层面法律法规、天津市残疾人社会政策(地方)3个方面的政策法规来考察社会公众对残疾人社会政策体系的了解和熟悉程度。

(一)残疾人权利公约

调查结果显示,社会公众对《残疾人权利公约》的相关内容知晓度较低。不仅如此,有33.2%的受调查者表示从来没有听说过《残疾人权利公约》,而且,还有45.4%的受调查者表示只是听过《残疾人权利公约》,但不了解相关内容。两者的比例之和达到了78.6%。可见,绝大多数的受调查者均不了解《残疾人权利公约》的相关内容,《残疾人权利公约》相关内容在我国的普及度相当低。由于《残疾人权利公约》的内容中包含权利模式的残疾人观的主要内容及基本原则,所以,其社会普及度低这一现象并不利于社会公众对权利模式残疾人观的相关内容的了解,进而不利于提高社会公众的参政意识,更不利于改善残疾人生活的观念环境。

(二)国家层面残疾人社会保障政策

考察社会公众对《中华人民共和国残疾人保障法》《残疾人就业条例》《残疾人教育条例》《无障碍环境建设条例》等4部法律法规的熟悉程度以衡量社会公众对国家层面的残疾人社会保障政策的了解程度。调查结果见表3-4。

《中华人民共和国残疾人保障法》是我国残疾人社会政策体系的核心,已经于1990年12月28日经第七届全国人民代表大会常务委员会第十七次会议通过,并于2008年4月24日经第十一届全国人民代表大会常务委员会第二次会议修订。调查结果显示,有高达22.9%的受调查者表示从来没有听说过《中华人民共和国残疾人保障法》,还有48.3%的受调查者表示仅仅是"听说过但不了解"。两者比例之和达到了70%。由此可见,尽管《中华人民共和国残疾人保障法》自诞生至今已有26年,但是社会公众对《中华人民共和国残疾人保障法》的相关内容的了解程度依然相当低。

表3-4 社会公众对残疾人法律法规的了解程度(%)

	没有听说过	听过但不了解	一般	比较了解	相当熟悉
残疾人权利公约	33.2	45.4	16.1	5	0.3
中国残疾人保障法	22.9	48.3	20.4	7.9	0.5
残疾人教育条例	32.3	43.7	17.8	5.7	0.4
残疾人就业条例	30.2	43.2	19.5	6.6	0.5
无障碍环境建设条例	33.5	39.9	18.2	7.5	0.8

当然,相对而言,尽管社会公众对《中华人民共和国残疾人保障法》的了解情况不容乐观,但是社会公众对《中华人民共和国残疾人保障法》的了解程度仍然略好于其他相关法律法规。如受调查者中的"从来没有听说过"的比例为各部法律法规中最低的,"一般"和"比较了解"的比例最高,分别为20.4%和7.9%等。社会公众对《残疾人就业条例》《残疾人教育条例》《无障碍环境建设条例》等行政法规的了解程度更低。"从来没有听说过"这些法规的受调查者均超过了30%,"听说过但不了解"与"从来没有听说过"的比例之和超过了73%。可见,社会公众对残疾人教育、就业、无障碍等方面的法律法规缺乏了解。教育、就业、无障碍出行等不但是残疾人作为公民的基本权利,而且,其也是改善残疾人生活状况、回归社会、融入社会的重要途径,社会公众对相关法律法规的不了解,既不利于残疾人各项权利的保障,也不利于我国残疾人事业的发展。

(三)天津市残疾人社会政策

调查发现,天津市社会公众对当地政府所颁布的天津市残疾人相关社会政策的了解程度低于其对国家层面的残疾人社会政策的熟悉程度。选取《天津市实施〈中华人民共和国残疾人保障法〉办法》《天津市关于加快残疾人事业发展的意见》《天津市残疾人法律救助实施办法》《天津市无障碍建设"十二五"实施方案》4部政策来考察社会公众对天津市残疾人社会政策的了解情况。调查结果见表3-5。

表3-5 天津市社会公众对残疾人相关社会政策的了解程度(%)

	没有听说过	听过但不了解	一般	比较了解	相当熟悉
天津市实施保障法办法	34	41.5	18	5.6	0.9
天津市关于加快残疾人事业发展的意见	36	41.1	17	4.8	1.1
天津市残疾人法律救助实施办法	35	40.8	17	6.1	1.1
天津市无障碍建设"十二五"实施方案	39.3	39.2	15	5	1.4

调查数据显示,社会公众"没有听说过"天津市4部残疾人政策相关文件的比例均高于《残疾人权利公约》以及《中华人民共和国残疾人保障法》等4部全国性的残疾人法律法规,其比例都达到甚至超过了34%。受调查者中"没有听说过"《天津市无障碍建设"十二五"实施方案》的比例最高,达到了39.3%,近40%。同时,"听说过但不了解"天津市残疾人相关法律法规的比例都在39%以上。受调查者中"没有听说过"与"听说过但不了解"天津市各部残疾人相关社会政策的比例之和超过了75%,高于《残疾人权利公约》及国家层面的各部残疾人相关法律法规的占比。

而且,相对而言,受调查者中对天津市4部残疾人社会政策的熟悉程度为"比较了解""一般"的比例也略低于其对国家层面的残疾人社会政策熟悉程度的比例。比如,在所有9部相关残疾人社会政策中,受调查者表示其熟悉程度为"比较了解"的比例最低的是《天津市关于加快残疾人事业发展的意见》,而熟悉程度为"一般"的比例最低的是《天津市无障碍建设"十二五"实施方案》。实际上,社会公众对《天津市无障碍建设"十二五"实施方案》的熟悉程度为"一般""比较了解""相当熟悉"的比例之和仅仅有21.4%,将近80%的受调查者不了解这些残疾人社会政策的相关内容。由此可见,社会公众对当地政府所颁布的天津市残疾人相关法律法规的了解程度相当低,而且,对其了解程度不及社会公众对全国性残疾人相关法律法规的了解程度。

(四)小结

总而言之,社会公众对残疾人相关社会政策的了解程度相当低,但其对国家层面的残疾人社会政策的熟悉程度略好于天津市政府所颁发的当地残疾人相关政策的了解程度。

三、社会公众对无障碍环境建设的关注程度

残疾人由于身体残缺和自身功能差异等原因,其在从事某些工作、某些生活方式等方面的途径及模式与健全人存在一定差异。是否对残疾人的这些特点有充分的了解,直接影响社会公众对残疾、残疾人及相关议题的态度和看法。下面从是否见过残疾人、是否关注与残疾人相关的无障碍设施、对残疾人的某一方面的能力是否了解3个方面来考察社会公众对残疾人的认知情况。

(一)社会公众对残疾人的能见度

能够见到残疾人的频繁程度会对社会公众对其状况的了解等方面产

生重要影响,见到残疾人也是了解残疾人相关状况的重要途径,因此,首先考察社会公众对残疾人的能见度。调查发现,47.2%的受访者表示,日常生活中"经常见到"残疾人,不足半数;而表示"较少见到""偶尔见到"残疾人的受访者分别占12.9%和35.9%,比例之和达到了48.8%;而且,分别还有1.0%和3.0%的受调查者表示在日常生活中"从来没有"或"几乎没有"见到残疾人,见表3-6。由此可见,超过半数的受访者表示其在日常生活中见到残疾人的频繁程度为"较少见到"以及更少。这一结果说明社会公众对残疾人的能见度较低。这容易使得社会公众与残疾人日常交流的频繁程度降低,使得社会公众对残疾人特点、生活状况、社会需要等方面的了解较为欠缺,不利于残疾人生活的观念环境的改善。

表3-6 社会公众对残疾人的能见度调查结果1(%)

	从来没有	几乎没有	偶尔见到	较少见到	经常见到
日常生活中,您是否经常见到残疾人	1.0	3.0	35.9	12.9	47.2

尽管超过半数的社会公众表示较少见到残疾人,但是,大部分的社会公众均知道所居住的小区中是否有残疾人住户。受调查者中表示"不知道"小区中是否有残疾人住户的社会公众仅有16.0%。高达71.8%的社会公众表示清楚知道所居住的小区中是否有残疾人住户,见表3-7。这个比例远远高于"日常生活中,经常见到残疾人"的社会公众的比例。从这个角度来看,实际上很多残疾人住户难以迈出家门,使得同住在一个小区中的居民也较少见到他们,从而使得社会公众能够见到残疾人的频繁程度大为降低。由此可见,如何促进残疾人走出家门、增加其社会能见度及社会融入度、增进其与社会公众的接触、提高社会公众对残疾人的了解程度等是改善残疾人生活的观念环境的重要议题。

表 3-7　社会公众对残疾人的能见度调查结果 2(%)

	没有	有	不知道
小区中是否有残疾人住户	12.2	71.8	16.0

(二) 社会公众对残疾人相关议题的关注度

电视、媒体、网络等是现代社会信息传播的重要渠道,残疾人相关新闻报道等也为各种媒介所关注,是否关注这些新闻报道对社会公众关于残疾、残疾人及其相关议题的了解和认知具有极其重要的影响。调查发现,平时"偶尔"收看残疾人相关议题的新闻报道的社会公众最多,达到了44.6%;而平时"经常""较多"收看残疾人相关新闻报道的社会公众分别只有12.2%、11.2%,两者之和为23.4%;但是,平时"较少"收看残疾人相关新闻报道的受调查者达到了24.1%;而且,有7.8%的受调查者表示平时"从来没有"收看过残疾人相关新闻报道,见表3-8。由此可见,绝大多数社会公众都在某种程度上通过新闻报道接受有关残疾人的信息,但大部分人关注残疾人相关新闻报道的频率仍然较低。总体而言,社会公众对残疾人相关议题的关注仍相对较少。

表 3-8　社会公众对残疾人相关议题的关注度调查结果 1(%)

	从来没有	很少	偶尔	较多	经常
平时是否有收看残疾人相关新闻报道	7.8	24.1	44.6	11.2	12.2

此外,残疾人专职委员是近年来我国为了促进残疾人事业发展而特别设置的相关工作岗位,主要以残疾人为主。天津市相关部门在残疾人专职委员方面的工作积累了很多相关经验。然而,调查发现,社会公众对残疾人专职委员等相关内容并不非常了解,见表3-9,可以看出,公众对

残疾人专职委员的了解程度还不够高。无论是从社区还是工作单位（就读学校），均都有超过35%的社会公众"不知道"是否有残疾人专职委员，部分社会公众对残疾人专职委员的情况完全不了解。这也说明部分社会公众对残疾人专职委员等相关内容的关注度较低。

表3-9 社会公众对残疾人相关议题的关注度调查结果2(%)

对专职委员的了解程度	没有	有	不知道
社区中是否有残疾人专职委员	19.1	45.9	35.0
工作单位（就读学校）中有残疾人专职委员	30.8	29.7	39.5

（三）社会公众对无障碍设施的观察情况

无障碍环境设施是政府和社会为残疾人等有需要的群体提供的便于走出家门、融入社会并符合其需要的设施设备。无障碍环境设施也是残疾人议题相关内容的重要组成部分。调查结果见表3-10，该结果反映了社会公众对身边的无障碍环境建设的观察情况。从调查数据看，大部分人员对无障碍环境建设都有一定的关注。选择"不知道"选项的人数较少。"不知道"天津站是否有无障碍通道的比例最高，为22.5%，超过了1/5，这可能与部分社会公众的交通出行情况有一定的关系。对马路盲道、小区楼房入口无障碍坡道等日常生活中常见的无障碍设置，"不知道"的人员则较少。如仅有4.4%的社会公众表示"不知道"日常生活中的马路盲道。由此可见，大部分的社会公众对日常生活中的无障碍环境建设情况均有一定程度的了解。

从社会公众的观察情况来看，马路上盲道的铺设情况较好。分别有25.8%、36.2%的社会公众表示日常生活中的马路"几乎都有""大部分有"有盲道，合计超过了60%，可知，日常生活中，大部分社会公众均在道路中可以见到盲道。然而,也有5.7%和6.4%的社会公众表示"完全没有""几乎没有"在日常生活中见到马路盲道。由此可见,总体来说,马路盲道的铺设情况较好,但仍然有待进一步完善。

表3-10 社会公众对无障碍设施的观察情况(%)

	完全没有	几乎没有	一般	大部分有	几乎都有	不知道
日常生活中的马路盲道	5.7	6.4	21.5	36.2	25.8	4.4
所在小区的楼房入口无障碍坡道	13.6	20.7	23.5	19.2	15.9	7.1
工作单位(就读学校)大楼门口坡道	10.4	12.0	22.0	23.2	19.0	13.4
工作单位(就读学校)中无障碍洗手间	12.5	15.9	20.9	18.4	16.5	15.9
小区中无障碍停车位	19.8	22.9	19.9	11.3	9.9	16.2
天津站无障碍通道	5.4	6.5	16.6	22.7	26.3	22.5

而关于小区中是否有无障碍停车位,仅有9.9%的人表示"几乎都有",占比不足10%。有11.3%的社会公众表示"几乎都有"。而且,分别有19.6%和22.9%的社会公众表示小区中"完全没有""几乎没有"无障碍停车位,合计超过了40%。可见,大部分的小区中均没有无障碍停车位,无障碍停车位在小区中的普及程度较低。

四、结论

由此可见,社会公众对残疾人人数、残联年份、《残疾人权利公约》的签署时间等残疾人概况的认知程度、对《残疾人权利公约》等国际残疾人政策、《中华人民共和国残疾人保障法》《残疾人就业条例》《残疾人教育条例》《无障碍环境建设条例》等国家级残疾人政策以及《天津市实施〈中华人民共和国残疾人保障法〉办法》等地方残疾人政策等残疾人社会政策的认知程度、对马路上的盲道、小区中的无障碍停车位、天津站无障碍通道等无障碍环境建设的认知程度等都较低。大部分社会公众对这些残疾人基本状况缺乏了解，因此，提高社会公众对残疾人概况、残疾人社会政策、无障碍环境建设等残疾人基本状况的了解和认知程度，是改善残疾人生活的观念环境的重要工作。

第二节 基本态度：社会公众对残疾议题的主要看法

残疾人观，是指一定历史时期内社会主流意识对残疾、残疾人及其相关议题的认识和态度。其主要内容包括如何看待残疾的产生、残疾人的权利、残疾人的社会地位和社会价值等[1]。如何看待残疾的成因、残疾的形态、残疾的责任、残疾人的权利、残疾人的能力这5个方面是残疾人观的核心内容，也是区分不同残疾人观的主要依据。下面分析社会公众是如何看待这些议题的，以揭示现代社会看待残疾的主流意识的主要特点及其主要意义。

一、残疾的起因：个体原因抑或社会诱因

如何看待残疾的起因，是残疾人观的基础，也是研究残疾、残疾人及其相关问题的关键。一直以来，残疾都被认为是由于残疾人个体的身体残缺和疾病而造成的。调查发现，目前为止，该概念依然根深蒂固于大部

---

[1] 尚珂,梁土坤.新形势下的中国残疾人就业问题研究[M].北京：中国劳动社会保障出版社,2011：87.

分社会公众的观念之中。分别有5.5%和46.7%的受调查人员"非常同意""同意""残疾主要是因为疾病和身体缺陷而造成的"的观点,该比例超过了50%。而且,还有20.0%的受调查者对该观点持"一般"的态度,仅有7.1%和16.8%的受调查者"很不同意""不同意""残疾主要是因为疾病和身体缺陷而造成的"的观点。由此可见,大部分社会公众依然认为残疾是由于疾病和身体缺陷而造成的,即残疾是个体原因造成的。

而残疾的社会模式则认为,残疾是由个体缺陷所导致的功能差异和社会环境的外部障碍共同作用所造成的。《残疾人权利公约》明确指出,确认残疾是伤残者和阻碍他们在与其他人平等的基础上充分和切实地参与社会的各种态度和环境障碍相互作用所产生的结果[2]。自2006年《残疾人权利公约》问世后,我国政府及相关部门在残疾人事业方面所做的努力,使得部分社会公众逐渐从权利模式视角下来认识和看待残疾的起因。调查发现,分别有3.6%和26.0%的受调查者"非常同意""同意""残疾人所遭遇的困难主要并非由残疾本身所致,而是由社会和外部障碍所造成的"的观点,比例之和近30%。而且,还有20.6%的受调查者对该观点持"一般"的态度。可见,部分社会公众已经逐渐从个体缺陷和功能差异与外部障碍的视角来看待残疾的成因中走出来,即强调残疾的主要成因是社会环境的外部障碍的观点逐渐被社会公众所接受。

二、残疾的形态:"不正常"抑或"差异化"

一直以来,残疾及残疾人都被社会认为是病态的、被动的、不能独立的等"不正常的"形态。调查发现,这些观念依然植根于不少社会公众的

---

2 联合国经济和社会事务司等编著.联合国《残疾人权利公约》导读[M].张国忠,译.北京:华夏出版社,2008:103.

观念之中。尽管，分别有19.4%和34.7%的受调查者"很不同意"和"不同意""残疾人是一个被动的、病态的、不能独立的群体"的观点，该比例超过了50%。然而，仍然有3.6%和23.2%的社会公众"非常同意"和"同意"该观点。同时，还有2.2%和19.7%的受调查者"非常同意"和"同意""残疾是不正常的"的看法。可见，不少社会公众仍然认为残疾是病态的、被动的、不能独立的、不正常的等。

而自《残疾人权利公约》提出残疾人是人的多样性的一部分的观点之后，该观点也被我国政府以及残疾人联合会等相关部门接纳和采用，逐渐被社会公众所知晓。调查发现，分别有6.5%和37.4%的受调查者"非常同意""同意""残疾人是人的多样性的一部分"，两者比例之和达到43.9%。同时，还有22.8%的受调查者对该观点持"一般"态度。而且，分别有3.6%和23.1%的受调查者"非常同意""同意""残疾是一个发展演变的概念"的观点。可见，"残疾人是多样性的一部分"等从权利模式视角来看待残疾形态的观点逐渐为社会公众所接受。当然，也有部分社会公众表示"不知道"这些相关内容。

因此，尽管认为残疾是"不正常的"等带有偏见的看法逐渐为大部分社会公众所摒弃，但这些观念依然深深地植根于部分社会公众的观念之中。而且，虽然，"残疾人是人的多样性的一部分"等从权利模式视角来看待残疾形态的观点逐渐为社会公众所知晓，但相对而言，接纳该观念的社会公众仍然是少数。由此可见，一些旧残疾人观的观点逐步被社会公众所遗弃，但从多样性视角来看待残疾的形态的新残疾人观的观念依然没有为社会公众所广泛接纳。从某种程度来看，我国社会公众的残疾人观逐渐发生变化，处于由旧残疾人观向新残疾人观转变的过渡时期。

三、残疾的责任：家庭抑或社会

传统而言，残疾及残疾人问题一直被认为是由于个体原因而造成的。

在现实中，残疾人往往被认为是家庭和社会的负担，尽管社会不断进步，但是，持有该种观念的社会公众仍然占据多数。调查发现，在受调查的人员中，分别有 4.1%、20.3%、16.6% 的人对"残疾人是家庭和社会的负担"的态度为"非常同意""同意""一般"。可见，将残疾人看作家庭和社会负担的观念在社会中依然存在。

因而，往往社会公众也认为解决残疾人相关问题的主要责任在于残疾人个体及其家庭。但是，调查发现，分别有 3.9% 和 19.0% 的受调查者"非常同意""同意""残疾人最应该受家庭照顾，而非政府和社会"的观点，可见，仅有 22.9% 的社会公众同意家庭应该是承担残疾人主要责任的看法。高达 41.1% 的受调查者"不同意"该观点，而且还有 15.6% 的受调查者"非常不同意"该观点。由此可见，大部分社会公众认为残疾人的照顾责任主要应该由政府和社会来承担，而不再是家庭。即残疾及残疾人相关问题的责任应该是由政府和社会来承担的看法逐渐成为社会公众的共识。

同时，有 51.6% 的受调查者"同意""为残疾人提供更多救助和服务是政府和社会的责任"的看法，而且还有 22.0% 的受调查者"非常同意"该观点，即"同意"该观点的比例高达 73.6%。"不同意""非常不同意"该观点的受调查者的比例之和不足 10%。由此可见，绝大部分社会公众均认为解决残疾人相关问题的责任应该主要是由政府和社会来承担。具体而言，就解决残疾人就业问题的途径来看，近 60% 的受调查者同意"招录残疾人是企业的法定义务"的看法，而"不同意"和"非常不同意"的比例之和只有 16.4%；即大部分社会公众认为招录残疾人应该是企业的法定义务和责任，企业应该承担招录残疾人和促进残疾人就业的责任。所以，总的来说，政府和社会应该承担解决残疾、残疾人相关问题的责任的观念逐渐成为社会共识。

四、残疾人的权利：隔离化抑或自由选择

《残疾人权利公约》的宗旨是促进、保护和确保所有残疾人充分和平等地享有一切人权和基本自由，并促进对残疾人固有尊严的尊重。我国《中华人民共和国残疾人保障法》等相关法律法规也规定，必须保障残疾人享有各项公民的权利。调查发现，大部分社会公众认同残疾人享有公民的各项基本权利。分别有25.9%和48.6%的受调查者"非常同意"和"同意""残疾人具有公民的各项权利"的观点，其比例之和达到了74.9%。可见，残疾人享有公民的各项权利已经成为大部分社会公众的共识。然而，值得注意的是，也有6.5%的受调查者"不同意"该观点，甚至还有4.1%的受调查者"非常不同意""残疾人具有公民的各项权利"观点。因此，有待进一步增进社会公众对残疾、残疾人、权利模式等相关内容的了解，以进一步改善残疾人生活的观念环境，促进残疾人社会融合及其发展。

但是，尽管绝大部分社会公众认同残疾人享有公民的各项权利，然而，其对残疾人各项权利的实现途径和具体模式的看法存在差异。受教育权和就业权是残疾人生存和发展的两项基本权利，通过何种方式促进残疾人受教育权和就业权的实现，不仅直接影响残疾人的生存状况，也对其融入社会等方面产生重要影响，而且，不同的实现模式对社会公众的观念也会产生不同的影响。调查发现，分别有13.6%、45.1%的受调查者"非常同意"和"同意""残疾人最好在盲校、聋校等特殊教育学校接受教育"的观点。有5.7%、37.7%、20.2%的受调查者对"残疾人应该去特殊教育学院读大学"的观点的态度为"非常同意""同意""一般"。由此可见，大部分社会公众依然认为残疾人受教育权的实现途径主要应该通过特殊教育学校等隔离化的方式来实现。

同时，调查发现，分别有3.7%、21.9%、14.2%的受调查者对"盲人不

能考公务员,也不能当公务员"的观点的看法为"非常同意""同意""一般"。同时,有2.7%、22.5%、14.9%的受调查者对"盲人、聋人等不能从事教师职业"的观点的态度为"非常同意""同意""一般"。即大约40%的社会公众认为盲人、聋人等残疾人不能从事公务员和教师等相关职业。可见,不少社会公众对残疾人就业权的认识依然存在偏差。既然残疾人享有公民的各项权利,那么盲人、聋人等残疾人也应该享有从事公务员、教师等相关职业的权利。

总而言之,尽管绝大部分社会公众认同残疾人享有公民的各项权利,但是,大部分社会公众认为残疾人应该通过特殊教育学校等隔离化的方式来实现其受教育权利。同时,不少社会公众对盲人、聋人等从事公务员和教师职业等权利的认识存在偏差。由此可见,社会公众对残疾人各项权利及其实现模式等内容的认识还远远不够,有待进一步提高。

五、残疾人的能力:"无能"抑或"障碍"

如何看待残疾人的能力,直接影响残疾人的形象以及残疾人权利的实现等内容。一直以来,残疾人普遍被认为是能力有限的,甚至是无能的。尽管社会不断进步,然而,调查发现,普遍而言,社会公众由于缺乏对残疾人的了解,其对残疾人的能力等方面的认识依然存在误区。社会公众对残疾、残疾人及相关问题的看法见表3-11。

表3-11 社会公众对残疾、残疾人及相关问题的看法(%)

问题	很不同意	不同意	一般	同意	非常同意	不知道
残疾人是社会和家庭的负担	21.6	35.3	16.6	20.3	4.1	2.1
残疾是不正常的	24.7	36.2	14.7	19.7	2.2	2.5

续　表

问　题	很不同意	不同意	一般	同意	非常同意	不知道
残疾人是一个被动的、病态的、不能独立的群体	19.4	34.7	15.6	23.2	3.6	3.4
残疾,主要是因为疾病和身体缺陷造成的	7.1	16.8	20.0	46.7	5.5	3.9
残疾人最应该受家庭照顾,而非政府和社会	15.6	41.1	16.3	19.0	3.9	4.1
政府投入巨资改善无障碍环境是浪费资源	25.0	44.4	11.2	11.8	2.7	4.9
残疾人所遭遇的困难主要并非由残疾本身所致,而是由社会和外部障碍所造成的	11.8	32.1	20.6	26.0	3.6	5.9
残疾,是一个演变发展的概念	9.4	19.8	26.1	23.1	3.6	17.8
残疾人是人的多样性的一部分	5.8	14.5	22.8	37.4	6.5	13.0
残疾人具有公民的各项权利	4.1	6.5	10.7	48.6	25.9	4.1
盲人无法使用电脑上网等	14.8	36.9	14.5	21.5	3.5	8.7
残疾人最好在盲校、聋校等特殊教育学校接受教育	6.5	13.2	17.6	45.1	13.6	4.0
随班就读等融合教育方式是残疾人教育未来发展方向	4.8	13.6	20.0	41.3	10.7	9.6
盲人不能在普通高等学校上大学	15.8	36.8	15.3	22.7	3.1	6.3
残疾人应该去特殊教育学院读大学	9.3	21.2	20.2	37.7	5.7	6.0
盲人既不能考公务员,也不能当公务员	16.2	35.2	14.2	21.9	3.7	8.8
盲人、聋人等不能从事教师职业	13.2	40.7	14.9	22.5	2.7	5.9
招录残疾人是企业的法定义务	3.8	12.6	19.2	47.0	10.0	7.5

续　表

问　题	很不同意	不同意	一般	同意	非常同意	不知道
有意愿去普遍学校读书的残疾人,学校应该接收他们	4.3	8.0	14.0	50.6	16.9	6.3
为残疾人提供更多救助和服务是政府和社会的责任	3.7	6.2	12.7	51.6	22.0	3.9
促进残疾人事业发展是社会文明进步的重要标志	3.6	4.6	12.0	48.3	26.2	5.2

下面以某些特定残疾人的例子作为说明。

比如,尽管受调查者中分别有14.8%、36.9%的人表示"很不同意""不同意""盲人无法使用电脑上网等"的看法,但两者比例之和仅仅有51.7%。仍然有21.5%和3.5%的受调查者表示"同意""非常同意"该观点。事实上,只要电脑装有读屏软件,盲人经过一定的训练,即可使用电脑上网、网络购物、从事相关工作等。由此可见,在社会公众的观念中,盲人等群体的能力是有限的,不能使用电脑上网等。这些观念存在误区,因为社会公众并没有意识到实际上是外部的障碍使得盲人群体在使用电脑等的过程中面临障碍,也没有意识到这些外部障碍是可以通过无障碍设施而消除的。

又如,从就业方面来说,能否参与公务员考试及从事公务员等相关工作是盲人群体面临的较为具有争议的议题。调查发现,对该观点"盲人不能考公务员,也不能当公务员"表示"很不同意""不同意"的受调查者分别有16.2%、35.2%,即50%的受调查者表示不同意该观点。有21.9%的受调查者表示同意该观点,还有3.7%的受调查者表示"非常同意"该观点,即超过了1/4的受调查者表示同意该观点。同时,还有8.8%的受调查者表示"不知道"这些相关内容。由此可见,社会公众对盲人能否考公务员和从事公务员相关职业等的能力及相关问题的认识存在误区和偏见。

事实上,关于盲人能否考公务员和从事公务员相关职业等,具体可以从两个方面来进行分析。

一方面,劳动就业权是人的基本权利。《中华人民共和国劳动法》(2009年8月27日第十一届全国人民代表大会常务委员会第十次会议修订)明确规定,劳动者享有平等就业和选择职业的权利。公务员作为就业的重要形式,盲人等残疾人劳动者也理应具备参与资格。但是,从国内的实际情况来看,我国《公务员录用体检通用标准(试行)》规定,双眼矫正视力均低于0.8(标准对数视力4.9)或有明显视功能损害眼病者,不合格[3]。据此规定,所有视力残疾人均无法达到公务员相关体检标准的要求。

另一方面,从能力上来看,一些盲人是能够胜任公务员等相关工作的。例如,香港的庄陈有先生就曾是香港特别行政区政府的政务司助理和教育司助理[4]。因而,从这些个案的情况来看,即使是盲人等残疾人,也是具备从事公务员等岗位的能力的,其关键是能否获得机会。由此可见,现实中的制度限制,剥夺了盲人等残疾人的某些职业参与和就业机会,即社会公众对残疾人能力的判断,与外部障碍对残疾人潜能的限制往往混为一谈。社会公众普遍认为,残疾人的能力是有限的,不能从事公务员等职业,而没有意识到,真正使得残疾人无法从事公务员等职业的因素是外部的制度障碍,未能区分"能力"与"外部障碍"对残疾人的不同影响。由此可见,社会公众对残疾人能力方面的认识,仍然存在很多误区和错误,对于这些方面的认识有待进一步提高。

---

[3] 人力资源社会保障部、卫生部关于修订《公务员录用体检通用标准(试行)》及《公务员录用体检操作手册(试行)》的通知[J].中国劳动,2010(4):62-63.
[4] 凤凰网.庄陈有:香港历史上唯一一个盲人政务官[EB/OL].[2008-02-14]. http://phtv.ifeng.com/program/qqsrx/200802/0214_1649_399650.shtml.

六、结论

综上所述,不难看到,目前社会公众普遍认为,导致残疾的原因是疾病和残疾人的身体缺陷,而忽略了外部障碍的重要影响;认为残疾人是"不正常的",而未能从"差异化"的角度来看待残疾人作为人类多样性的重要表现形式;认为家庭应当承担残疾的后果及责任,而忽略了社会责任;认为残疾人应当被隔离,忽略了残疾人自由选择的权利;认为残疾人的能力是有限的,未能正确区别"能力"与"外部障碍"对残疾人潜能的影响。由此可见,尽管已经有部分群众从权利模式的视角来看待残疾及相关问题,但大部分社会公众仍然是从医疗模式来看待残疾及相关议题,旧残疾人观等观念仍然深深地植根于人们的观念之中。如何提高新残疾人观等内容的接纳程度,并摒弃旧残疾人观的影响,是改善残疾人生活的观念环境的核心,其需要走的路还很远。

第三节 助残意愿:社会公众帮助残疾人的意愿特点

关于助残意愿,根据其实现条件来看,可以分为无条件助残意愿和有条件助残意愿两种。无条件助残意愿是指不需要花费太多时间,以及某些专业的技能和能力等即可实现的助残意愿,如公交车上让座、帮助盲人过马路等;而有条件助残意愿是指需要花费一定的时间或者精力,并需要一定的技能才能够实现的助残意愿,如助残志愿者、为残疾人辅导功课等。下面结合调查数据,对社会公众的无条件助残意愿和有条件助残意愿的主要特点进行简要分析。助残意愿的基本概况见表3-12。

表 3-12 助残意愿的基本概况(%)

		很不愿意	不太愿意	一般	愿意	十分愿意	没有想过
无条件意愿	在公交地铁上随时为残疾人让座	0.9	0.9	9.3	59.6	27.6	1.6
	愿意随时随地无偿帮助残疾人	1.2	2.1	18.6	56.6	19.4	2.2
	愿意为贫困残疾人捐款捐物	1.1	1.3	15	60.3	20.6	1.8
	看到盲人需要过马路时,愿意主动帮忙	1.1	0.6	11.2	59.1	25.7	2.1
有条件意愿	愿意无偿帮助有需要的残疾学生辅导功课	1.2	2.1	17.5	43.8	19.5	15.8
	成为社区助残志愿者,帮助社区中有需要的残疾人	1.2	1.8	18.5	51.5	19.0	8.0
	愿意有偿地为一些残疾人提供照料服务	3.1	4.5	20.7	44.9	17.7	9.3
	成为活动志愿者,为参加各类活动的残疾人提供帮助	1.0	1.7	19.7	50.6	18.6	8.2
	作为志愿者,定期到残疾人康复机构或者托养机构提供助残服务	1.1	3.6	23.2	43.6	16.6	11.8
	成为2019年全国残运会(特奥会)志愿者	1.2	4	17.7	42.4	20.2	14.4

一、无条件助残意愿的主要特点

用"在公交地铁上随时为残疾人让座""愿意随时随地无偿帮助残疾人""愿意为贫困残疾人捐款捐物""看到盲人需要过马路时,愿意主动帮忙"等4个指标来衡量无条件助残意愿。社会公众的无条件助残意愿的特点主要体现在以下两个方面。

一是上述4个指标中,"没想过""很不愿意""不愿意"选项的比例均相当低。比如,社会公众"在公交地铁上随时为残疾人让座"的意愿程度为"很不愿意""不愿意""没想过"的比例分别仅有0.9%、0.9%、1.6%,三者其值之和仅有3.4%。可见,社会公众无条件助残意愿的程度均较高。

二是相对于有条件助残意愿而言,社会公众无条件助残意愿的程度较高。具体体现为意愿程度为"愿意""十分乐意"的比例较高。总的来说,无条件助残意愿的意愿程度为"愿意"的比例均高于有条件助残意愿,同时,其意愿程度为"十分乐意"的人数比例也高于大部分有条件助残意愿的相关指标。比如,"十分乐意""在公交地铁上随时为残疾人让座"的社会公众的比例最高,达到了27.6%,而"愿意"的比例则高达59.6%。再如,"看到盲人过马路时,愿意主动帮忙""愿意为贫困残疾人捐款捐物"等助残行为的意愿,其"愿意"和"十分乐意"的比例之和超过了80%。总而言之,一些不太需要花费太多时间、精力、钱财等的无条件助残意愿相对高一些。

二、有条件助残意愿的主要特点

用"愿意无偿帮助有需要的残疾学生辅导功课""成为社区助残志愿者,帮助社区中有需要的残疾人""愿意有偿地为一些残疾人提供照料服务""成为活动志愿者,为参加各类活动的残疾人提供帮助""作为志愿者,定期到残疾人康复机构或者托养机构提供助残服务""成为2019年天津全国残运会(特奥会)志愿者"等6个指标来衡量有条件助残意愿,其主要特点体现在以下3个方面。

一是与无条件助残意愿的情况一致,各种有条件助残意愿的意愿程度为"很不愿意""不愿意"的人数比例均较低。比如,"愿意有偿地为一些残疾人提供照料服务"的"很不愿意"和"不太愿意"的比例最高,也仅仅分别只有3.1%和4.5%,两项之和不到8%。可见,社会公众有条件助残意愿的不愿意程度也相对较低。

二是有条件助残意愿的"愿意"和"十分乐意"的人数比例低于无条件

助残意愿。比如,"十分乐意"和"愿意""成为社区助残志愿者,帮助社区中有需要的残疾人"的社会公众比例分别有19%和51.5%,其总和只有70.5%,远低于让座等行为的意愿。而且,其"很不愿意"与"不太愿意"的比例之和也有3.0%,高于让座、帮助盲人过马路、捐款捐物等的比例。同时,"很不愿意"和"不太愿意""随时随地无偿帮助残疾人"的比例则明显增加,其比例之和超过了3.3%。由此可见,社会公众在需要花费一定时间才能够完成的助残行为方面的意愿相对低一些,其意愿有提高的空间和可能性。

三是需要相关专业化知识的有条件助残意愿方面,社会公众"没有考虑过"的比例大为提高,而且助残意愿相对较低。比如,"没有想过""愿意无偿帮助有需要的残疾学生辅导功课"的社会公众的比例最高,达到了15.8%。而"作为志愿者,定期到残疾人康复机构或者托养机构提供助残服务"的"没有想过"的比例也超过了11.8%。其"十分乐意"和"愿意"的比例分别为16.6%和43.6%,其总和只有60.2%,低于上述各种助残行为意愿的比例。与其相对应的是,其"很不愿意"和"不太愿意"的比例则较高一些。而且,"愿意有偿地为一些残疾人提供照料服务"的"十分愿意""愿意"的社会公众的比例也不高。由此可见,专业化、职业化等方面的助残行为,社会公众的意愿则更加低,其没有考虑过的比例也相对较高。又如,关于"成为2019年天津全国残运会(特奥会)志愿者"的意愿,相对而言,其"没有想过"的比例也较高,为14.4%,处于所有助残行为的意愿中的第二位。"十分乐意"和"愿意"的比例之和也只有62.6%。由此可见,愿意成为2019年天津全国残运会(特奥会)志愿者的天津市社会公众的比例尽管不低,但是,其意愿并不是特别高。

三、结论

综合以上,不难看到无论无条件助残意愿还是有条件助残意愿,"很不愿意"和"不太愿意"的比例均相当低。绝大部分社会公众还是愿意从各个方面帮助残疾人的,社会公众的助残意愿还是相当高的。然而,相对而言,社会公众无条件助残意愿的意愿程度为"愿意""十分乐意"的人数比例高于有条件助残意愿。同时,有条件助残意愿的"没想过"的比例则高于无条件助残意愿。可见,社会公众的有条件助残意愿仍然存在提升的空间,如何提高社会公众有条件助残意愿,是改善残疾人生活的观念环境的重要方面。

第四节 残疾人生活的观念环境特征汇总

通过对调查数据的分析,可以看到残疾人生活的观念环境的主要特征核心体现在以下几个方面。

一、社会公众对残疾人状况了解程度的特征

绝大部分社会公众对残疾人人数、残疾人联合会成立年份、《残疾人权利公约》的签署时间等残疾人概况的认知存在偏差,未能正确回答相关问题。社会公众对《残疾人权利公约》等国际残疾人政策与《中华人民共和国残疾人保障法》《残疾人就业条例》《残疾人教育条例》《无障碍环境建设条例》等国家级残疾人政策以及《天津市实施〈中华人民共和国残疾人保障法〉办法》等地方性政策的认知程度普遍较低,大部分人"没有听说过""听过但不了解"这些相关法律法规,了解残疾人社会政策的社会公众仅为少数人。同时,社会公众对马路上的盲道、小区中的无障碍停车位、天津站无障碍通道等无障碍环境建设的认知程度等也较低,部分社会公众完全不知道这些相关内容。可见,大部分社会公众对残疾人概况、残疾

人社会政策、无障碍环境建设等残疾人基本状况的了解和认知程度较低。

二、社会公众对残疾人议题主要看法的特征

尽管《残疾人权利公约》已经问世近 20 年，权利模式的新残疾人观已在世界范围内广泛传播，然而，不难看到，目前社会公众普遍认为，导致残疾的原因是疾病和残疾人的身体缺陷，而忽略了外部障碍的重要影响；认为残疾人是"不正常的"，而未能从"差异化"的角度来看待残疾人作为人类多样性的重要表现形式；认为家庭应当承担残疾的后果及责任，而忽略了社会责任；认为残疾人应当被隔离，忽略了残疾人自由选择的权利；认为残疾人的能力是有限的，未能正确区别"能力"与"外部障碍"对残疾人潜能的影响。由此可见，尽管已经有部分群众从权利模式的视角来看待残疾及相关问题，而大部分社会公众仍然是从医疗模式来看待残疾及相关议题，旧残疾人观等观念仍然深深地植根于人们的观念之中。如何进一步提高新残疾人观等内容的接纳程度，摒弃旧残疾人观的影响，是改善残疾人生活的观念环境的核心。从目前的发展现状而言，其需要走的路还很远。

三、社会公众助残意义的特征

就社会公众的助残意愿而言，本章第三节已有所论述。由此可见，目前我国社会公众对残疾人基本状况的认知程度仍然普遍较低，大部分依旧从医疗模式的视角来看待残疾及残疾相关问题，旧残疾人观等陈腐观念仍然根深蒂固于人们的观念中，严重制约了我国残疾人事业的发展。同时，社会公众的有条件助残意愿也有待进一步提高。因此，为了改善残疾人生活的观念环境，必须深入分析影响残疾人生活的观念环境的因素，以探索具体的有效的措施和方法。

第四章 区域差异及主要特点

- 第一节　社会公众对残疾人基本状况认知程度的区域差异
- 第二节　社会公众对残疾及相关议题基本态度的区域差异
- 第三节　社会公众助残意愿的区域差异分析
- 第四节　残疾人生活的观念环境区域差异的对比分析

居住和生活在不同社区、地域的人群可能对残疾、残疾人等的认知状况、基本态度、助残意愿等存在差异。本章将从城乡差异、区位差异、社区差异3个方面对残疾人生活的观念环境的区域差异进行深入分析,揭示其区域差异的主要特点。并且尝试对残疾人生活的观念环境的区域差异的影响因素进行探索和挖掘,以期为改善残疾人生活的观念环境提供参考和借鉴。

第一节 社会公众对残疾人基本状况认知程度的区域差异

社会公众对我国残疾人概况、残疾人社会政策、无障碍环境建设等3个方面的了解程度,其每个部分的内容之中有相似的地方,因此,在本部分选取其中的部分内容来考察社会公众对残疾人基本状况认知程度的城乡差异、区位差异和社区差异。选取题目的主要原则为兼顾国际与国内、兼顾全国和地方、兼顾公共场所与居住小区等。具体选择的内容为:在残疾人概况方面,选择我国残疾人人数、《残疾人权利公约》签署年份、第一届全国残疾人运动会举办地和时间、天津市残疾人人数4个题目;在残疾人社会政策方面,选择《残疾人权利公约》《中华人民共和国残疾人保障法》《天津市实施〈中华人民共和国残疾人保障法〉办法》3个法律法规(以下简称"3个法律法规")。在无障碍环境建设方面,选择日常生活中的马路盲道、小区中的无障碍停车位、天津站无障碍通道3个方面。

一、社会公众对残疾人基本状况认知程度的城乡差异

社会公众对残疾人基本状况认知程度的城乡差异的单因素方差分析（ANOVA）结果见表 4-1。可以看到,"小区中无障碍停车位"的显著性水平（Significance level）为 0.555,其在 0.1 的水平下不显著,说明社会公众对小区中无障碍停车位的认知程度不存在显著差异。而其他 9 个指标的显著性水平均<0.001,说明社会公众对残疾人基本状况的认知程度存在显著的城乡差异,其主要特点主要体现在以下几个方面。

表 4-1 社会公众对残疾人基本状况认知程度的
城乡差异的单因素方差分析

调 查 内 容	F 值	显著性水平
全国残疾人数	45.726	<0.001
残疾人权利公约	38.715	<0.001
天津市残疾人人数	47.797	<0.001
第一届全国残疾人运动会	44.575	<0.001
残疾人权利公约	46.628	<0.001
残疾人保障法	36.240	<0.001
天津市实施《中华人民共和国残疾人保障法》办法	31.061	<0.001
日常生活中的马路盲道	39.483	<0.001
小区中无障碍停车位	0.348	0.555
天津站无障碍通道	15.828	<0.001

一是关于全国残疾人人数、《残疾人权利公约》的签署时间、天津市残疾人人数、第一届全国残疾人运动会的举办地和举办时间的认知程度。社会公

众对残疾人概况认知程度的城乡差异见表4-2。农业户口社会公众回答正确的比例均远远低于非农业户口社会公众,而回答"不知道"的比例则远远高于非农业户口社会公众。比如,农业户口社会公众能够正确回答"全国残疾人人数"的比例仅仅有6.1%,远远低于非农业户口社会公众的16.5%,仅仅为其36.97%;回答"不知道"的比例高达87.5%,为非农业户口社会公众的1.32倍。无论是全国的残疾人概况还是天津市残疾人概况,无论是普遍现象还是像运动会等热门议题,农业户口社会公众对其了解和认知程度均远远低于非农业户口社会公众,社会公众对残疾人基本状况的认知程度存在显著的城乡差异。

表4-2 社会公众对残疾人概况认知程度的城乡差异(%)

调查内容	户口性质	正确	错误	不知道
全国残疾人人数	农业	6.1	6.4	87.5
	非农业	16.5	17.2	66.2
	总计	13.8	14.4	71.9
《残疾人权利公约》签署时间	农业	3.6	7.1	89.3
	非农业	13.4	14.4	72.2
	总计	10.8	12.4	76.7
天津市残疾人人数	农业	5.2	3.9	91.0
	非农业	16.9	12.5	70.6
	总计	13.8	10.2	76.0
第一届全国残疾人运动会举办时间及地点	农业	4.2	7.7	88.1
	非农业	13.4	18.5	68.1
	总计	11.0	15.6	73.4

二是关于残疾人社会政策。社会公众对残疾人社会政策认知程度的

城乡差异见表4-3。社会公众对其认知程度的城乡差异主要体现在两个方面。一方面，农业户口社会公众"没有听说过"3个法律法规的比例均远远超过非农业户口社会公众。如"没有听说过"《中华人民共和国残疾人保障法》农业户口社会公众为36.3%，为非农业户口社会公众的2倍多。另一方面，对这些残疾人社会政策的认知程度为"听说过但不了解"和"一般"的农业户口社会公众的比例远远低于非农业户口社会公众。比如，对《天津市实施〈中华人民共和国残疾人保障法〉办法》的认知程度为"一般"的农业户口社会公众的比例仅有9.6%，远远低于非农业户口社会公众的21.0%，仅占其比例的45.71%，不足50%。而对这些残疾人社会政策的认知程度为"比较了解"和"相当熟悉"情况，农业户口社会公众与非农业户口社会公众之间的差异较小。由此可见，无论是国际和全国，还是地方的残疾人社会政策，农业户口社会公众对其的认知程度均远远低于非农业户口社会公众。

表4-3　社会公众对残疾人社会政策认知程度的城乡差异(%)

调查内容	户口性质	没有听说过	听过但不了解	一般	比较了解	相当熟悉
残疾人权利公约	农业	51.8	35.0	8.7	4.2	0.3
	非农业	26.5	49.1	18.8	5.3	0.4
	总计	33.2	45.4	16.1	5.0	0.3
中华人民共和国残疾人保障法	农业	36.3	44.7	12.9	5.5	0.6
	非农业	18.1	49.6	23.1	8.8	0.5
	总计	22.9	48.3	20.4	7.9	0.5
天津市实施《中华人民共和国残疾人保障法》办法	农业	48.6	36.0	9.6	4.8	1.0
	非农业	28.7	43.5	21.0	5.8	0.9
	总计	34.0	41.5	18.0	5.6	0.9

三是关于无障碍环境建设。社会公众对无障碍环境建设认知程度的城乡差异见表4-4。从调查的实际情况来看,关于无障碍环境建设,无论是日常生活中的马路盲道、小区中的无障碍停车位,还是天津站的无障碍通道等无障碍环境设施,农业户口社会公众"不知道"的比例均远高于非农业户口社会公众。比如,有9.4%的农业户口社会公众"不知道"日常生活中的马路盲道,远远高于非农业户口社会公众的2.6%,是非农业户口社会公众的3.6倍。这就说明无论是马路等公共无障碍设施,甚至是天津站等公共交通工具与场所,还是生活中小区的无障碍环境设施,农业户口社会公众对其的认知程度均显著低于非农业户口社会公众,即社会公众对无障碍环境建设的认知程度存在显著的城乡差异。

表4-4 社会公众对无障碍环境建设认知程度的城乡差异(%)

调查内容	户口性质	完全没有	几乎没有	一般	大部分有	几乎都有	不知道
日常生活中的马路盲道	农业	13.6	13.9	19.1	27.5	16.5	9.4
	非农业	2.8	3.7	22.4	39.4	29.1	2.6
	总计	5.7	6.4	21.5	36.2	25.8	4.4
小区中无障碍停车位	农业	21.8	22.4	15.3	12.3	8.8	19.5
	非农业	19.0	23.0	21.6	11.0	10.3	15.1
	总计	19.8	22.9	19.9	11.3	9.9	16.2
天津站无障碍通道	农业	11.3	11.3	13.3	21.4	17.5	25.2
	非农业	3.3	4.8	17.8	23.2	29.4	21.5
	总计	5.4	6.5	16.6	22.7	26.3	22.5

总而言之,农业户口社会公众对残疾人概况、残疾人社会政策、无障碍环境建设的认知程度均远远低于非农业户口社会公众。社会公众对残

疾人基本状况的认知程度存在显著的城乡差异,非农业户口社会公众对残疾人状况的认知程度显著高于农业户口社会公众的状况。

二、社会公众对残疾人基本状况认知程度的区位差异

社会公众对残疾人基本状况认知程度的区位差异的单因素方差分析(ANOVA)结果见表4-5。可以看到,除了"天津站无障碍通道"的显著性水平为0.003,其余各个指标的显著性水平均<0.001,即所有指标都在0.01的水平下显著,说明居住在不同区县的社会公众对残疾人基本状况的认知程度存在显著的差异。社会公众对残疾人状况认知程度的区县差异主要特点体现在以下几个方面。

表4-5 社会公众对残疾人基本状况认知程度的区位差异的单因素方差分析

调查内容	F	显著性水平
全国残疾人数	27.784	<0.001
《残疾人权利公约》签署时间	33.842	<0.001
天津残疾人人数	14.529	<0.001
第一届全国残疾人运动会	19.633	<0.001
残疾人权利公约	30.977	<0.001
中华人民共和国残疾人保障法	18.823	<0.001
天津市实施《中华人民共和国残疾人保障法》办法	33.447	<0.001
日常生活中的马路盲道	26.287	<0.001
小区中无障碍停车位	9.383	<0.001
天津站无障碍通道	4.050	0.003

一是居住在不同区县的社会公众对残疾人概况的认知态度存在显著差异。关于全国残疾人人数、《残疾人权利公约》签署时间、天津市残疾人人数、第一届全国残疾人运动会举办时间及地点等,静海区和南开区社会公众对其的认知程度均较低,而滨海新区社会公众的认知程度则较高。社会公众对残疾人概况认知程度的区县差异见表4-6。比如,能够正确回答"全国残疾人人数"的比例,南开区社会公众仅仅有3.4%,静海区也只有4.4%,而滨海新区社会公众的比例高达25.0%(如表4.6所示),分别是南开区的7.35倍,静海区的5.68倍。由此可见,居住和生活的区县对社会公众关于残疾人概况的认知程度具有显著影响。

表4-6 社会公众对残疾人概况认知程度的区位差异(%)

调查内容	区县	正确	错误	不知道
全国残疾人人数	静海区	4.4	2.4	93.2
	南开区	3.4	19.7	76.9
	河西区	17.8	7.3	74.9
	东丽区	20.8	17.5	61.7
	滨海新区	25.0	22.2	52.8
《残疾人权利公约》签署时间	静海区	1.5	2.9	95.6
	南开区	3.4	9.7	86.9
	河西区	12.8	8.3	78.9
	东丽区	14.6	22.5	62.9
	滨海新区	23.6	18.4	58.0
天津市残疾人人数	静海区	2.9	2.4	94.6
	南开区	13.6	6.1	80.3
	河西区	21.3	5.1	73.6

续 表

调查内容	区县	正确	错误	不知道
天津市残疾人人数	东丽区	14.6	14.2	71.3
	滨海新区	16.0	24.1	59.9
第一届全国残疾人运动会举办时间及地点	静海区	2.0	3.9	94.1
	南开区	9.6	14.0	76.5
	河西区	12.4	11.9	75.7
	东丽区	12.9	22.1	65.0
	滨海新区	18.0	25.6	56.4

但是,也可以看到,地理位置位于郊区农村的社会公众和位于市中心核心区域的社会公众对残疾人概况的认知程度一样,都相当低,而且远低于地处郊区的滨海新区。同时,同处于市区的河西区,其社会公众对残疾人概况的认知程度远高于南开区,但是,低于滨海新区。由此可见,区县的地理位置,无论是市中心区域还是郊区等,并不会对社会公众关于残疾人概况的认知程度产生绝对影响。

二是关于残疾人社会政策,各区县社会公众对相关残疾人社会政策的认知程度为"相当熟悉"的人员比例均十分低,而且差距并不大。社会公众对残疾人社会政策认知程度的区县差异见表4-7。差异主要体现在"没有听说过"相关残疾人社会政策的人员比例上。具体而言,"没有听说过"《残疾人权利公约》《中华人民共和国残疾人保障法》《天津市实施〈中华人民共和国残疾人保障法〉办法》等人员的比例,静海区的比例均为全市最低的。比如,静海区"没有听说过"《天津市实施〈中华人民共和国残疾人保障法〉办法》的比例高达62.3%,远远高于次居其后的河西区的39.3%。

表4-7 社会公众对残疾人社会政策认知程度的区位差异(%)

调查内容	区县	没有听说过	听过但不了解	一般	比较了解	相当熟悉
残疾人权利公约	静海区	62.4	31.7	3.9	2.0	0
	南开区	32.7	49.3	14.3	3.7	0
	河西区	34.9	45.9	13.3	5.5	0.5
	东丽区	21.3	46.3	24.2	7.5	0.8
	滨海新区	17.5	51.7	24.2	6.2	0.5
中国残疾人保障法	静海区	43.4	42.0	10.7	3.9	0
	南开区	19.7	54.8	19.7	5.8	0
	河西区	27.1	45.4	16.5	10.1	0.9
	东丽区	15.8	50.0	23.8	9.6	0.8
	滨海新区	11.4	46.4	30.8	10.4	0.9
天津市实施《中华人民共和国残疾人保障法》办法	静海区	62.3	29.4	6.4	2.0	0
	南开区	35.2	45.1	15.0	4.8	0
	河西区	39.3	39.3	14.2	6.4	0.9
	东丽区	17.9	47.1	24.6	7.9	2.5
	滨海新区	17.9	44.3	29.7	6.6	1.4

而对静海区的调查主要是针对农村,如果将静海区排除在外的话,其他4个区"没有听说过"相关残疾人社会政策的比例大致呈现由市区(南开区、西青区)向近郊区(东丽区)、郊区(滨海新区)逐步降低的趋势。"听说过但不了解"的比例差异则较小一些。同时,"一般"的比例大致呈现由市区向郊区增加的态势。其他"比较了解""相当熟悉"的比例则没有明显的趋势特点。由此可见,除了农村地区,市区社会公众对残疾人社会政策的认知程度不如郊区社会公众,但是,地理位置并不对社会公众关于

残疾人社会政策的认知程度产生绝对影响。

三是关于无障碍环境建设。社会公众对无障碍环境建设认知程度的区县差异见表4-8。居住在农村地区(静海区)的社会公众不知道"日常生活中的马路盲道""小区中无障碍停车位""天津站无障碍通道"的人员比例均远远高于其他城区。比如,静海区社会公众"不知道""日常生活中的马路盲道的比例为11.3%",远远高于南开区的2.1%,为南开区的5.38倍。由此可见,居住在农村地区的社会公众对无障碍环境建设相关情况的认知程度低于居住在市区的社会公众。然而,"不知道"相关无障碍环境建设情况的人员比例与其他4个区的差异相对较小。比如,东丽区和滨海新区"不知道""天津站无障碍通道"的社会公众比例近似为20.5%,几乎相等。由此可见,关于无障碍环境建设情况,社会公众对其认知程度的区位差异主要体现在静海区和其他城区的差异上。

表4-8 社会公众对无障碍环境建设认知程度的区位差异(%)

调查内容	区县	完全没有	几乎没有	一般	大部分有	几乎都有	不知道
日常生活中的马路盲道	静海区	20.2	19.7	20.2	19.2	9.4	11.3
	南开区	3.8	5.1	23.3	38.4	27.4	2.1
	河西区	3.7	3.2	22.0	41.3	28.0	1.8
	东丽区	0	3.8	20.0	43.3	29.2	3.8
	滨海新区	2.8	1.9	21.7	36.3	33.0	4.2
小区中无障碍停车位	静海区	25.2	23.8	14.4	8.4	3.0	25.2
	南开区	19.5	27.7	23.6	8.6	8.9	11.6
	河西区	32.0	22.8	15.5	9.1	6.4	14.2
	东丽区	10.0	17.5	24.2	17.5	12.5	18.3
	滨海新区	13.3	21.3	19.9	13.3	18.5	13.7

续 表

调查内容	区　县	完全没有	几乎没有	一般	大部分有	几乎都有	不知道
天津站无障碍通道	静海区	13.3	14.8	12.8	15.8	12.8	30.5
	南开区	3.8	6.5	19.5	19.9	32.5	17.8
	河西区	7.8	2.7	15.5	21.0	27.9	25.1
	东丽区	1.7	3.3	16.3	29.6	28.3	20.8
	滨海新区	1.9	6.2	17.5	27.5	26.5	20.4

所以，总的来说，尽管社会公众对残疾人概况、残疾人社会政策、无障碍环境建设等基本状况的认知程度存在显著的区位差异，居住在农村地区的社会公众对残疾人基本状况的认知程度低于居住和生活在城市区域的社会公众。但是，居住的地理位置并不会对社会公众关于残疾人基本状况的认知程度产生绝对影响，不同城市核心区域的社会公众对残疾人基本状况的认知程度不同，也存在居住在某些市中心区的社会公众对残疾人基本状况的认知程度不如居住在郊区的社会公众的现象。因此，居住城市区位并不会对社会公众关于残疾人基本状况的认知程度产生直接影响。

三、社会公众对残疾人基本状况认知程度的社区差异

社会公众对残疾人基本状况认知程度的社区差异的单因素方差分析（ANOVA）结果见表4-9。可以看到，各个指标的显著性水平均为0.000，即所有指标都在0.001的水平下显著，说明居住在不同社区（村）的社会公众对残疾人基本状况的认知程度存在显著的差异。社会公众对残疾人状况认知程度的社区差异的主要特点体现在以下几个方面。

表 4-9 社会公众对残疾人基本状况认知程度的
社区差异的单因素方差分析

调查内容	F	显著性水平
全国残疾人数	15.728	<0.001
《残疾人权利公约》签署时间	17.271	<0.001
天津市残疾人人数	8.543	<0.001
第一届全国残疾人运动会	12.770	<0.001
残疾人权利公约	8.857	<0.001
残疾人保障法	5.772	<0.001
天津市实施《中华人民共和国残疾人保障法》办法	8.984	<0.001
日常生活中的马路盲道	8.932	<0.001
小区中无障碍停车位	3.603	<0.001
天津站无障碍通道	2.082	0.006

一是就残疾人概况而言,尽管在同一区县内,居住在不同社区(村)的社会公众对其的认知程度也会不同,甚至存在巨大差异。社会公众对残疾人概况认知程度的社区差异见表4-10。比如,就南开区而言,其中4个社区能够正确回答"全国残疾人人数""《残疾人权利公约》签署时间""天津市残疾人人数""第一届全国残疾人运动会举办时间和地点"的人数比例均存在显著差异;Nc里社区能够正确回答"全国残疾人人数"和"《残疾人权利公约》签署时间"的比例最高;而 Nb 里社区能够正确回答"天津市残疾人人数""第一届全国残疾人运动会举办时间和地点"的人数比例最高;Nd 里社区则为4个社区中回答正确率最低的。又如,滨海新区的Bc 里社区能够正确回答"全国残疾人人数"的人数比例高达53.6%,为所有受调查社区中最高的,是同属于滨海新区的 Bb 里社区的10多倍。

表 4-10 社会公众对残疾人概况认知程度的社区差异(%)

		全国残疾人数			《残疾人权利公约》签署时间			天津市残疾人人数			第一届全国残疾人运动会举办时间和地点		
		正确	错误	不知道	正确	错误	不知道	正确	错误	不知道	正确	错误	不知道
静海区	Ja村	4.1	1.7	94.2	0.8	1.7	97.5	3.3	0.8	95.9	0.8	4.1	95.0
	Jb村	4.8	3.6	91.7	2.4	4.8	92.9	2.4	4.8	92.9	3.6	3.6	92.9
南开区	Na里	3.2	9.5	87.3	0	1.6	98.4	6.3	3.2	90.5	4.8	4.8	90.5
	Nb里	4.1	39.2	56.8	2.8	13.9	83.3	28.4	6.8	64.9	29.7	13.5	56.8
	Nc里	5.5	16.5	78.0	9.0	13.5	77.5	12.1	12.1	75.8	2.2	24.4	73.3
	Nd里	0	12.1	87.9	0	7.6	92.4	6.1	0	93.9	1.5	9.1	89.4
河西区	Ha里	5.7	5.7	88.7	3.8	5.7	90.6	13.2	3.8	83.0	0	15.1	84.9
	Hb里	9.8	11.8	78.4	0	20.0	80.0	16.0	4.0	80.0	3.9	19.6	76.5
	Hc里	32.2	3.4	64.4	32.2	1.7	66.1	34.5	0	65.5	27.1	3.4	69.5
	Hd里	21.4	8.9	69.6	12.5	7.1	80.4	20.0	12.7	67.3	16.4	10.9	72.7
东丽区	Da园	43.3	15.0	41.7	31.7	23.3	45.0	40.0	3.3	56.7	40.0	8.3	51.7
	Db园	15.0	6.7	78.3	3.3	16.7	80.0	5.0	5.0	90.0	3.3	20.0	76.7
	Dc园	16.7	18.3	65.0	10.0	26.7	63.3	8.3	18.3	73.3	5.0	25.0	70.0
	Dd园	8.3	30.0	61.7	13.3	23.3	63.3	5.0	30.0	65.0	3.3	35.0	61.7
滨海新区	Ba里	26.7	30.0	43.3	21.7	28.3	50.0	23.3	25.0	51.7	20.0	30.0	50.0
	Bb里	4.3	8.7	87.0	2.2	10.9	87.0	8.7	8.7	82.6	2.2	24.4	73.3
	Bc里	53.6	17.9	28.6	53.6	5.4	41.1	12.5	44.6	42.9	37.5	21.4	41.1
	Bd里	10.0	30.0	60.0	12.0	28.0	60.0	18.0	14.0	68.0	8.0	26.0	66.0

同时,在静海区的两个调查村中,其社会公众对残疾人概况的认知程度也存在较大差异。比如,Jb村能够正确回答"《残疾人权利公约》签署

时间"的人数比例为2.4%,为Ja村的3倍。由此可见,无论是城市还是农村,无论是市内还是郊区,即使是在同一区县内,居住在不同社区(村)中的社会公众对残疾人概况的认知程度也会显著不同。因而,从居住地域来看,居住的社区及其环境是影响社会公众关于残疾人概况认知程度的重要因素。

二是就社会公众对残疾人社会政策的认知程度而言,大部分社区均没有社会公众认为其认知程度为"相当熟悉"的,而社会公众对残疾人社会政策认知程度的社区差异主要体现在"没有听说过"和"听说过但不了解"的人数比例上。社会公众对残疾人社会政策认知程度的社区差异见表4-11。比如,静海区的Jb村"没有听说过"《残疾人权利公约》的人数比例高达72.6%,为所有调查社区中比例最高的,远高于同属于静海区的Ja村的55.4%。

表4-11 社会公众对残疾人社会政策认知程度的社区差异(%)

			没有听说过	听过但不了解	一般	比较了解	相当熟悉
残疾人权利公约	静海区	Ja村	55.4	37.2	5.0	2.5	0
		Jb村	72.6	23.8	2.4	1.2	0
	南开区	Na里	39.7	47.6	12.7	0	0
		Nb里	27.0	50.0	14.9	8.1	0
		Nc里	31.9	48.4	15.4	4.4	0
		Nd里	33.3	51.5	13.6	1.5	0
	河西区	Ha里	39.6	49.1	9.4	1.9	0
		Hb里	39.2	37.3	17.6	3.9	2.0
		Hc里	31.0	50.0	12.1	6.9	0
		Hd里	30.4	46.4	14.3	8.9	0

续 表

			没有听说过	听过但不了解	一般	比较了解	相当熟悉
残疾人权利公约	东丽区	Da园	18.3	51.7	25.0	5.0	0
		Db园	35.0	28.3	21.7	15.0	0
		Dc园	18.3	46.7	31.7	3.3	0
		Dd园	13.3	58.3	18.3	6.7	3.3
	滨海新区	Ba里	11.7	45.0	36.7	6.7	0
		Bb里	26.1	47.8	21.7	4.3	0
		Bc里	16.4	69.1	14.5	0	0
		Bd里	18.0	44.0	22.0	14.0	2.0
中华人民共和国残疾人保障法	静海区	Ja村	37.2	45.5	14.0	3.3	0
		Jb村	52.4	36.9	6.0	4.8	0
	南开区	Na里	25.4	60.3	14.3	0	0
		Nb里	12.2	52.7	21.6	13.5	0
		Nc里	20.9	53.8	19.8	5.5	0
		Nd里	21.2	53.0	22.7	3.0	0
	河西区	Ha里	28.3	47.2	20.8	3.8	0
		Hb里	23.5	51.0	17.6	5.9	2.0
		Hc里	25.9	46.6	12.1	13.8	1.7
		Hd里	30.4	37.5	16.1	16.1	0
	东丽区	Da园	16.7	56.7	21.7	1.7	3.3
		Db园	21.7	51.7	11.7	15.0	0
		Dc园	11.7	45.0	35.0	8.3	0
		Dd园	13.3	46.7	26.7	13.3	0

续 表

		没有听说过	听过但不了解	一般	比较了解	相当熟悉
中华人民共和国残疾人保障法	滨海新区					
	Ba 里	10.0	50.0	31.7	8.3	0
	Bb 里	11.1	55.6	26.7	4.4	2.2
	Bc 里	12.5	46.4	26.8	14.3	0
	Bd 里	12.0	34.0	38.0	14.0	2.0
天津市实施《中华人民共和国残疾人保障法》办法	静海区					
	Ja 村	56.2	35.5	7.4	0.8	0
	Jb 村	71.1	20.5	4.8	3.6	0
	南开区					
	Na 里	42.9	44.4	9.5	3.2	0
	Nb 里	25.7	44.6	18.9	10.8	0
	Nc 里	37.4	46.2	14.3	2.2	0
	Nd 里	35.4	44.6	16.9	3.1	0
	河西区					
	Ha 里	41.5	43.4	11.3	1.9	1.9
	Hb 里	39.2	37.3	21.6	2.0	0
	Hc 里	35.6	40.7	11.9	11.9	0
	Hd 里	41.1	35.7	12.5	8.9	1.8
	东丽区					
	Da 园	18.3	50.0	28.3	0	3.3
	Db 园	21.7	48.3	16.7	10.0	3.3
	Dc 园	11.7	46.7	33.3	8.3	0
	Dd 园	20.0	43.3	20.0	13.3	3.3
	滨海新区					
	Ba 里	18.3	48.3	30.0	3.3	0
	Bb 里	21.7	45.7	23.9	8.7	0
	Bc 里	14.3	42.9	39.3	3.6	0
	Bd 里	18.0	40.0	24.0	12.0	6.0

同时，相对而言，城市区域同一个区县的社区的社会公众对残疾人社会政策的认知程度的差异情况相对较小一些。比如，东丽区内的社会公众对残疾人社会政策的社区差异相对较大一些，其中，Db园社区完全没有听说过《中华人民共和国残疾人保障法》的人员比例为21.7%，也远高于同属于东丽区的Dc园社区的11.7%，但不到其比例的2倍。河西区的4个社区对《天津市实施〈中华人民共和国残疾人保障法〉办法》的认知程度为"没有听说过"的人员比例则较为接近，最高的为41.5%，最低的为35.6%，差异程度较小。由此可见，社区（村）也是影响社会公众对残疾人社会政策认知程度的重要因素，但相比较而言，城市社区的影响程度相对较小一些。

三是关于无障碍环境建设的认知程度，社区对社会公众的认知程度也会产生重要影响。社会公众对无障碍环境建设认知程度的社区差异见表4-12。就静海区的两个调查村来看，Jb村社会公众不知道"日常生活中的马路盲道""小区中无障碍停车位""天津站无障碍通道"等无障碍环境建设的人数比例均远高于Ja村。比如，Jb村不知道"日常生活中的马路盲道"的社会公众比例为16.9%，为Ja村的2倍多。城市社区对社会公众关于无障碍环境建设的认知程度也存在一定差异。但对于天津站等公共交通和公共场合无障碍建设的认知程度的差异则较小。比如，河西区及东丽区各区内的4个社区不知道"天津站无障碍通道"的社会公众比例相差不大，较为接近，东丽区有3个社区的比例恰好是21.7%，另一个社区为18.3%，即东丽区内的社会公众对无障碍环境建设认知程度的社区差异较小。所以，尽管在无障碍环境建设方面，社区（村）对社会公众的认知程度会产生影响，但其对农村的影响相对较大，而对城区的影响则较小一些。

由此可见，社区对残疾人基本状况的认知程度具有显著影响。总体而言，无论是对于残疾人概况、残疾人社会政策，还是无障碍环境建设，在同一区县内的不同社区（村）社会公众的认知程度存在较大差异。同一城区内的不同社区,其社会公众对残疾人概况的认知程度差异较大,对残疾人社会政策和无障碍环境建设的认知程度的差异则较小。即社会公众对残疾人基本状况的认知程度的社区差异程度并不完全一致,城区内的社区差异情况较小。

表4-12 社会公众对无障碍环境建设认知程度的社区差异(不知道的比例,%)

		日常生活中的马路盲道	小区中无障碍停车位	天津站无障碍通道
静海区	Ja村	7.5	20.2	29.2
	Jb村	16.9	32.5	32.5
	合计	11.3	25.2	30.5
南开区	Na里	3.2	9.5	14.3
	Nb里	1.4	18.9	24.3
	Nc里	3.3	6.7	16.7
	Nd里	0	12.3	15.4
	合计	2.1	11.6	17.8
河西区	Ha里	1.9	13.2	22.6
	Hb里	2.0	15.7	27.5
	Hc里	3.4	22.0	27.1
	Hd里	0	5.4	23.2
	合计	1.8	14.2	25.1
东丽区	Da园	1.7	11.7	18.3
	Db园	3.3	18.3	21.7
	Dc园	5.0	20.0	21.7
	Dd园	5.0	23.3	21.7
	合计	3.8	18.3	20.8

续 表

		日常生活中的马路盲道	小区中无障碍停车位	天津站无障碍通道
滨海新区	Ba 里	6.7	10.0	16.7
	Bb 里	2.2	24.4	26.7
	Bc 里	1.8	8.9	19.6
	Bd 里	6.0	14.0	20.0
	合计	4.2	13.7	20.4

第二节 社会公众对残疾及相关议题基本态度的区域差异

为了使得分析更加直观,本节将运用因子分析方法提取公因子以降维,以 4 个因子来分析社会公众对残疾及相关议题基本态度的区域差异,并揭示其主要特点。

一、因子分析模型概述

为了便于测量社会公众对残疾及相关议题的基本态度,首先将各个问题中选择"不知道"的样本剔除,然后再进行因子分析。经过多次试验,在不影响社会公众对残疾及相关议题的基本态度的主要内容的情况下将"残疾人是社会和家庭的负担"等 14 个测量题目纳入因子分析范围。选择"主成分"方法,并且运用最大方差法对因子进行旋转,因子分析原始指标描述见表 4-13。

KMO 和 Bartlett 的检验结果见表 4-14。根据 KMO(Kaiser. Meyer.

Olkin)检验,其值为 0.856,超过 0.85。而且,Bartlett 检验的显著性水平<0.001。这些测量指标适合因子分析的要求,可以进行因子分析。

表 4-13 因子分析原始指标描述

调查内容	均值	标准差	分析 N
残疾人是社会和家庭的负担	2.56	1.251	1 123
残疾是不正常的	2.44	1.235	1 123
残疾人是一个被动的、病态的、不能独立的群体	2.66	1.302	1 123
残疾,是一个演变发展的概念	3.43	1.535	1 123
残疾人是人的多样性的一部分	3.63	1.335	1 123
残疾人具有公民的各项权利	3.98	1.085	1 123
盲人不能在普通高等学校上大学	2.79	1.364	1 123
残疾人应该去特殊教育学院读大学	3.28	1.279	1 123
盲人不能考公务员,也不能当公务员	2.87	1.464	1 123
盲人、聋人等不能从事教师职业	2.77	1.316	1 123
招录残疾人是企业的法定义务	3.69	1.154	1 123
为残疾人提供更多救助和服务是政府和社会的责任	3.93	1.034	1 123
政府投入巨资改善无障碍环境是浪费资源	2.36	1.300	1 123
促进残疾人事业发展是社会文明进步的重要标志	4.04	1.040	1 123

表 4-14 KMO 和 Bartlett 的检验结果

取样足够度的 KMO 度量		0.856
Bartlett 的球形度检验	近似卡方	6 459.887
	自由度	91
	显著性水平	<0.001

同时,公因子提取因子后的方差百分比均超过0.5,大部分指标超过0.6,见表4-15,即因子分析结果能够反映原来各指标的大部分信息,其效果较好。而且,提取因子后,能够解析的总方差达到了67.955%,可反映原有样本的大部分信息,即因子分析模型结果的代表性较强,具有统计学上的研究意义。

表4-15 公因子方差

调查内容	初始	提取
残疾人是社会和家庭的负担	1.000	0.746
残疾是不正常的	1.000	0.791
残疾人是一个被动的、病态的、不能独立的群体	1.000	0.736
残疾,是一个演变发展的概念	1.000	0.656
残疾人是人的多样性的一部分	1.000	0.686
残疾人具有公民的各项权利	1.000	0.591
盲人不能在普通高等学校上大学	1.000	0.684
残疾人应该去特殊教育学院读大学	1.000	0.614
盲人不能考公务员,也不能当公务员	1.000	0.688
盲人、聋人等不能从事教师职业	1.000	0.591
招录残疾人是企业的法定义务	1.000	0.630
为残疾人提供更多救助和服务是政府和社会的责任	1.000	0.766
政府投入巨资改善无障碍环境是浪费资源	1.000	0.572
促进残疾人事业发展是社会文明进步的重要标志	1.000	0.763

因子分析的碎石图如图4-1所示。结果显示,前面4个因子的特征值均大于1,第五个因子开始则小于1,因此,提取4个因子较为合适。

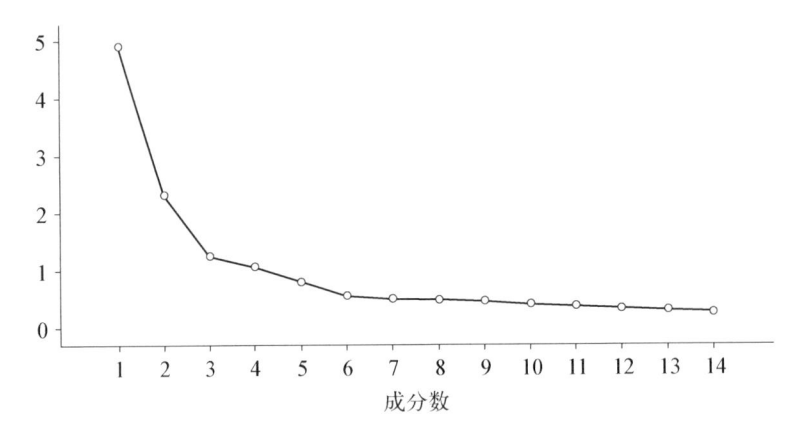

图 4-1 因子分析的碎石图

各因子的总方差贡献率及旋转后的方差贡献率见表 4-16。

表 4-16 各因子的总方差贡献率及旋转后的方差贡献率

成分	初始特征值			提取平方和载入			旋转平方和载入		
	合计	方差的(%)	累积(%)	合计	方差的(%)	累积(%)	合计	方差的(%)	累积(%)
1	4.900	34.997	34.997	4.900	34.997	34.997	2.580	18.425	18.425
2	2.308	16.489	51.487	2.308	16.489	51.487	2.513	17.951	36.376
3	1.246	8.897	60.384	1.246	8.897	60.384	2.464	17.603	53.978
4	1.060	7.571	67.955	1.060	7.571	67.955	1.957	13.977	67.955
5	0.803	5.738	73.693						
6	0.552	3.943	77.636						
7	0.499	3.562	81.198						
8	0.489	3.493	84.691						
9	0.458	3.271	87.962						
10	0.403	2.876	90.838						

续　表

成分	初始特征值			提取平方和载入			旋转平方和载入		
	合计	方差的(%)	累积(%)	合计	方差的(%)	累积(%)	合计	方差的(%)	累积(%)
11	0.371	2.648	93.486						
12	0.335	2.396	95.882						
13	0.301	2.152	98.034						
14	0.275	1.966	100.000						

旋转因子载荷矩阵见表 4-17。

表 4-17　旋转因子载荷矩阵

调查内容	旧残疾人观的具体内容	新残疾人观的具体内容	旧残疾人观的核心要义	新残疾人观的核心要义
盲人不能考公务员，也不能当公务员	0.791		0.157	0.195
盲人不能在普通高等学校上大学	0.759	0.013	0.213	0.250
盲人、聋人等不能从事教师职业	0.654	0.292	0.258	0.109
残疾人应该去特殊教育学院读大学	0.637	0.162	0.136	0.404
政府投入巨资改善无障碍环境是浪费资源	0.553	0.181	0.407	0.259
为残疾人提供更多救助和服务是政府和社会的责任	0.044	0.857	0.047	0.169
促进残疾人事业发展是社会文明程度的重要标志	0.056	0.856	0.049	0.158
招录残疾人是企业的法定义务	0.187	0.763	0.028	0.113
残疾是不正常的	0.221	0.011	0.849	0.146
残疾人是社会和家庭的负担	0.199	0.068	0.821	0.166

续 表

调查内容	旧残疾人观的具体内容	新残疾人观的具体内容	旧残疾人观的核心要义	新残疾人观的核心要义
残疾人是一个被动的、病态的、不能独立的群体	0.253	0.026	0.803	0.164
残疾人是人的多样性的一部分	0.162	0.196	0.183	0.767
残疾,是一个演变发展的概念	0.122	0.150	0.254	0.745
残疾人具有公民的各项权利	0.071	0.505	0.039	0.574

第一个因子变量主要体现的是"盲人既不能考公务员,也不能当公务员""盲人不能在普通高等学校上大学""盲人、聋人等不能从事教师职业""残疾人应该去特殊教育学院读大学""政府投入巨资改善无障碍环境是浪费资源"等5个指标的相关含义,这些指标实际上是旧残疾人观的相关内容的具体体现,因而,将该因子变量命名为"旧残疾人观的具体内容"。

第二个因子变量则主要体现了"为残疾人提供更多救助和服务是政府和社会的责任""促进残疾人事业发展是社会文明进步的重要标志""招录残疾人是企业的法定义务"等3个指标的相关内容,这实际是现代文明社会的残疾人观(新残疾人观)的主要内容的具体体现,因此将该因子变量命名为"新残疾人观的具体内容"。

第三个因子变量代表"残疾是不正常的""残疾人是社会和家庭的负担""残疾人是一个被动的、病态的、不能独立的群体"等3个指标的主要意义,这实际上是旧残疾人观的核心观点和关键,因此将该因子变量命名为"旧残疾人观的核心要义"。

第四个因子变量主要体现了"残疾人是人的多样性的一部分""残疾,是一个演变发展的概念""残疾人具有公民的各项权利"等权利模式视角下的新残疾人观的核心内涵和主旨,因此将该因子变量命名为"新残疾人观的核心要义"。

根据旋转因子载荷矩阵可以得出各因子变量的表达式等,并可得出各因子变量的具体数值。因子变量值反映了样本在总体中的位置和排序,由此即可考察不同区域人群对残疾相关议题的基本态度的主要特点和差异等。

二、社会公众对残疾及相关议题基本态度的城乡差异

基本态度城乡差异的单因素方差分析(ANOVA)结果见表4-18。可以看到,"新残疾人观的具体内容"因子变量的显著性水平为0.247,在0.1的显著性水平下不显著。而"旧残疾人观的具体内容""旧残疾人观的核心要义""新残疾人观的核心要义"3个因子变量均在0.05的水平下显著。说明不同户口性质的社会公众对"新残疾人观的具体内容"的基本态度不存在显著差异,而社会公众对"旧残疾人观的具体内容""旧残疾人观的核心要义""新残疾人观的核心要义"的基本态度则存在显著的城乡差异。

表4-18 基本态度城乡差异的单因素方差分析

类 别	F	显著性水平
旧残疾人观的具体内容×户口性质	6.354	0.012
新残疾人观的具体内容×户口性质	1.342	0.247
旧残疾人观的核心要义×户口性质	10.238	0.001
新残疾人观的核心要义×户口性质	4.984	0.026

社会公众对残疾及相关议题基本态度的城乡差异见表4-19。具体而言,"旧残疾人观的核心要义"和"旧残疾人观的具体内容"两个因子变量,农业户口社会公众的均值均为正,而非农业户口社会公众的均值均为

负,说明农业户口社会公众对旧残疾人观的核心要义及具体内容的认同度远高于非农业户口社会公众,并存在显著差异。比如,"旧残疾人观的核心要义"因子变量,农业户口社会公众的均值为 0.159 3,远高于非农业户口社会公众的 0.056 8。表明相对于非农业户口社会公众而言,"残疾是不正常的""残疾人是社会和家庭的负担""残疾人是一个被动的、病态的、不能独立的群体""盲人不能考公务员,也不能当公务员""盲人不能在普通高等学校上大学""盲人、聋人等不能从事教师职业""残疾人应该去特殊教育学院读大学""政府投入巨资改善无障碍环境是浪费资源"等陈旧落后的观念依然根深蒂固于农业户口社会公众的观念之中。

表 4-19 社会公众对残疾及相关议题基本态度的城乡差异

户口性质		旧残疾人观的具体内容	新残疾人观的具体内容	旧残疾人观的核心要义	新残疾人观的核心要义
农业	均值	0.125 724	0.057 913	0.159 307	0.111 409
	标准差	1.063 452 9	1.046 657 0	1.065 829 4	1.083 144 1
	极小值	-2.404 0	-3.876 7	-2.755 2	-3.979 4
	极大值	3.687 1	2.561 0	2.583 4	3.132 5
非农业	均值	-0.044 793	0.020 633	-0.056 758	-0.039 693
	标准差	0.973 147 2	0.982 669 5	0.969 837 9	0.966 245 8
	极小值	-2.900 0	-3.361 7	-2.671 5	-4.734 5
	极大值	3.721 5	3.125 8	2.667 2	2.911 4
总计	均值	0	0	0	0
	标准差	1.000 000 0	1.000 000 0	1.000 000 0	1.000 000 0
	极小值	-2.900 0	-3.876 7	-2.755 2	-4.734 5
	极大值	3.721 5	3.125 8	2.667 2	3.132 5

然而,对新残疾人观的具体内容而言,尽管非农业户口社会公众的均值为 0.206 3,略高于农业户口社会公众的 0.057 9,即非农业户口社会公众对"新残疾人观的具体内容"的认同度略高于农业户口社会公众,但是,单因素方差结果显示,两者并不存在显著差异。这说明农业和非农业户口社会公众对"为残疾人提供更多救助和服务是政府和社会的责任""促进残疾人事业发展是社会文明进步的重要标志""招录残疾人是企业的法定义务"等新残疾人观的具体内容的认同度基本一致。

值得注意的是,对于新残疾人观的核心要义,农业户口社会公众的均值为 0.111 4,远高于非农业户口社会公众的 0.039 7,并且存在显著差异。这说明农业户口社会公众对新残疾人观的核心要义的认同度显著高于非农业户口的社会公众。表明相对于非农业户口社会公众而言,农业户口社会公众对"残疾人是人的多样性的一部分""残疾,是一个演变发展中的概念""残疾人具有公民的各项权利"等权利模式视角下的新残疾人观的核心要义的认同度更高。

结合农业户口社会公众对残疾人观的基本态度,可以看出,旧残疾人观的核心要义和具体内容等仍然根深蒂固于农业户口社会公众的观念之中,但是,其对新残疾人观的核心要义的认同度则显著高于非农业户口社会公众,对新残疾人观的具体内容的基本认同逐渐与非农业户口社会公众趋同。这说明新旧残疾人观的相关内容矛盾地存在于农业户口社会公众的观念之中,新残疾人观对农业户口社会公众的传统观念产生了巨大冲击。

新残疾人观为何会对农业户口社会公众的观念产生巨大冲击,其原因值得深究。笔者认为,人口流动和流动人口逐渐成为现阶段我国的普遍现象,使得农业户口流动人口离开原住地进入城市核心区域,频繁接触到新残疾人观的核心要义和具体内容等,这一过程使得农业户口社会公众的旧残疾人观等观念遇到冲击。调查也发现,天津一些农业户籍社会公众在市内就业,并长时间居住于市区的社区内。当然,这也可能是由于农业户口社会公众的样本量较少而造成的。

三、社会公众对残疾及相关议题基本态度的区位差异

基本态度区位差异的单因素方差分析（ANOVA）结果见表4-20。可以看到，"新残疾人的具体内容"因子变量的显著性水平为0.323，在0.1的显著性水平下不显著。而"旧残疾人观的具体内容""旧残疾人观的核心要义""新残疾人观的核心要义"3个因子变量均在0.05的水平下显著。说明居住在不同城市地域和区位的社会公众对"新残疾人观的具体内容"的基本态度不存在显著差异，而社会公众对"旧残疾人观的具体内容""旧残疾人观的核心要义""新残疾人观的核心要义"的基本态度则存在显著的区位差异。即居住的地理位置会影响社会公众对"旧残疾人观的具体内容""旧残疾人观的核心要义""新残疾人观的核心要义"等的认同度。

表4-20 基本态度区位差异的单因素方差分析表

类别	F	显著性水平
旧残疾人观的具体内容×调查区县	2.671	0.031
新残疾人观的具体内容×调查区县	1.168	0.323
旧残疾人观的核心要义×调查区县	7.074	<0.001
新残疾人观的核心要义×调查区县	7.045	<0.001

具体来说，居住的地理位置对社会公众关于残疾及相关议题基本态度的影响主要体现在以下4个方面。

一是居住的地理位置并不会对社会公众关于残疾及相关议题的基本态度产生直接影响。比如，居住在市区（河西区）、环城四区（东丽区）、郊区（滨海新区）、农村（静海区）的社会公众对"盲人既不能考公务员，也不

能当公务员""盲人不能在普通高等学校上大学""盲人、聋人等不能从事教师职业""残疾人应该去特殊教育学院读大学""政府投入巨资改善无障碍环境是浪费资源"等旧残疾人观的具体内容的认同度基本一般,4个区县的均值基本相等;再如,居住在农村(静海区)的社会公众对新残疾人观的核心要义的认同度高于其他4个区县;等等。

二是南开区作为天津市的核心区域,其社会公众对残疾及相关议题的基本看法与其他4个区县的情况完全不同。这也是引起社会公众对残疾及相关议题基本态度的区位差异的重要方面,主要体现在两个方面。一方面,其"旧残疾人观的核心要义"和"旧残疾人观的具体内容"两个因子变量的均值均为负,而且为5个区县中最低的,远低于其他区县的值,与其他区县存在显著的差异,说明相对其他区县而言,南开区社会公众对旧残疾人观等陈腐落后的相关内容的认同度最低;另一方面,该区的"新残疾人观的核心要义"和"新残疾人观的具体内容"的均值也为负,并且也为5个区县中最低的,尽管其"新残疾人观的具体内容"的均值与其他区县的差异程度较小,南开区社会公众对新残疾人观的相关内容的认同度也是5个区县中最低的。由此可见,相对而言,南开区社会公众无论是对旧残疾人观还是对新残疾人观的相关内容的认同度都是最低的,存在认同度"双低"现象,即南开区社会公众在逐渐摒弃旧残疾人观的同时,也并没有逐渐接纳新残疾人观及其相关内容,其深层次的原因值得进行更加深入的分析和探讨。

三是居住在农村(静海区)的社会公众对旧残疾人观的核心要义和具体内容等的认同度均为全市最高的,说明旧残疾人观等陈腐观念依然根深蒂固于农村社会公众的观念之中。然而,令人诧异的是,尽管该县的"新残疾人观的具体内容"的值为负,但是该县的"新残疾人观的核心要义"因子变量的均值为正,而且为全市最高的,说明相对而言,其对新残疾人观的核心要义的认同度最高,即居住在农村的社会公众对"残疾人是人的多样性的一部分""残疾,是一个演变发展的概念""残疾人具有公民的各项权利"等权利模式视角下的新残疾人观的核心内涵逐渐被接纳。农村社会公众对旧残疾人观和新残疾人观的认同度均较高,存在"双高"现象,新旧残疾人观的内容矛盾也存在于农村社会公众的观念之中。

四是人口的城乡流动会对社会公众关于残疾及相关议题的基本态度产生重要影响。调查结果显示,静海区农业户口社会公众"旧残疾人观的核心要义"和"旧残疾人观的具体内容"的均值都低于居住在南开区和西青区的农业户口社会公众。比如,静海区农业户口社会公众的"旧残疾人观的具体内容"的均值为 0.104 6,远低于西青区的 0.306 8。说明农业户口社会公众从农村向城市流动会使得其对旧残疾人观的认同度大为降低。然而,人口流动对社会公众关于新残疾人观的认同度的影响并不稳定。农业户口人口向城市流动,其对"为残疾人提供更多救助和服务是政府和社会的责任""促进残疾人事业发展是社会文明进步的重要标志""招录残疾人是企业的法定义务"等新残疾人观的具体内容的认同度会普遍提高,然而,却对"新残疾人观的核心要义"的认同度则会降低。人口流动会促进社会公众接纳新残疾人观的具体内容,但是却不利于其对新残疾人观核心要义认同度的提高。

总而言之,社会公众对残疾及相关议题的基本态度存在显著的区位差异,见表 4-21。然而,居住的地理位置并不会对社会公众关于残疾及相关议题的基本态度产生直接影响。各个区县社会公众对残疾及相关议题的基本态度各具特点。存在对新旧残疾人观等相关内容的认同度均较高的"双高"现象,与对新旧残疾人观的认同度均较低的"双低"形象等并存的局面,即新旧残疾人观在不同社会公众的观念中不断冲突,但是,其具体情况却不一样。同时,人口流动会促进农业户口社会公众摒弃旧残疾人观等相关陈腐观念,促进其对新残疾人观的具体内容的接纳和认同;然而,其也会对新残疾人观的核心要义的认同度产生威胁和挑战。

表 4-21 社会公众对残疾及相关议题基本态度的区位差异

调查区县	户口性质	旧残疾人观的具体内容	新残疾人观的具体内容	旧残疾人观的核心要义	新残疾人观的核心要义
南开区	农业	−0.028 674	−0.574 025	−0.304 074	−0.067 979
	非农业	−0.202 956	0.034 140	−0.167 367	−0.042 586
	总计	−0.171 153	−0.076 839	−0.192 313	−0.047 220
河西区	农业	−0.306 756	0.278 586	0.130 651	0.038 288
	非农业	0.069 708	0.062 014	0.146 545	0.091 914
	总计	0.053 340	0.071 430	0.145 854	0.089 582
东丽区	农业	0.220 211	0.036 160	−0.010 147	0.059 396
	非农业	−0.008 642	0.098 881	−0.070 852	−0.019 531
	总计	0.058 386	0.080 511	−0.053 072	0.003 585
滨海新区	农业	0.636 338	0.057 808	0.241 193	−0.606 165
	非农业	0.007 410	−0.031 029	−0.085 819	−0.229 194
	总计	0.055 789	0.024 195	−0.060 664	−0.258 192
静海区	农业	0.104 579	0.037 690	0.385 831	0.276 406
	非农业	−0.119 792	−0.302 110	−0.223 785	0.128 463
	总计	0.052 801	−0.040 726	0.245 150	0.242 266

四、社会公众对残疾及相关议题基本态度的社区差异

基本态度社区差异的单因素方差分析(ANOVA)结果见表 4-22。可以看到,"新残疾人的具体内容""旧残疾人观的具体内容""旧残疾人观的核心要义""新残疾人观的核心要义"4 个因子变量的显著性水平

均小于0.01,其均在0.01的水平下均显著。这说明居住在不同社区的社会公众对"新残疾人观的具体内容""旧残疾人观的具体内容""旧残疾人观的核心要义""新残疾人观的核心要义"的基本态度存在显著差异。换言之,即使居住在相同的区县内,其居住的社区不同也会显著影响着社会公众对"旧残疾人观的具体内容""新残疾人观的具体内容""旧残疾人观的核心要义""新残疾人观的核心要义"等相关议题的认同程度。

表4-22 基本态度社区差异的单因素方差分析

类 别	F	显著性水平
旧残疾人观的具体内容×社区名称	2.447	0.001
新残疾人观的具体内容×社区名称	2.191	0.003
旧残疾人观的核心要义×社区名称	3.690	<0.001
新残疾人观的核心要义×社区名称	3.355	<0.001

换言之,无论是市区还是郊区、无论是农村还是城市、无论是农业户口还是非农业户口,其居住的社区不同,社会公众对残疾及相关议题的基本态度也显著不同,即居住社区(村)是影响社会公众残疾人观的重要因素。比如,静海区的两个村的社会公众对新旧残疾人观的具体内容的认同度存在显著差异,Ja村的"旧残疾人观的具体内容"的均值远大于Jb村;又如,南开区的4个不同社区的社会公众对新残疾人观的核心要义的认同度也存在明显差异等。社会公众对残疾及相关议题基本态度的社区差异见表4-23。

下面运用聚类分析方法将所调查的社区进行分类,以分析和揭示各类社区社会公众对残疾及相关议题基本态度的不同特点和主要差异。运用SPSS20.0中的系统聚类法(hierarchical cluster),和标准(Z scores)方法将数据标准化,选用平方欧氏距离(squared eucldian)和组间平均距离(between. groups Linkage)的方法对数据进行聚类。经过分类试验,我们发现可以将所有社区分为6类,见表4-24。

表4-23 社会公众对残疾及相关议题基本态度的社区差异

调查区县	社区名称	旧残疾人观的具体内容	新残疾人观的具体内容	旧残疾人观的核心要义	新残疾人观的核心要义
静海区	Ja村	0.147 435	−0.069 174	0.214 723	0.026 582
	Jb村	−0.089 149	0.001 948	0.290 791	0.565 791
	总计	0.052 801	−0.040 726	0.245 150	0.242 266
南开区	Na里	−0.206 965	−0.162 694	0.082 031	−0.080 492
	Nb里	−0.176 492	0.065 247	−0.088 938	0.028 582
	Nc里	−0.220 281	−0.000 400	−0.481 902	−0.101 430
	Nd里	−0.060 997	−0.255 652	−0.210 035	−0.027 537
	总计	−0.171 153	−0.076 839	−0.192 313	−0.047 220
河西区	Ha里	0.114 657	−0.014 155	−0.002 378	0.110 509
	Hb里	0.050 505	−0.096 923	0.236 181	−0.032 966
	Hc里	0.156 787	0.201 502	0.334 470	0.082 833
	Hd里	−0.098 812	0.192 407	0.028 643	0.191 419
	总计	0.053 340	0.071 430	0.145 854	0.089 582
东丽区	Da园	−0.370 181	0.304 426	−0.438 871	0.054 438
	Db园	0.420 808	−0.066 932	0.161 831	0.117 359
	Dc园	0.242 136	−0.091 054	−0.049 515	0.133 844
	Dd园	−0.061 214	0.177 216	0.117 104	−0.296 298
	总计	0.058 386	0.080 511	−0.053 072	0.003 585

续　表

调查区县	社区名称	旧残疾人观的具体内容	新残疾人观的具体内容	旧残疾人观的核心要义	新残疾人观的核心要义
滨海新区	Ba 里	−0.009 227	−0.449 060	−0.064 903	−0.452 137
	Bb 里	0.211 618	−0.024 461	0.101 054	−0.243 964
	Bc 里	−0.076 751	0.270 658	−0.214 385	−0.057 145
	Bd 里	0.151 356	0.155 630	−0.019 252	−0.262 582
	总计	0.055 789	−0.024 195	−0.060 664	−0.258 192

表 4-24　社区聚类分析结果

类别	数量	社　区
第一类	9	Ja 村、Ha 里、Hb 里、Hc 里、Db 园、Dc 园、Dd 园、Bb 里、Bd 里
第二类	1	Jb 村
第三类	2	Na 里、Nd 里
第四类	3	Nb 里、Bc 里、Hd 里
第五类	2	Nc 里、Da 园
第六类	1	Ba 里

对这 4 个指标进行单因素分析，结果显示 4 个因子变量所对应的显著性水平均小于 0.05，见表 4-25。故原假设不显著，而旧残疾人观的核心要义、旧残疾人观的具体内容、新残疾人观的核心要义、新残疾人观的具体内容 4 个因子变量在上面所划分的 4 类社区之间存在显著差异。

换言之，4 个分类指标都是显著的，能将调查社区较好地分为六大类。所以，所进行的聚类分析是具有统计学上的研究意义的。各因子变量的均值分析见表 4-26。下面对各类社区的具体特点进行分析。

表 4-25 聚类结果的单因素方差分析

类　别	F	显著性水平
新残疾人观的核心要义	4.422	0.016
旧残疾人观的核心要义	7.881	0.002
新残疾人观的具体内容	5.356	0.008
旧残疾人观的具体内容	6.959	0.003

表 4-26 各因子变量的均值分析

类　别		旧残疾人观的具体内容	新残疾人观的具体内容	旧残疾人观的核心要义	新残疾人观的核心要义
第一类	均值	0.159 343 11	0.019 072 11	0.121 579 78	−0.040 520 33
	标准差	0.132 594 951	0.122 833 268	0.129 260 102	0.178 198 423
	极小值	−0.061 214	−0.096 923	−0.049 515	−0.296 298
	极大值	0.420 808	0.201 502	0.334 470	0.133 844
第二类	均值	−0.089 149 00	0.001 948 00	0.290 791 00	0.565 791 00
	标准差	0	0	0	0
	极小值	−0.089 149	0.001 948	0.290 791	0.565 791
	极大值	−0.089 149	0.001 948	0.290 791	0.565 791
第三类	均值	−0.133 981 00	−0.209 173 00	−0.064 002 00	−0.054 014 50
	标准差	0.103 214 963	0.065 731 232	0.206 521 849	0.037 444 840
	极小值	−0.206 965	−0.255 652	−0.210 035	−0.080 492
	极大值	−0.060 997	−0.162 694	0.082 031	−0.027 537
第四类	均值	−0.117 351 67	0.176 104 00	−0.091 560 00	0.054 285 33
	标准差	0.052 391 375	0.103 671 407	0.121 535 214	0.126 259 699
	极小值	−0.176 492	0.065 247	−0.214 385	−0.057 145
	极大值	−0.076 751	0.270 658	0.028 643	0.191 419

续 表

类别		旧残疾人观的具体内容	新残疾人观的具体内容	旧残疾人观的核心要义	新残疾人观的核心要义
第五类	均值	−0.295 231 00	0.152 013 00	0.460 386 50	−0.023 496 00
	标准差	0.105 995 306	0.215 544 53	0.030 427 51	0.110 215 32
	极小值	−0.370 181	−0.000 400	−0.481 902	−0.101 430
	极大值	−0.220 281	0.304 426	0.438 871	0.054 438
第六类	均值	−0.009 227 00	−0.449 060 00	−0.064 903 00	−0.452 137 00
	标准差	0	0	0	0
	极小值	−0.009 227	−0.449 060	−0.064 903	−0.452 137
	极大值	−0.009 227	−0.449 060	−0.064 903	−0.452 137
总 计	均值	0.006 957 39	0.007 696 06	−0.000 186 17	−0.013 510 78
	标准差	0.196 325 299	0.191 527 354	0.228 272 766	0.223 776 226
	极小值	−0.370 181	−0.449 060	−0.481 902	−0.452 137
	极大值	0.420 808	0.304 426	0.334 470	0.565 791

第一类社区有9个,数量最多。该类社区中,既有农村、郊区,也有城市中心社区。其显著特点是,相对而言,该类社区中各个社区的旧残疾人观的核心要义和旧残疾人观的具体内容的均值均较高,旧残疾人观的核心要义和旧残疾人观的具体内容的均值最高的社区均在该类社区中,说明居住在该类社区中的社会公众对旧残疾人观相关内容的认同度较高。同时,该类社区的新残疾人观的具体内容和新残疾人观的核心要义的认同度均值大概处于中间水平,即居住在该类社区中的社会公众对新残疾人观的相关内容的认同度处于中等水平。说明第一类社区的社会公众普遍对旧残疾人观的相关内容的认同度较高,同时他们也逐渐接纳新残疾人观的核心要义及具体内容等。

第二类社区只有一个农村,是Jb村,该村最大的特点是,新残疾人观的核心要义的均值为所有受调查社区中最高的,说明该村对新残疾人观的核心要义的认同度最高。同时,该村社会公众对旧残疾人观的核心要义、旧残疾人观的具体内容、新残疾人观的具体内容认同度也不低。说明该村对新残疾人观的核心要义及相关内容的认同度较高,同时其对旧残疾人观相关内容的认同度也不低。

第三类社区有2个,均属于南开区。该类社区的主要特点是,新残疾人观的具体内容和核心要义的均值均为负,说明其对新残疾人观相关内容的认同度较低。同时,该类社区社会公众对旧残疾人观的具体内容和核心要义的认同度也较低。说明该类社区的社会公众逐渐摒弃旧残疾人观等陈腐观念,然而,其对新残疾人观相关内容的接纳程度也较低。

第四类社区共有3个,该类社区的主要特点是居住和生活在该类社区中的社会公众对旧残疾人观的具体内容和核心要义等的认同度较低,对新残疾人观的核心要义和具体内容等的认同度较高。说明该类社区的社会公众在摒弃旧残疾人观等落后观念的同时,逐渐接纳和认同新残疾人观的相关内容。即该类社区属于观念较为先进的社区,其他社区应该向这类社区学习。

第五类社区也有2个社区,该类社区最大的特点是,生活在该类社区中的社会公众对旧残疾人观的具体内容、旧残疾人观的核心要义的认同度最低。旧残疾人观的具体内容和旧残疾人观的核心要义的均值最低的社区均属于该类社区。这两个社区对新残疾人观的相关认同度则存在较大的差异。

第六类社区也仅有1个社区,为Ba里,该社区属于滨海新区。其主要特点是新残疾人观的具体内容和新残疾人观的核心要义的均值都是所有社区中最低的,说明该社区对新残疾人观相关内容的接纳程度最低。然而,其旧残疾人观的具体内容和核心要义的均值也为负,说明其对旧残疾人观相关内容的认同度也比较低,即该社区的社会公众逐渐摒弃旧残疾人观等相关观念,但是,难以接纳新残疾人观等内容。

第三节 社会公众助残意愿的区域差异分析

无条件助残意愿和有条件助残意愿的特点不同,其城乡差异、区位差异和社区差异等的特征也可能不同。下面分别考察助残意愿的城乡差异、区位差异和社区差异及其主要特点。

一、社会公众助残意愿的城乡差异

助残意愿城乡差异的单因素方差分析(ANOVA)结果见表4-27。可以看到,只有"愿意无偿帮助有需要的残疾学生辅导功课""成为2019年天津全国残运会(特奥会)志愿者"两个指标的显著性水平小于0.01,即这两个指标在0.01的水平下显著。"愿意有偿地为一些残疾人提供照料服务"指标的显著性水平为0.089,即其在0.1的显著性水平下显著。然而,其他各个指标的显著性水平均大于0.1,甚至有的指标的显著性水平高达0.742,说明这些指标在0.1的水平下均不显著。可见,总体而言,户口性质对社会公众助残意愿的影响较为有限,仅仅对"愿意无偿帮助有需要的残疾学生辅导功课""成为2019年天津全国残运会(特奥会)志愿者""愿意有偿地为一些残疾人提供照料服务"3个指标具有显著的影响。

表4-27 助残意愿城乡差异的单因素方差分析

调查内容	F	显著性水平
愿意随时随地无偿帮助残疾人	1.014	0.314
愿意为贫困残疾人捐款捐物	0.195	0.659
在公交地铁上随时为残疾人让座	0.394	0.530
看到盲人需要过马路时,愿意主动帮忙	0.108	0.742

续 表

调查内容	F	显著性水平
愿意无偿帮助有需要的残疾学生辅导功课	15.649	<0.001
成为社区助残志愿者,帮助社区中有需要的残疾人	0.449	0.503
愿意有偿地为一些残疾人提供照料服务	2.901	0.089
成为活动志愿者,为参加各类活动的残疾人提供帮助	1.377	0.241
作为志愿者,定期到残疾人康复机构或者托养机构提供助残服务	2.635	0.105
成为2019年天津全国残运会(特奥会)志愿者	9.762	0.002

社会公众助残意愿的城乡差异见表4-28。一方面,户口性质对社会公众不需要条件即可实现的意愿不会产生显著影响。即农业户口和非农业户口社会公众之间的无条件助残意愿不存在显著差异。比如,是否"愿意为贫困残疾人捐款捐物",农业户口与非农业户口社会公众的各个选项比例差异极小,如"愿意"的比例,农业户口社会公众为61.0%,而非农业户口社会公众为60.0%;又如,"看到盲人过马路时,愿意主动帮助"的农业户口社会公众比例为58.3%,仅仅略低于非农业户口社会公众的59.5%。可见,户口性质并不会对社会公众无条件助残意愿产生显著影响,即社会公众无条件助残意愿不存在显著的城乡差异。

表4-28 社会公众助残意愿的城乡差异(%)

类 别			很不愿意	不太愿意	一般	愿意	十分乐意	没想过
无条件意愿	愿意随时随地无偿帮助残疾人	农业	2.6	3.2	17.8	54.0	19.1	3.2
		非农业	0.7	1.6	18.9	57.5	19.5	1.9
	愿意为贫困残疾人捐款捐物	农业	1.9	1.0	14.9	61.0	17.9	3.2
		非农业	0.8	1.4	15.0	60.0	21.5	1.3

续 表

类　　别		很不愿意	不太愿意	一般	愿意	十分乐意	没想过
无条件意愿	在公交地铁上随时为残疾人让座 农业	2.0	0.7	9.1	60.6	24.4	3.3
	非农业	0.6	1.0	9.3	59.3	28.8	1.0
	看到盲人需要过马路时，愿意主动帮忙 农业	1.6	0.3	12.7	58.3	22.8	4.2
	非农业	0.9	0.7	10.7	59.5	26.8	1.4
有条件意愿	成为社区志愿者，帮助社区有需要的残疾人 农业	2.3	3.6	18.8	46.0	13.9	15.5
	非农业	0.8	1.2	18.4	53.5	20.9	5.2
	愿意无偿帮助有需要的残疾学生辅导功课 农业	1.6	1.3	15.9	38.0	16.2	26.9
	非农业	1.0	2.3	17.9	45.9	20.7	12.0
	愿意有偿地为一些残疾人提供照料服务 农业	2.6	5.2	18.8	44.3	14.9	14.2
	非农业	3.3	4.2	21.3	45.1	18.6	7.5
	成为活动志愿者，为参加各类活动的残疾人提供帮助 农业	1.6	2.6	19.4	48.2	12.6	15.5
	非农业	0.8	1.4	19.8	51.5	20.9	5.6
	作为志愿者，定期到残疾人康复机构或者托养机构提供助残服务 农业	2.3	4.5	20.3	41.6	11.6	19.7
	非农业	0.7	3.3	24.3	44.3	18.4	9.0
	成为2019年天津全国残运会志愿者 农业	1.6	4.2	15.2	38.7	16.1	24.2
	非农业	1.1	4.0	18.7	43.8	21.7	10.9

另一方面，户口性质对一些需要时间才能实现的助残意愿也不存在显著影响。包括"成为活动志愿者，为参加各类活动的残疾人提供帮助"和"作为志愿者，定期到残疾人康复机构或者托养机构提供助残服务"两种。从这两种助残意愿的特点来看，时间是最重要的意愿实现条件，即对于大部分社会公众而言，其条件相对较低，这可能是导致户口性质不对社

会公众助残意愿产生显著影响的重要原因。然而,户口性质却对"愿意无偿帮助有需要的残疾学生辅导功课""成为2019年天津全国残运会(特奥会)志愿者""愿意有偿地为一些残疾人提供照料服务"等需要时间条件、技能条件等才能实现的有条件助残意愿具有显著影响。比如,表示"愿意无偿帮助有需要的残疾学生辅导功课"的程度为"愿意""十分乐意"的非农业户口社会公众的比例分别为45.9%、20.7%,高于农业户口社会公众的38.0%、16.2%。总的来看,这3项有条件助残意愿的"愿意"和"十分乐意"的意愿程度的人数比例,非农业户口社会公众均高于农业户口社会公众,可见,这些需要时间条件和技能条件等才能实现的助残意愿存在显著的城乡差异,即非农业户口社会公众有条件助残意愿显著高于农业户口社会公众。

二、社会公众助残意愿的区位差异

助残意愿区位差异的单因素方差分析(ANOVA)(见表4-29)。可以看到,与城乡差异的情况不同的是,只有无条件意愿中的"愿意随时随地无偿帮助残疾人""愿意为贫困残疾人捐款捐物""在公交地铁上随时为残疾人让座""看到盲人需要过马路时,愿意主动帮忙"4个指标的显著性水平大于0.1,说明这4个指标在0.1的显著性水平下不显著。即社会公众的无条件助残意愿不存在显著的区县差异。"愿意有偿地为一些残疾人提供照料服务""成为活动志愿者,为参加各类活动的残疾人提供帮助"两个指标在0.05的显著性水平下显著,其他"愿意无偿帮助有需要的残疾学生辅导功课""成为2019年天津全国残运会(特奥会)志愿者""愿意有偿地为一些残疾人提供照料服务"等指标在0.01的显著性水平下显著。说明社会公众有条件助残意愿的所有指标显著,即说明社会公众有条件助残意愿存在显著的区位差异。

表 4－29　助残意愿区县差异的单因素方差分析

调查内容	F	显著性水平
愿意随时随地无偿帮助残疾人	1.915	0.106
愿意为贫困残疾人捐款捐物	1.938	0.102
在公交地铁上随时为残疾人让座	0.605	0.659
看到盲人需要过马路时，愿意主动帮忙	0.912	0.456
愿意无偿帮助有需要的残疾学生辅导功课	12.727	<0.001
成为社区助残志愿者，帮助社区中有需要的残疾人	3.557	0.007
愿意有偿地为一些残疾人提供照料服务	2.463	0.044
成为活动志愿者，为参加各类活动的残疾人提供帮助	3.188	0.013
作为志愿者，定期到残疾人康复机构或者托养机构提供助残服务	3.490	0.008
成为2019年天津全国残运会（特奥会）志愿者	5.363	<0.001

具体而言，无条件助残意愿中的 4 个指标，尽管各区县之间略有差异，但其差异较小，且不显著，见表 4－30。例如，"在公交上随时为残疾人让座"，各区县的"很不愿意""不太愿意""一般""愿意""十分乐意"及"没想过"等选项的人数比例均较为接近，不具备显著的差异性。南开区"十分乐意"的比例最高，为 29.6%；而紧随其后的是滨海新区和东丽区，分别为 27.8% 和 27.1%；位于后面的是河西区和静海区，其比例分别为 26.5% 和 26.4%。可见，其人数比例相差无几。因而，可知社会公众无条件助残意愿不存在显著的区位差异，地理位置并不是影响无条件助残意愿的主要因素。

相比之下，有条件助残意愿的 6 个指标都显示显著，社会公众有条件助残意愿区位差异的主要特点体现在以下 3 个方面。

表 4-30 助残意愿区位差异(无条件意愿,%)

调查内容	调查区县	很不愿意	不太愿意	一般	愿意	十分乐意	没想过
愿意随时随地无偿帮助残疾人	静海区	1.0	2.5	15.3	56.2	21.2	3.9
	南开区	2.4	2.7	18.7	58.5	16.7	1.0
	河西区	0.5	2.3	19.3	53.7	20.6	3.7
	东丽区	1.7	0.8	17.5	60.0	17.9	2.1
	滨海新区	0	1.9	22.2	53.3	21.7	0.9
愿意为贫困残疾人捐款捐物	静海区	1.0	0	11.4	62.9	20.3	4.5
	南开区	2.4	1.7	14.7	61.8	18.1	1.4
	河西区	0.9	1.9	15.7	58.3	20.8	2.3
	东丽区	0.8	1.7	15.0	61.7	20.4	1.3
	滨海新区	0	1.9	17.9	56.1	24.1	0
在公交地铁上随时为残疾人让座	静海区	1.0	0	7.5	62.7	26.4	2.5
	南开区	2.4	1.4	9.5	56.5	29.6	0.7
	河西区	0	1.8	9.1	60.3	26.5	2.3
	东丽区	0.8	0.8	10.0	58.3	27.1	2.9
	滨海新区	0	0.5	9.9	61.8	27.8	0
看到盲人需要过马路时,愿意主动帮忙	静海区	0	0.5	11.4	61.2	22.4	4.5
	南开区	2.7	0.3	11.9	54.4	29.6	1.0
	河西区	0.5	0.5	9.1	61.2	25.6	3.2
	东丽区	1.7	0.4	11.3	60.4	23.8	2.5
	滨海新区	0	1.4	12.3	60.4	25.9	0

一是 6 个指标中"没想过"的人数比例各区县存在显著差异。比如,

"成为社区助残志愿者,帮助社区中有需要的残疾人"的"没想过"的人数比例,静海区最高,为19.2%,其后是河西区为10.0%,最低的是滨海新区为2.8%;再如,"成为2019年天津全国残运会(特奥会)志愿者"的情况,滨海新区社会公众"没有想过"的人数比例最低为4.7%,而河西区的为16.9%,静海区为30.9%。实际上,从整体来看,农村(静海区)社会公众有条件助残意愿"没想过"的比例远高于城区(其他4个调查区)。城区则呈现出从市区(南开区、河西区)向近郊区(东丽区)、远郊区(滨海新区)递减的趋势。

二是部分指标中的"很不愿意"的人数,某些区县的数值为0,与其他区县存在明显差异。比如,"愿意无偿帮助有需要的残疾学生辅导功课"中滨海新区的数值为0,而"作为志愿者,定期到残疾人康复机构或者托养机构提供助残服务"中,河西区和滨海新区的数值都为0。同时,值得注意的是,在6个指标中,南开区"很不愿意"的人数比例均为全市最高的,而滨海新区则为全市最低的。比如,"愿意有偿地为一些残疾人提供照料服务"中,南开区社会公众表示"很不愿意"的比例最高,为5.1%,远远高于其他区县;滨海新区最低,仅为0.9%。可见,在"很不愿意"的选项人数比例中,区县之间存在较为显著的差异。

三是在"不太愿意""一般""愿意""十分愿意"的选项中,大部分区县的差异较小,只有部分指标的部分选取存在较大的显著差异。比如,"成为活动志愿者,为参加各类活动的残疾人提供帮助"的选项"一般"的人数比例,由高到低分别为南开区(21.5%)、东丽区(21.3%)、河西区(19.2%)、滨海新区(17.9%)、静海区(17.7%),各区县差异的情况较小。然而,"作为志愿者,定期到残疾人康复机构或者托养机构提供助残服务"的选项"愿意"的人数比例,由低到高排列为静海区(38.7%)、南开区(41.8%)、河西区(43.4%)、东丽区(44.6%)、滨海新区(50.0%),区县之间存在较大差异。

有条件助残意愿区位差异见表4-31。

表4-31 助残意愿区位差异(有条件意愿,%)

		很不愿意	不太愿意	一般	愿意	十分乐意	没想过
成为社区助残志愿者,帮助社区中有需要的残疾人	静海区	1.0	3.4	16.3	44.8	15.3	19.2
	南开区	3.1	1.4	19.1	52.9	17.4	6.1
	河西区	0.5	1.8	20.1	48.4	19.2	10.0
	东丽区	0.8	1.3	20.0	55.0	19.6	3.3
	滨海新区	0	1.4	16.5	55.2	24.1	2.8
愿意无偿帮助有需要的残疾学生辅导功课	静海区	0.5	3.0	13.8	31.5	16.3	35.0
	南开区	2.0	2.0	19.1	42.3	20.1	14.3
	河西区	1.8	2.3	14.6	40.6	16.0	24.7
	东丽区	1.3	1.3	20.8	52.1	20.4	4.2
	滨海新区	0	1.9	17.5	51.7	24.6	4.3
愿意有偿地为一些残疾人提供照料服务	静海区	2.5	5.9	16.2	41.7	15.2	18.6
	南开区	5.1	5.5	23.6	40.1	14.0	11.6
	河西区	3.7	5.5	21.5	38.4	20.5	10.5
	东丽区	2.5	2.9	21.3	51.3	18.3	3.8
	滨海新区	0.9	2.4	19.3	54.2	21.2	1.9
成为活动志愿者,为参加各类活动的残疾人提供帮助	静海区	1.5	3.4	17.7	45.3	12.8	19.2
	南开区	2.7	2.0	21.5	50.2	16.0	7.5
	河西区	0	0.9	19.2	50.2	19.2	10.5
	东丽区	0.4	1.7	21.3	52.1	21.3	3.3
	滨海新区	0	0.5	17.9	55.2	24.5	1.9

续 表

		很不愿意	不太愿意	一般	愿意	十分乐意	没想过
作为志愿者，定期到残疾人康复机构或者托养机构提供助残服务	静海区	2.0	5.9	18.6	38.7	9.8	25.0
	南开区	2.4	5.1	26.0	41.8	13.4	11.3
	河西区	0	3.2	22.4	43.4	16.0	15.1
	东丽区	0.8	2.9	24.6	44.6	21.7	5.4
	滨海新区	0	0.5	23.1	50.0	22.6	3.8
成为2019年天津全国残运会（特奥会）志愿者	静海区	1.0	4.9	14.2	35.8	13.2	30.9
	南开区	2.4	4.8	21.2	38.0	18.8	14.7
	河西区	1.4	3.2	16.0	43.4	19.2	16.9
	东丽区	0.4	2.9	21.7	45.8	22.6	6.3
	滨海新区	0.5	4.2	13.7	50.0	26.9	4.7

总而言之，社会公众无条件助残意愿不存在明显的区位差异现象。有条件助残意愿则存在显著的区位差异。如果从"没想过"和"很不愿意"两个指标的比例来考察，居住在农村的社会公众的有条件助残意愿低于居住在城区的社会公众。然而，居住在城区的社会公众的有条件助残意愿，却呈现由市区向近郊、郊区递减的趋势，其背后的原因值得进一步进行探索。

三、社会公众助残意愿的社区差异

助残意愿社区差异的单因素方差分析（ANOVA）见表4-32。可以看到，"在公交地铁上随时为残疾人让座"的显著性水平为0.321，其在0.1的显著性水平下不显著。然而，"看到盲人需要过马路时，愿意主动帮忙""愿意有偿地为一些残疾人提供照料服务"的显著性水平大于0.05小于0.1,其在0.1的显著性水平下显著。而且,其他7个指标均在0.01的显著性水平下显著。社区对社会公众助残意愿具有显著影响,除了一个指标外,社会公众无条件助残意愿存在显著的社区差异,而且社会公众的有条件助残意愿也存在显著的社区差异。说明社区是影响社会公众助残意愿的重要因素之一。

表4-32 助残意愿社区差异的单因素方差分析

调查内容	F	显著性
愿意随时随地无偿帮助残疾人	1.809	0.023
愿意为贫困残疾人捐款捐物	1.873	0.017
在公交地铁上随时为残疾人让座	1.127	0.321
看到盲人需要过马路时,愿意主动帮忙	1.511	0.083
愿意无偿帮助有需要的残疾学生辅导功课	3.504	<0.001
成为社区助残志愿者,帮助社区中有需要的残疾人	1.645	0.047
愿意有偿地为一些残疾人提供照料服务	1.530	0.084
成为活动志愿者,为参加各类活动的残疾人提供帮助	1.769	0.027
作为志愿者,定期到残疾人康复机构或者托养机构提供助残服务	1.875	0.017
成为2019年天津市全国残运会(特奥会)志愿者	2.338	0.002

社区(村)对社会公众无条件助残意愿的影响的主要特点是,无论是位于同一个县的农村,还是处于同一城区的社区,其社会公众无条件助残意愿均会因社区(村)的不同而有所不同。下面仅以"看到盲人需要过马路时,愿意主动帮忙"的意愿为例,做简要分析。其无条件助残意愿社区差异见表4-33。

表 4-33 助残意愿社区差异(无条件意愿,%)

调查区县		看到盲人需要过马路时,愿意主动帮忙					
		很不愿意	不太愿意	一般	愿意	十分乐意	没想过
静海区	Ja村	0	0.8	13.3	58.3	21.7	5.8
	Jb村	0	0	8.6	65.4	23.5	2.5
南开区	Na里	0	0	9.5	68.3	20.6	1.6
	Nb里	0	0	9.5	54.1	35.1	1.4
	Nc里	8.8	0	11.0	40.7	38.5	1.1
	Nd里	0	1.5	18.2	60.6	19.7	0
河西区	Ha里	0	0	15.1	64.2	20.8	0
	Hb里	0	2.0	5.9	76.5	15.7	0
	Hc里	0	0	11.9	55.9	25.4	6.8
	Hd里	1.8	0	3.6	50.0	39.3	5.4
东丽区	Da园	1.7	0	10.0	63.3	25.0	0
	Db园	3.3	0	10.0	58.3	23.3	5.0
	Dc园	1.7	0	15.0	61.7	16.7	5.0
	Dd园	0	1.7	10.0	58.3	30.0	0
滨海新区	Ba里	0	0	3.3	68.3	28.3	0
	Bb里	0	2.2	19.6	58.7	19.6	0
	Bc里	0	3.6	8.9	53.6	33.9	0
	Bd里	0	0	20.0	60.0	20.0	0

可以看到,在静海区,无条件助残意愿中的"看到盲人需要过马路时,愿意主动帮忙",两个村的社会公众的最大差异在于"一般"和"愿意"的人数比例,Jb村"愿意"的人数比例远高于Ja村;选项"一般"的人数比例则正好相反;两个村的状况存在明显差异。对于城市社区。无论是市区、

还是近郊、郊区,其所辖区的社区的社会公众的无条件助残意愿均存在显著差异。比如,南开区内4个社区,社会公众意愿为"愿意"和"十分愿意"的人数比例均存在显著差异,Na里社区社会公众意愿为"愿意"的比例为该区最高的,为68.3%,而最低的为Nc里社区,仅有40.7%,比Na里社区低了近28个百分点。滨海新区内的4个社区社会公众无条件助残意愿为"一般"的人数比例也存在显著差异。

而社区对社会公众有条件助残意愿的影响则更为显著,其主要特点与其对无条件助残意愿的影响大同小异。比如,从"愿意无偿帮助有需要的残疾学生辅导功课"的情况来看(见表4-34),在静海区,两个村"没想过"的人数比例大致相同,但"愿意"和"十分乐意"的人数比例则存在明显差异,Ja村"愿意"的人数比例为34.7%,比Jb村高出近8个百分点等。

表4-34 助残意愿社区差异(有条件意愿,%)

调查区县		愿意无偿帮助有需要的残疾学生辅导功课					
		很不愿意	不太愿意	一般	愿意	十分乐意	没想过
静海区	Ja村	0	2.5	14.0	34.7	14.0	34.7
	Jb村	1.2	3.7	13.4	26.8	19.5	35.4
南开区	Na里	0	0	20.6	47.6	7.9	23.8
	Nb里	0	4.1	16.2	45.9	18.9	14.9
	Nc里	6.7	2.2	15.6	31.1	33.3	11.1
	Nd里	0	1.5	25.8	48.5	15.2	9.1
河西区	Ha里	3.8	3.8	11.3	41.5	13.2	26.4
	Hb里	0	0	17.6	35.3	9.8	37.3
	Hc里	1.7	1.7	18.6	42.4	10.2	25.4
	Hd里	1.8	3.6	10.7	42.9	30.4	10.7

续　表

调查区县		愿意无偿帮助有需要的残疾学生辅导功课					
		很不愿意	不太愿意	一般	愿意	十分乐意	没想过
东丽区	Da园	1.7	0	18.3	56.7	20.0	3.3
	Db园	1.7	0	15.0	58.3	20.0	5.0
	Dc园	1.7	0	25.0	55.0	11.7	6.7
	Dd园	0	5.0	25.0	38.3	30.0	1.7
滨海新区	Ba里	0	0	15.0	51.7	30.0	3.3
	Bb里	0	2.2	22.2	53.3	13.3	8.9
	Bc里	0	5.4	16.1	42.9	33.9	1.8
	Bd里	0	0	18.0	60.0	18.0	4.0

而河西区，Hb里社区社会公众表示对于有条件助残意愿还"没想过"的人数比例高达37.3%，为河西区最高，也为全市最高的；Hd里社区"没想过"的人数比例为河西区最低的，仅有10.7%，不足Hb里社区的1/3。Hd里社区社会公众有条件助残意愿的态度为"愿意"和"十分乐意"的人数比例均为河西区最高。因而，社区（村）对社会公众的有条件助残意愿具有重要影响，社会公众有条件助残意愿在各区县内存在显著的社区差异。

总的来说，社会公众无条件助残意愿和有条件助残意愿在市区、近郊、郊区、农村地区等均存在显著的社区（村）差异。社区是影响社会公众助残意愿的重要因素。因此，进一步挖掘社区及其相关环境对社会公众助残意愿的影响，对改善社区环境而提高社会公众助残意愿具有重要意义。

第四节　残疾人生活的观念环境区域差异的对比分析

综合以上分析,可以看到残疾人生活的观念环境存在显著的区域差异现象,可将其城乡差异、区位差异和社区差异的主要结果进行汇总和归纳,见表4-35。

表4-35　残疾人生活的观念环境的区域差异

类别	残疾人基本状况认知程度			残疾及议题的基本态度				助残意愿	
	残疾人概况	残疾人社会政策	无障碍环境建设	旧残疾人观的核心要义	旧残疾人观的具体内容	新残疾人观的核心要义	新残疾人观的具体内容	有条件意愿	无条件意愿
城乡差异	显著	显著	部分显著	显著	显著	显著	不显著	不显著	部分显著
区位差异	显著	显著	显著	显著	显著	显著	不显著	不显著	显著
社区差异	显著	显著	显著	显著	显著	显著	显著	显著	显著

总体而言,残疾人生活的观念环境的区域差异的主要特点及其政策意义体现为以下3个方面。

一、城乡差异的主要体现

城乡差异对社会公众助残意愿的影响并不是完全显著。但其对社会公众关于残疾人概况、残疾人社会政策、无障碍环境建设等具有显著影响。同时,其对社会公众关于旧残疾人观的基本态度也具有显著影响。由此可见,社会公众对残疾人基本状况的认知态度、对旧残疾人观的基本态度存在显著的城乡差异。非农业户口社会公众对残疾人基本状况的认知程度显著高于农业户口社会公众,其对旧残疾人观相关内容的认可程度却显著低于农业户口社会公众。因而,提高农业户口社会公众关于残疾人基本状况的认知程度,以及逐步促进其对新残疾人观的接纳程度,对其逐渐摒弃旧残疾人观等相关观念具有重要意义。

二、区县差异的影响维度

居住在不同区县的社会公众对残疾人基本状况的认知程度、旧残疾人观的接纳程度、无条件助残意愿等具有显著差异。然而,区县的地理位置并不会对社会公众关于残疾人基本状况的认知程度、残疾及相关议题的基本态度、助残意愿等具有绝对的影响,即社会公众的相关态度并未呈现由市区向近郊、郊区、农村等区县逐步递减的趋势等。同时,居住在同一区县的农业户口和非农业户口社会公众对残疾人基本状况的认知程度、旧残疾人观的接纳程度等也具有显著的差异。

三、社区环境的核心意义

无论是城市还是农村,无论是市区还是近郊和郊区,即使居住在同一区县内,居住在不同社区(村)的社会公众对残疾人基本状况的认知程度、残疾人及其相关议题的基本态度以及助残意愿状况等方面都存在显著差异。可见,社区及其环境对社会公众关于残疾人各个方面的认识和态度具有显著影响,使得残疾人生活的观念环境存在显著的社区差异。实际上,相对而言,社区(村)是社会有机体的最基本内容,也是现行我国行政管理和居民自治的基本单元。因而,从居住和生活的区域来看,社区及其环境是影响残疾人生活的观念环境的基本单元。所以,立足于社区,考量社区及其环境等相关因素,是改善我国残疾人生活的观念环境的出发点和重要支点。

此外，城市社区内的农业流动人口对旧残疾人观的认同程度显著低于居住在农村的农业户口社会公众。可知，农业人口由农村向城市流动，会使其对旧残疾人观相关内容的认同程度显著下降。人口城镇流动有利于促进社会公众摒弃旧残疾人观等相关内容。由此可见，改善残疾人生活的观念环境，应该基于社区（村）的实际情况及相关环境等因素，并以社区为立足点采取相关措施。

第五章 影响因素及理论分析

- 第一节 社会公众对残疾人基本状况认知程度的影响因素分析
- 第二节 社会公众对残疾相关议题基本态度的影响因素分析
- 第三节 社会公众助残意愿的影响因素分析
- 第四节 残疾人生活的观念环境影响因素对比分析

探索影响残疾人生活的观念环境的因素,是制定和出台有效的相关措施以改善残疾人生活环境的重要基础。因而,本章将运用二元 logistic 回归模型、有序多分类 logistic 回归模型等定量分析方法探究残疾人生活的观念环境的影响因素,并结合个案进行质性分析和理论解析,为其后探索改善残疾人生活环境的对策奠定基础。

第一节　社会公众对残疾人基本状况认知程度的影响因素分析

残疾人基本状况的衡量指标较多,由于同一类指标具有一定的同质性,因而,为了简化分析,分别选取我国残疾人人数、《中华人民共和国残疾人保障法》的了解程度、天津站无障碍通道的了解情况 3 个指标代表社会公众对我国残疾人概况、残疾人社会政策、无障碍环境建设等 3 个方面的认知程度,对其进行影响因素分析,以揭示社会公众对残疾人基本状况的认知程度的影响。

一、指标选取与模型概述

本节研究的因变量有 3 个,一是残疾人人数,为二分类变量,回答正确赋值为 1,回答错误和不知道赋值为 0;二是《中华人民共和国残疾人保障法》的了解程度,为多分类变量,"没有听说过"赋值为 1,"听过但不了解"赋值为 2,"了解"赋值为 3;三是天津站无障碍通道的了解情况,为二分类变量,"知道"赋值为 1,"不知道"赋值为 0。分别运用二元 Logistic

回归模型和有序多分类 Logistic 回归模型(cumulative logits model)对其影响因素进行分析,采用的分析软件为 SPSS20.0。

根据相关研究经验,结合本次调查数据的可获得性的实际情况,将自变量分为人口学特征、家庭特征、残疾议题关注度、助残和志愿经历四大类。控制变量的含义及测度见表5-1,其中人口学特征包括性别、年龄、户口性质、受教育程度、婚姻状况等;由于家庭中有残疾人可能会影响家庭成员的相关认识,因而,将家庭是否有残疾人作为家庭特征的自变量之一;用收看残疾人相关议题新闻的频繁程度、日常生活中见到残疾人的频繁程度来衡量社会公众对残疾人及其相关议题的关注度;助残经历和志愿者经历则主要用3个指标来衡量。

表5-1 变量的含义及测度(认知程度)

类别	变量名称	变量类型	指标含义及测度
人口学特征	性别	二分类变量	女性=0,男性=1
	年龄	连续变量	
	户口性质	二分类变量	农业=0,非农业=1
	受教育程度	多分类变量	初中及以下=0,高中=1,大专=2,本科=3,研究生=4
	婚姻状况	二分类变量	未婚、离异、丧偶=0,已婚=1
家庭特征	家庭中是否有残疾人	二分类变量	没有=0,有=1
	家庭人均月收入	连续变量	
残疾议题关注度	生活中见到残疾人的频繁程度	多分类变量	较少=0,一般=1,较多=2
	收看残疾人相关新闻情况	多分类变量	较少=0,一般=1,较多=0

续 表

类别	变量名称	变量类型	指标含义及测度
助残和志愿经历	志愿者经历	多分类变量	从来没有＝0,几乎没有＝1,偶尔参加＝3,较少参加＝3,较多参加＝4
	是否曾经帮助过残疾人	二分类变量	否＝0,是＝1
	助残志愿者经历	多分类变量	从来没有＝0,几乎没有＝1,偶尔参加＝3,较少参加＝3,较多参加＝4

运用二元 logistic 回归模型对社会公众关于残疾人概况(我国残疾人人数)、无障碍环境建设(天津站无障碍通道)的影响因素进行分析,得出模型 1 和模型 3,结果见表 5-2。筛选自变量进入模型的方法采用全部进入的方法。Hosmer-Lemeshow 检验结果显示,模型 1 和模型 3 的卡方值和显著性水平均通过检验,说明 Logistic 二元回归模型的拟合程度较好,具有统计学上的研究意义。

表 5-2 社会公众对残疾人基本状况认知程度的影响因素(残疾人概况、无障碍环境建设)

类别	调查内容	模型 1(残疾人概况)			模型 3(无障碍环境)		
		B	显著性水平	$Exp(B)$	B	显著性水平	$Exp(B)$
人口学特征	性别(女＝0)	0.134	0.505	1.143	0.110	0.484	1.117
	年龄	−0.023***	0.004	0.977	−0.014**	0.018	0.986
	户口(农业户口＝0)	0.740**	0.018	2.096	−0.160	0.432	0.852
	受教育程度(初中以下＝0)		0.007			0.037	
	高中	−0.031	0.916	0.970	0.333*	0.096	1.394

续　表

类别	调查内容	模型1(残疾人概况)			模型3(无障碍环境)		
		B	显著性水平	Exp(B)	B	显著性水平	Exp(B)
人口学特征	大专	0.920***	0.002	2.508	0.624**	0.019	1.867
	本科	0.993***	0.204	2.637	0.843***	0.005	2.324
	研究生	1.325*	0.080	3.761	0.980***	0.009	2.624
	婚姻(未婚=0)	0.246	0.329	1.278	−0.022	0.916	0.978
家庭特征	家中是否有残疾人(没有=0)	0.272	0.254	1.312	−0.192	0.317	0.825
	家庭人均月收入	<0.001*	0.091	1.000	<0.001	0.570	1.000
残疾议题关注度	生活中见到残疾人的频繁程度(较少=0)		0.113			0.523	
	一般	−0.549	0.154	0.578	−0.278	0.256	0.757
	较多	0.236	0.310	1.266	−0.064	0.726	0.938
	残疾人相关新闻收看情况(较少=0)		0.047			0.014	
	一般	0.662***	0.008	2.013	0.603**	0.023	1.285
	较多	0.972*	0.050	2.597	0.964***	0.006	2.543
志愿和助残经历	志愿者经历(从来没有=0)		0.011			0.034	
	几乎没有	0.101	0.816	1.106	0.673***	0.006	1.960
	偶尔参加	0.756*	0.054	2.129	0.458*	0.066	1.581
	较少参加	0.829**	0.026	2.217	0.592*	0.084	1.790
	经常参加	0.908**	0.034	2.481	0.604**	0.047	1.830
	是否曾经帮助过残疾人(否=0)	−0.015	0.955	0.985	−0.141	0.452	0.869

续　表

类别	调查内容	模型1(残疾人概况)			模型3(无障碍环境)		
		B	显著性水平	Exp(B)	B	显著性水平	Exp(B)
志愿和助残经历	助残志愿者经历(从来没有＝0)		0.076			0.046	
	几乎没有	0.482	0.254	1.620	0.244	0.295	1.276
	偶尔参加	0.804**	0.049	2.234	0.420*	0.075	1.527
	较少参加	0.854*	0.060	2.349	0.561*	0.068	1.730
	经常参加	1.342***	0.006	3.825	0.593**	0.044	1.809
	常量	−2.751***	＜0.001	0.064	1.138***	0.006	3.120

注：*** 表示 $p<0.01$，** 表示 $p<0.05$，* 表示 $p<0.1$。

同时，运用有序多分类 logistic 回归模型对社会公众关于残疾人社会政策(《中华人民共和国残疾人保障法》)的认知程度的影响因素进行分析，得到模型2，见表5-3。对模型进行平行线检验(test of parallel lines)，其 p 值为0.126，大于0.1，说明可使用有序多分类 Logistic 回归模型对数据进行分析。同时，模型拟合度等均通过检验，说明模型具有统计学上的研究意义。下面结合模型1、模型2、模型3对社会公众关于残疾人基本状况的认知程度的影响因素进行分析，并结合个案资料对其影响因素进行补充解析。

表5-3　社会公众对残疾人基本状况认知程度的影响因素(残疾人社会政策)

类别	调查内容	模型2				95%置信区间	
		估计	标准误	Wald	显著性水平	下限	上限
	[law＝1]	−4.853***	0.663	53.509	＜0.001	−6.153	−3.553
	[law＝2]	−2.216***	0.648	11.681	0.001	−3.486	−0.945

续　表

类别	调查内容	模型2				95%置信区间	
		估计	标准误	Wald	显著性水平	下限	上限
人口学特征	性别(女=0)	−0.083	0.123	0.459	0.498	−0.325	0.158
	男	0^a	.	.	.	.	.
	年龄	−0.011**	0.005	5.476	0.019	−0.020	−0.002
	户口(农业户口=0)	−0.317*	0.162	3.822	0.051	−0.635	0.001
	非农业户口	0^a	.	.	.	.	.
	受教育程度(初中以下=0)	−1.543***	0.559	7.618	0.006	−2.638	−0.447
	高中	−1.270***	0.557	2.440	0.008	−2.163	0.002
	大专	−1.163*	0.557	1.879	0.070	−1.954	0.078
	本科	−0.954*	0.550	3.005	0.083	−2.032	0.125
	研究生	0^a	.	.	.	.	.
	婚姻(未婚=0)	−0.243	0.159	2.345	0.126	−0.554	0.068
	已婚	0^a	.	.	.	.	.
家庭特征	家中是否有残疾人(没有=0)	−0.137	0.156	0.764	0.382	0.443	0.170
	有	0^a	.	.	.	.	.
	家庭人均月收入	5.499E−6	1.685E−5	0.106	0.744	−2.753E−5	3.853E−5
残疾议题关注度	生活中见到残疾人的频繁程度(较少=0)	−0.078	0.142	0.296	0.586	−0.357	0.202
	一般	0.006	0.199	0.001	0.974	−0.383	0.396
	较多	0^a	.	.	.	.	.

续　表

类别	调查内容	模型 2				95% 置信区间	
		估计	标准误	Wald	显著性水平	下限	上限
残疾议题关注度	残疾人相关新闻收看情况(较少=0)	−0.848***	0.184	21.29	0.000	−1.209	−0.488
	一般	−0.476***	0.170	7.820	0.005	−0.809	−0.142
	较多	0ª	.	.	.	.	.
志愿和助残经历	志愿者经历(从来没有=0)	−0.755***	0.242	9.688	0.002	−1.230	−0.279
	几乎没有	−0.696***	0.232	9.044	0.003	−1.150	−0.242
	偶尔参加	−0.505**	0.211	0.937	0.033	−0.210	0.619
	较少参加	−0.316	0.243	1.685	0.194	−0.792	0.161
	经常参加	0ª	.	.	.	.	.
	是否曾经帮助过残疾人(否=0)	0.077	0.149	0.269	0.604	−0.214	0.368
	是	0ª	.	.	.	.	.
	助残志愿者经历(从来没有=0)	−1.148***	0.300	14.61	0.001	−1.736	−0.559
	几乎没有	−0.725**	0.286	6.414	0.011	−1.286	−0.164
	偶尔参加	−0.499*	0.273	3.353	0.067	−1.033	0.035
	较少参加	−0.376**	0.287	0.375	0.040	−0.737	0.386
	经常参加	0ª	.	.	.	.	.

注：*** 表示 $p<0.01$，** 表示 $p<0.05$，* 表示 $p<0.1$。

二、人口学特征：年龄和受教育程度的二重影响

社会公众的个体特征对其关于残疾人基本状况的认知程度的影响主

要体现在以下 3 个方面。

一是模型 1、模型 2、模型 3 中的性别和婚姻状况系数的显著性水平均大于 0.1。如模型 1 中的系数为 0.134,其显著性水平为 0.505,即其在 0.1 的显著性水平下均不显著。说明性别和婚姻状况对社会公众关于残疾人基本状况的认知程度都没有显著影响。

二是从户口性质来看,其模型 3 中的系数的显著性水平为 0.432,在 0.1 的显著性水平下不显著。说明户口性质对社会公众关于无障碍环境建设的认知程度没有显著的影响。然而,模型 1 中,户口性质的系数为 0.740,其在 0.05 的显著性水平下显著。则户口性质对社会公众关于残疾人概况的认知程度存在显著影响。即相对于农业户口社会公众而言,非农业户口社会公众对残疾人概况的认知程度较高。由其 OR 值可知,非农业户口社会公众对残疾人概况的认知程度为农业户口社会公众的 2.096 倍。同时,模型 2 中,户口性质在 0.1 的显著性水平下显著,且其系数为负,表明不同户口性质社会公众对残疾人社会政策的认知程度存在显著差异。说明相对于非农业户口社会公众而言,农业户口社会公众关于残疾人社会政策的认知程度较低。可见,户口性质对社会公众关于无障碍环境建设的认知程度不存在显著影响,但对残疾人概况、残疾人社会政策的认知程度存在显著影响。即非农业户口社会公众对残疾人概况、残疾人社会政策的认知程度显著高于农业户口社会公众。

三是从 3 个模型的情况来看,年龄和受教育程度的系数在 3 个模型中均显著。说明年龄和受教育程度对社会公众对残疾人基本状况的认知程度具有显著影响。具体而言,3 个模型中年龄指标的系数均为负,比如,模型 1 中的系数为 -0.023。说明年龄对社会公众关于残疾人基本状况的认知程度具有反向影响,随着年龄的增加,社会公众对残疾人基本状况的认知程度会显著下降。然而,模型中的系数绝对值较小,模型 1 和 3 中的 OR 值均超过了 0.95,说明其影响程度并不是特别大。

同时,模型1和模型3中受教育程度的系数为正,而模型2中的系数值为负,说明受教育程度对社会公众关于残疾人基本状况的认知程度具有显著的正向影响,随着受教育程度的提高,社会公众对残疾人基本状况的认知程度也会显著提高。比如,模型1中,除了"高中"的系数不显著外,"大专""本科""研究生"的各系数均显著,而且系数值随着受教育程度的提高也随之提高,说明随着受教育程度的提高,社会公众对残疾人概况的认知程度显著提高。各系数的OR值也较大,如模型1中"研究生"系数的OR值高达3.761,即受教育程度为"硕士及以上"的社会公众对残疾人概况的认知程度为受教育程度为"初中及以下"社会公众的3.761倍。可见,受教育程度对社会公众关于残疾人概况、残疾人社会政策、无障碍环境建设等基本状况的认知程度具有显著的正向影响,社会公众对残疾人状况的认知程度随受教育程度会显著提高。

因此,从个体特征来看,性别和婚姻状况对社会公众关于残疾人基本状况不存在显著影响。户口性质对社会公众关于残疾人概况、残疾人社会政策的认知程度具有显著影响,但对无障碍环境的认知程度没有显著影响。同时,年龄和受教育程度对社会公众关于残疾人基本状况的认知程度具有显著影响,随着年龄的提高,社会公众关于残疾人基本状况的认知程度会显著降低,但是,随着受教育程度的提高,社会公众关于残疾人基本状况的认知程度会显著提高。因此,提高社会公众的受教育程度,能够显著提高社会公众关于残疾人基本状况的认知程度,从而改善残疾人生活的观念环境。

三、家庭特征:人口结构和收入的弱势影响

一方面,从3个模型的情况来看,家庭中是否有残疾人系数的显著性水平均大于0.1。比如,模型2中系数的显著性水平为0.382,则其在

0.1的显著性水平下不显著。说明家中是否有残疾人对社会公众关于残疾人概况、残疾人社会政策、无障碍环境建设等基本状况的认知程度没有显著影响。但值得注意的是,模型1的系数为正,模型2的系数为负,说明家庭中有残疾人能够增进家庭成员对残疾人概况、残疾人社会政策的认知程度,尽管其影响不显著。然而,模型3中的系数为负,说明家庭有残疾人未能增进家庭成员对无障碍环境等情况的认知程度。

另一方面,对于家庭人均月收入,尽管模型1中的系数在0.1的水平显著,但其系数值为<0.001。同时,模型2和模型3中的系数均不显著。说明家庭人均月收入对社会公众关于残疾人基本状况的认知程度不存在显著的影响,即随着家庭收入的提高和经济状况的改善,家庭成员对于残疾人基本状况的认知程度不会随之显著提高。可见,从一定程度上来说,收入等经济因素并不显著影响社会公众对残疾人基本状况的认知程度。

由此可见,家庭中是否有残疾人等家庭人口构成因素,以及家庭人均月收入等家庭经济因素,对社会公众关于残疾人概况、残疾人社会政策、无障碍环境建设等残疾人基本状况的认知程度不存在显著影响。因而,人口构成和收入等经济因素并不能促进家庭成员对残疾人基本状况的认知程度的提高。

四、残疾议题关注度:媒体传播的关键作用

是否关注残疾人等相关议题,可能是影响社会公众对残疾人基本状况的认知程度的重要因素。从3个模型的结果来看,日常生活中见到残疾人的频繁程度的系数在0.1的水平下均不显著。比如,模型3中,"一般""较多"的系数均为负,其显著性水平分别为0.256和0.726,

则说明生活中能够见到残疾人的频繁程度的增加,并未能提高社会公众对残疾人基本状况的认知程度。3个模型中,系数既存在正值,也存在负值。说明生活中能够见到残疾人的频繁程度对社会公众关于残疾人基本状况的认知程度的影响难以确定,其影响具有不确定性,而且影响不显著。

而关于残疾人相关新闻报道的关注程度,3个模型中的所有系数均显著。比如,模型1中的"一般"的系数为0.662,其在0.01的显著性水平下显著;"较多"的系数为0.972,其在0.1的显著性水平下显著。而且,这两个系数的OR值均大于2。说明相对于残疾人相关新闻收看情况为"较少"的社会公众而言,情况为"一般""较多"的社会公众对残疾人概况的认知程度均为其2倍以上。因而,残疾人相关新闻收看情况显著影响社会公众关于残疾人概况的认知程度。再如,模型2中,各系数均为负,而且呈显著,这说明相对于残疾人相关新闻收看情况为"较多"的社会公众而言,收看情况为"较少"和"一般"的社会公众对残疾人社会政策的认知程度显著降低。因而,总的来说,残疾人相关新闻的收看情况对社会公众关于残疾人概况、残疾人社会政策、无障碍环境建设等残疾人基本状况的认知程度具有显著的正向影响。随着社会公众对残疾人相关新闻关注程度的提高,其对残疾人基本状况的认知程度也会随之显著提高。所以,如何通过各种媒介,提高残疾人相关议题节目和新闻等的播放频率,以及如何有效提高社会公众对残疾人相关议题的收看率等,是提高社会公众对残疾人基本状况的认知程度的重要方面。

可见,日常生活中能够见到残疾人的频繁程度,对社会公众关于残疾人基本状况的认知没有显著影响。然而,残疾人相关新闻收看情况却对社会公众关于残疾人基本状况的认知程度具有显著的正向影响。说明残疾人相关议题的媒介传播渠道,以及社会公众对其的关注度等对提高社会公众对残疾人基本状况的认知程度具有重要意义。

五、助残和志愿经历：身体力行的重要意义

志愿者和助残经历等对社会公众关于残疾人基本状况的认知程度的影响主要体现在以下两个方面。

一方面，是否曾经帮助过残疾人，模型1和模型3的系数值为负，模型3的系数值为正。说明相对于没有帮助过残疾人的社会公众而言，曾经帮助过残疾人的社会公众对残疾人概况、残疾人社会政策、无障碍环境建设等残疾人基本状况的认知程度会更低。然而，3个模型的系数，其显著性水平均大于0.1，说明其在0.1的水平下不显著。则是否曾经帮助过残疾人，对社会公众关于残疾人基本状况的认知程度不存在显著影响。

另一方面，志愿者经历和助残志愿者经历，都会对社会公众关于残疾人基本状况的认知程度产生显著的影响。从模型结果来看，模型1和模型3中，志愿者经历和助残志愿者经历的系数均为正，而且，绝大部分系数显著。比如，模型3中，志愿者经历的情况为"几乎没有""偶尔参加""较少参加""经常参加"的系数值分别为0.673、0.458、0.592、0.604；"几乎没有"的系数在0.01的显著性水平下显著，"偶尔参加"和"较少参加"系数在0.1的显著性水平下显著，"经常参加"系数在0.05的显著性水平下显著。而且其OR值均大于1.5。即相对于志愿者经历为"从来没有"的社会公众而言，"几乎没有""偶尔参加""较少参加""经常参加"等的社会公众对无障碍环境建设等的认知程度都是其1.5倍以上。说明随着社会公众志愿者经历的增加，其对残疾人无障碍环境建设等的认知程度也会显著提高。

再如，从模型2的助残志愿者经历的系数来看，"从来没有""几乎没有""偶尔参加""较少参加"的系数分别为−1.148、−0.725、−0.499、−0.376，取值均为负，而且均在不同的显著性水平下显著。说明相对而

言,志愿者经历为"从来没有""几乎没有""偶尔参加""较少参加"的社会公众对残疾人社会政策的认知程度显著低于助残志愿者经历为"经常参加"的社会公众。可见,助残志愿者经历对社会公众关于残疾人社会政策的认知程度具有显著影响。随着社会公众助残志愿者经历的增加,其对残疾人社会政策等的认知程度也会显著提高。

由此可知,公益活动等志愿者经历和助残志愿者经历,对社会公众关于残疾人概况、残疾人社会政策、无障碍环境建设等残疾人基本状况的认知程度具有显著影响。随着社会公众的志愿者经历、助残志愿者经历的增加,其对残疾人基本状况的认知程度也会显著提高。这些充分说明,身体力行地参加各类公益活动和助残活动,能够有效提高社会公众对残疾人基本状况的认知程度。所以,如何多渠道多形式地举办各种公益活动和助残活动,吸纳更多的人参加各类公益活动和助残活动,增加社会公众的志愿者经历和助残志愿者经历等,对于提高社会公众关于残疾人基本状况的认知程度具有重要意义。

综上所述,可以看到,性别、婚姻状况、家中是否有残疾人、家庭人均月收入、日常生活中能够见到残疾人的频繁程度、是否曾经帮助过残疾人等指标对社会公众关于残疾人概况、残疾人社会政策、无障碍环境建设等残疾人基本状况的认知程度没有显著的影响。然而,个体特征中的年龄对社会公众关于残疾人基本状况的认知程度具有显著的反向影响,随着年龄的增加,社会公众对残疾人基本状况的认知程度会显著降低。个体特征中的受教育程度、残疾议题关注度中的残疾人相关新闻的收看情况、志愿者经历和助残志愿者经历等均对社会公众关于残疾人基本状况的认知程度具有显著的正向影响,随着受教育程度的提高、残疾人相关新闻报道收看频率的提高、志愿者经历和助残志愿者经历的增加,社会公众对残疾人概况、残疾人社会政策、无障碍环境建设等残疾人基本状况的认知程度也会显著提高;此外,户口性质对社会公众关于残疾人概况、残疾人社会政策的认知程度也具有显著影响，即非农业户口社会公众对残疾人概况和残疾人社会政策的认知程度显著高于农业户口社会公众。但其对社会公众关于无障碍环境建设的认知程度却不具有显著影响。

第二节　社会公众对残疾相关议题基本态度的影响因素分析

本节的主要目标是探索社会公众对残疾相关议题的基本态度的影响因素，其中社会公众对新残疾人观相关内容的接纳程度是其关键。因此，下面将从新残疾人观的具体内容、新残疾人观的核心要义两个方面集中对影响社会公众对新残疾人观相关内容的接纳程度的因素进行分析。主要运用无序多分类 logistic 回归模型和有序多分类 logistic 回归模型等方法。

一、模型概述

本节研究的因变量有两个，即新残疾人观的具体内容和新残疾人观的核心要义。这两个变量是根据第四章中区域差异里面的因子分析结果所得。由于原始变量为分类变量，因此按照分位数分别将这两个变量转化为多分类变量，并进行赋值。"不同意"为 1，"一般"为 2，"同意"为 3。分别运用有序多分类 logistic 回归模型（cumulative logits model）和无序多分类 Logistic 回归模型等对其影响因素进行分析。结合残疾人基本状况认知程度的影响因素，并将其作为自变量纳入分析范围，将自变量分为人口学特征、家庭特征、残疾议题关注度、助残和志愿经历、残疾人基本状况认知程度五大类自变量的含义及测度见表 5-4。

表 5-4 变量的含义及测度(基本态度)

类别	变 量 名 称	变量类型	指标含义及测度
人口学特征	性别	二分类变量	女性＝0,男性＝1
	年龄	连续变量	
	户口性质	二分类变量	农业＝0,非农业＝1
	受教育程度	多分类变量	初中及以下＝0,高中＝1,大专＝2,本科＝3,研究生＝4
	婚姻状况	二分类变量	未婚、离异、丧偶＝0,已婚＝1
家庭特征	家庭中是否有残疾人	二分类变量	没有＝0,有＝1
	家庭人均月收入	连续变量	
残疾议题关注度	生活中见到残疾人的频繁程度	多分类变量	较少＝0,一般＝1,较多＝2
	收看残疾人相关新闻情况	多分类变量	较少＝0,一般＝1,较多＝0
助残和志愿经历	志愿者经历	多分类变量	从来没有＝0,几乎没有＝1,偶尔参加＝3,较少参加＝3,较多参加＝4
	是否曾经帮助过残疾人	二分类变量	否＝0,是＝1
	助残志愿者经历	多分类变量	从来没有＝0,几乎没有＝1,偶尔参加＝3,较少参加＝3,较多参加＝4
残疾人基本状况认知程度	残疾人人数	二分类变量	错误＝0,正确＝1
	残疾人保障法	多分类变量	没有听说过＝0,听过但不了解＝1,了解＝2
	天津站无障碍通道	二分类变量	不知道＝0,知道＝1

(一)无序多分类 logistic 回归模型

对新残疾人观的具体内容的基本态度的影响因素进行探索,发现运用有序多分类 logistic 回归模型进行分析时,其平行线检验(Test of Parallel Lines)的 p 值为 0.03,小于 0.05,因此采用无序多分类 logistic 回归模型对其影响因素进行分析。以"不同意"作为参照水平,建立 2 个广义 logit 模型(general logits model),选择"设定/步进式"(向前进入)的方式进行模型拟合,得到模型 4 和模型 5(见表 5-5)。

表 5-5 新残疾人观的具体内容的基本态度影响因素
(无序多分类 logistic 回归模型)

类别	调查内容	模型 4(一般/不同意)			模型 5(同意/不同意)		
		B	显著性水平	Exp(B)	B	显著性水平	Exp(B)
	截距	1.408*	0.062		3.396***	0.000	
人口学特征	受教育程度(初中以下=0)	−0.697	0.456	0.498	−2.114***	0.008	0.121
	高中	−0.615	0.513	0.541	−2.204***	0.006	0.110
	大专	−0.305	0.747	0.737	−1.673**	0.039	0.188
	本科	−0.181	0.848	0.834	−1.180*	0.093	0.307
	研究生	0^b	.	.	0^b	.	.
家庭特征	家中是否有残疾人(没有=0)	−0.568***	0.006	0.566	−0.740***	0.000	0.477
	有	0^b	.	.	0^b	.	.
残疾议题关注度	生活中见到残疾人的频繁程度(较少=0)	−0.644***	0.000	0.525	−0.318*	0.082	0.728
	一般	−0.420**	0.044	0.687	0.300*	0.092	1.350
	较多	0^b	.	.	0^b	.	.

续 表

类别	调查内容	模型4(一般/不同意)			模型5(同意/不同意)		
		B	显著性水平	Exp(B)	B	显著性水平	Exp(B)
志愿和助残经历	志愿者经历(从来没有=0)	-0.257	0.394	0.773	-0.487	0.127	0.615
	几乎没有	-0.096	0.742	0.909	-0.048	0.874	0.953
	偶尔参加	-0.668*	0.013	0.513	-0.433	0.113	0.648
	较少参加	0.148	0.641	1.160	0.099	0.767	1.104
	经常参加	0^b	.	.	0^b	.	.
	是否曾经帮助过残疾人(否=0)	-0.511***	0.006	0.600	-0.257*	0.077	0.774
	是	0^b	.	.	0^b	.	.
	助残志愿者经历(从来没有=0)	0.559	0.160	1.748	-0.477**	0.047	0.544
	几乎没有	0.440	0.245	1.553	-0.357*	0.096	0.736
	偶尔参加	0.055	0.879	1.056	-0.626*	0.071	0.535
	较少参加	0.272	0.477	1.313	-0.399*	0.063	0.743
	经常参加	0^b	.	.	0^b	.	.
残疾人基本状况认知程度	残疾人人数(错误=0)	-0.013	0.958	0.987	-0.454*	0.064	0.635
	正确	0^b	.	.	0^b	.	.
	天津站无障碍通道(不知道=0)	0.379*	0.056	1.461	0.617***	0.002	1.854
	知道	0^b	.	.	0^b	.	.

注：*** 表示 $p<0.01$，** 表示 $p<0.05$，* 表示 $p<0.1$。

从模型检验结果来看,其伪 R 方值均大于 0.5,说明模型拟合程度还不错,见表 5-6。

表 5-6 无序多分类 Logistic 回归模型的拟合信息和伪 R 方(模型 4 和模型 5)

模 型	模型拟合标准		似然比检验	
	-2 倍对数似然值	卡　方	自由度	显著性水平
仅截距	2.305×10^3			
最终	2.185×10^3	120.029	36	0.000
Cox 和 Snell	0.524			
Nagelkerke	0.565			

无序多分类 Logistic 回归模型变量的似然比检验见表 5-7。可以看到,各自变量进入模型,其似然比的显著性水平均小于 0.1,均在 0.1 的显著性水平下显著。因此,该无序多分类 logistic 回归模型具有统计学上的分析意义。

表 5-7 无序多分类 Logistic 回归模型变量的似然比检验(模型 4 和模型 5)

效　应	模型拟合标准	似然比检验		
	简化后的模型的-2 倍对数似然值	卡方	自由度	显著性水平
截距	2.185×10^3	<0.001	0	.
C8	2.201×10^3	15.648	8	0.048
B201	2.190×10^3	4.932	2	0.085
see	2.203×10^3	17.731	4	0.001
edu	2.215×10^3	30.068	8	<0.001
station	2.195×10^3	9.510	2	0.009

续 表

效 应	模型拟合标准	似然比检验		
	简化后的模型的-2倍对数似然值	卡方	自由度	显著性水平
dis	2.199×10^3	13.470	2	0.001
C2	2.193×10^3	7.519	2	0.023
C10.6	2.201×10^3	15.715	8	0.047

(二) 有序多分类 logistic 回归模型

运用有序多分类 logistic 回归模型对社会公众对新残疾人观的核心要义的基本态度的影响因素进行分析,得到模型6(见表5-8)。对模型进行平行线检验(test of parallel lines),其 p 值为0.117,大于0.1,说明可使用有序多分类 Logistic 回归模型对数据进行分析。同时,模型拟合度等均通过检验,其拟合程度还可以,说明模型具有统计学上的研究意义。下面结合模型4、模型5、模型6对社会公众关于新残疾人观的具体内容、新残疾人观的核心要义的影响因素进行分析,并结合个案资料对其影响因素进行补充解析。

表5-8　新残疾人观的核心要义的基本态度的影响
因素的有序多分类 Logistic 回归模型

类别	调查内容	模型6				95% 置信区间	
		估计	标准误	Wald	显著性水平	下限	上限
人口学特征	[law = 1]	-1.390***	0.410	5.177	0.023	-2.585	-0.192
	[law = 2]	0.213***	0.409	0.123	0.026	-0.980	1.407
	性别(女=0)	0.145	0.117	1.524	0.217	-0.085	0.375
	男	0^a	.	.	.	.	.
	年龄	0.002	0.005	0.272	0.602	-0.007	0.011

续 表

类别	调查内容	模型6			95%置信区间		
		估计	标准误	Wald	显著性水平	下限	上限
人口学特征	户口（农业户口=0）	0.099	0.156	0.402	0.526	−0.207	0.404
	非农业户口	0^a	.	.	.	.	.
	受教育程度（初中以下=0）	−1.03***	0.525	3.851	0.050	−2.061	−0.001
	高中	−0.91***	0.523	3.025	0.082	−1.936	0.115
	大专	−1.159**	0.522	4.926	0.026	−2.183	−0.135
	本科	−0.75**	0.516	2.109	0.046	−1.759	0.262
	研究生	0^a	.	.	.	.	.
	婚姻（未婚=0）	0.055	0.151	0.134	0.714	−0.241	0.352
	已婚	0^a	.	.	.	.	.
家庭特征	家中是否有残疾人（没有=0）	0.081	0.150	0.293	0.589	−0.212	0.374
	有	0^a	.	.	.	.	.
	家庭人均月收入	-3.048×10^{-5}*	1.645×10^{-5}	3.435	0.064	-6.272×10^{-5}	1.753×10^{-6}
残疾议题关注度	生活中见到残疾人的频繁程度（较少=0）	−0.077	0.136	0.319	0.572	−0.343	0.190
	一般	−0.059	0.190	0.097	0.756	−0.432	0.314
	较多	0^a	.	.	.	.	.
	残疾人相关新闻收看情况（较少=0）	−0.222	0.177	1.584	0.208	−0.569	0.124
	一般	−0.137	0.163	0.708	0.400	−0.457	0.182
	较多	0^a	.	.	.	.	.

续 表

类别	调查内容	模型 6			95% 置信区间		
		估计	标准误	Wald	显著性水平	下限	上限
志愿和助残经历	志愿者经历(从来没有=0)	0.240	0.232	1.069	0.301	−0.215	0.695
	几乎没有	0.019	0.221	0.007	0.932	−0.414	0.451
	偶尔参加	−0.062	0.200	0.097	0.755	−0.454	0.329
	较少参加	0.228	0.232	0.965	0.326	−0.226	0.682
	经常参加	0^a	.	.	.	.	.
	是否曾经帮助过残疾人(否=0)	−0.221**	0.142	2.407	0.021	−0.500	0.058
	是	0^a	.	.	.	.	.
	助残志愿者经历(从来没有=0)	0.835***	0.285	8.569	0.003	0.276	1.395
	几乎没有	0.268	0.270	0.985	0.321	−0.261	0.797
	偶尔参加	0.118	0.256	0.212	0.645	−0.384	0.619
	较少参加	0.080	0.266	0.089	0.765	−0.443	0.602
	经常参加	0^a	.	.	.	.	.
残疾人基本状况认知程度	残疾人人数(错误=0)	−0.311*	0.179	0.384	0.095	−0.642	0.240
	正确	0^a	.	.	.	.	.
	残疾人保障法(没有听说过=0)	0.531***	0.185	8.205	0.004	0.168	0.894
	听过但不了解	0.062	0.143	0.186	0.666	−0.219	0.342
	了解	0^a	.	.	.	.	.
	天津站无障碍通道(不知道)	0.136	0.144	0.898	0.343	−0.146	0.419
	知道	0^a	.	.	.	.	.

注：*** 表示 $p<0.01$，** 表示 $p<0.05$，* 表示 $p<0.1$。

二、个体特征:受教育程度的显著作用

从模型 4、模型 5、模型 6 的结果来看,性别、年龄、户口性质、婚姻状况未能进入模型 4 和模型 5,其在模型 6 中的系数的显著性水平均较大,在 0.1 的显著性水平下不显著。说明性别、年龄、户口性质、婚姻状况等人口学特征因素对社会公众关于新残疾人观的具体内容、新残疾人观的核心要义的基本态度没有显著的影响。

然而,受教育程度却对社会公众关于新残疾人观的具体内容、新残疾人观的核心要义的基本态度均具有显著影响。尽管,模型 4 中,受教育程度的几个系数均为负,其在 0.1 的显著性水平下均不显著。但是,其在模型 5 和模型 6 中均呈显著。比如,模型 5 中,其"初中及以下""高中""大专"的系数都是 0.01 的显著性水平显著;而系数"大学"在 0.1 的显著性水平下显著。并且其各系数值为负,OR 值均小于 1。则相对于其态度为"不同意"的人员而言,随着受教育程度的提高,社会公众对新残疾人观的具体内容的态度为"同意"的比例将显著提高。即受教育程度对社会公众是否同意新残疾人观的具体内容具有显著的影响。提高社会公众的受教育程度,能够显著提高社会公众对新残疾人观的具体内容的接纳度。

同时,由模型 6 可知,受教育程度为"初中及以下""高中""大专""本科"系数分别为 -1.031、-0.910、-1.159、-0.749,均为负。而且,各系数的显著性水平均小于 0.05,即其均在 0.05 的显著性水平下显著,说明受教育程度对社会公众关于新残疾人观的核心要义的基本态度具有显著影响。随着受教育程度的提高,社会公众对新残疾人观的接纳程度也会显著提高。因此,提高社会公众的受教育水平,能够显著提高其对新残疾人观的核心要义的接纳程度。

所以,受教育程度对社会公众关于新残疾人观的具体内容、新残疾人

观的核心要义的基本态度具有显著影响。随着受教育程度的提高,社会公众对新残疾人观的具体内容、新残疾人观的核心要义的接纳程度都会显著提高。因而,提高社会公众的受教育程度,能够显著提高社会公众对新残疾人观相关内容的接纳程度,有利于残疾人生活的观念环境的改善。

三、人口结构：残疾人对家庭成员的重要影响

在模型 4 和模型 5 中,家庭人均月收入未能进入模型。在模型 6 中,尽管家庭月收入在 0.1 的显著性水平下显著,但其系数值接近 0。则说明家庭人均月收入等经济因素对社会公众关于新残疾人观的具体内容、新残疾人观的核心要义等的基本态度没有显著的影响。即家庭人均月收入等家庭经济因素对社会公众关于新残疾人观的相关内容的接纳程度的影响较小。

然而,"家庭中是否有残疾人"在模型 4 和模型 5 中的系数分别为 -0.568、-0.740,均为负值;而且,其都在 0.01 的显著性水平下显著,说明"家庭中是否有残疾人"对家庭成员关于新残疾人观具体内容的基本态度具有显著影响。相对而言,"家庭中有残疾人"的家庭成员对新残疾人观的具体内容的接纳程度会显著高于"家庭中没有残疾人的"家庭成员。即"家庭中是否有残疾人"等家庭人口结构因素对社会公众关于新残疾人观的具体内容的基本态度具有显著的正向作用。家庭中有残疾人,能够促进家庭成员对新残疾人观的具体内容的接纳程度。然而,模型 6 中"家庭中是否有残疾人"系数的显著性水平为 0.589,说明其在 0.1 的显著性水平下不显著。即"家庭中是否有残疾人"等家庭人口结构因素对家庭成员关于新残疾人观的核心要义的基本态度没有显著影响。

由此可见,家庭人均月收入等家庭经济因素对社会公众关于新残疾人观的具体内容、核心要义等没有显著影响。但是,"家庭中是否有残疾

人"等家庭人口结构因素对家庭成员关于新残疾人观的具体内容具有显著影响,家庭中有残疾人能够增进家庭成员对新残疾人观的具体内容的接纳程度。然而,其对家庭成员关于新残疾人观的基本态度却没有显著影响。说明"家庭中是否有残疾人"等家庭人口结构因素对新残疾人观的具体内容等外在表现的主要观点具有显著作用,但其对新残疾人观的核心要义等内在的本质属性的基本态度的作用则较为有限,其对新残疾人观的内容和本质的影响是不同的。

四、残疾议题关注度：媒体传播的弱势影响

关于社会公众对残疾议题的关注度,其对社会公众关于新残疾人观的基本态度的影响主要体现在以下两个方面。

一方面,模型6中,"日常生活中能够见到残疾人的频繁程度"各系数的显著性水平均较大,在0.1的显著性水平下不显著,说明其对社会公众关于新残疾人观的核心要义的基本态度没有显著影响。然而,"日常生活中能够见到残疾人的频繁程度"各系数在模型4和模型5中,其均在0.1的显著性水平下显著。比如,模型4中,"较少"的系数为-0.644,在0.01的显著性水平下显著,"一般"的系数为-0.420,在0.05的显著性水平下显著。这说明"日常生活中能够见到残疾人的频繁程度"对社会公众关于新残疾人观的具体内容的基本态度具有显著影响。随着"日常生活中能够见到残疾人频繁程度"的提高,社会公众对新残疾人观的具体内容的接纳程度也会显著提高。可见,"日常生活中能够见到残疾人的频繁程度"对社会公众关于新残疾人观的具体内容的基本态度具有显著的正向影响,但其对社会公众关于新残疾人观的核心要义的基本态度没有显著影响。

另一方面,与此同时,"残疾人相关新闻收看情况"未能进入模型4和模型 5。而且，其在模型 6 中的各系数的显著性水平较大，在 0.1 的显著性水平下均不显著。尽管，各系数值均为负，说明随着"残疾人相关新闻收看情况"程度的提高，社会公众关于新残疾人观的核心要义的接纳程度也会提高，但其作用却不显著。由此可见，"残疾人新闻报道收看情况"对社会公众关于新残疾人观的具体内容、新残疾人观的核心要义的基本态度均没有显著影响。则新闻报道等媒体传播未能在促进社会工作关于新残疾人观等内容的接纳程度方面发挥显著作用。这与"残疾人相关新闻报道收看情况"对社会公众关于残疾人基本状况的认知程度的显著正向影响不同，其背后的原因值得深思。如何通过各种媒介和新闻报道等提高社会公众对新残疾人观的具体内容、核心要义等内容的接纳程度，是改善残疾人生活的观念环境的重要方面。

因此，"日常生活中能够见到残疾人的频繁程度"仅仅对社会公众关于新残疾人观的具体内容的基本态度具有显著影响，对新残疾人观的核心要义的基本态度则不具有显著影响。同时，"残疾人相关新闻报道收看情况"对社会公众关于新残疾人观的具体内容、新残疾人观的核心要义的基本态度均不会产生显著影响。由此可见，残疾议题关注度对社会公众关于新残疾人观的相关内容的基本态度所能够发挥的作用较为有限。

五、助残和志愿经历：身体力行的实际意义

从助残和志愿者经历来看，其对社会公众关于新残疾人观等相关内容的认知程度具有重要影响，充分体现了个体身体力行的实践意义和重要作用。主要表现为以下 3 个方面。

一是从 3 个模型的情况来看，"志愿者经历"的所有系数均在 0.1 的显著性水平下不显著。说明是否有志愿者经历对社会公众关于新残疾人观的具体内容、新残疾人观的核心要义的基本态度没有显著影响。然而，

有一个现象值得注意的是,模型4和模型5中,"较少参加"系数值为正,其余各系数的取值均为负,说明尽管作用不显著,但随着社会公众志愿者经历的增加,其对新残疾人观的接纳程度会提高;然而,志愿者经历为"较少参加"的社会公众对新残疾人观的具体内容的接纳度较大的发生率却高于"较多参加"的社会公众,其背后的原因值得继续深入研究。

二是在3个模型中,"是否曾经帮助过残疾人"的系数均为负,模型4中的系数在0.01的显著性水平下显著,模型5中的系数在0.1的显著性水平下显著,而模型6中的系数在0.05的显著性水平下显著。即"是否曾经帮助过残疾人"对社会公众关于新残疾人观的具体内容、新残疾人观的核心要义的基本态度具有显著的影响。相对而言,曾经拥有帮助残疾人经历的社会公众关于新残疾人观的接纳度较高的发生率显著高于没有帮助过残疾人的社会公众。因而,帮助残疾人的经历对社会公众关于新残疾人观的接纳程度具有显著的正向作用。如何能够提高社会公众帮助残疾人的意愿和实践,对于促进社会公众对新残疾人观的接纳具有重要意义。

三是助残志愿者经历对社会公众关于新残疾人观的基本态度的影响较为复杂,与社会公众是否曾经帮助过残疾人的情况完全不同。助残志愿者经历的各系数在模型4中不显著,在模型6中仅有一个系数显著,这是一个比较令人感到奇怪的现象。总的来说,助残志愿者经历对社会公众关于新残疾人观的核心要义的影响较小。其在模型5中,各个系数却都在0.1及以下的显著性水平下显著。说明随着助残志愿者经历的增加,社会公众对新残疾人观的具体内容的接纳程度会显著提高。由此可见,相对于助残志愿者经历而言,是否曾经帮助过残疾人指标对社会公众的新残疾人观基本态度的影响程度相对更大。

可见,志愿者经历对社会公众关于新残疾人观的基本态度没有显著影响,而助残志愿者经历对促进社会公众关于新残疾人观的接纳程度所发挥的作用也较为有限。然而，曾经帮助残疾人的经历却能够显著提高社会公众对于新残疾人观的具体内容、新残疾人观的核心要义等的接纳程度。因而，如何充分发挥志愿者经历和助残志愿者经历以促进社会公众关于新残疾人观的接纳程度，改善残疾人生活的观念环境的重要方面。

六、残疾人基本状况认知度：矛盾影响的双重体现

社会公众对残疾人基本状况的认知程度，对其关于新残疾人观的基本态度的影响存在内在的矛盾，其主要体现在以下两个方面。

一方面，社会公众对残疾人人数的正确了解，有助于增进其对新残疾人观的接纳度。"残疾人人数"的系数，模型5中为 -0.454，显著性水平为0.064，在0.1的显著性水平下显著。其在模型6中的系数为 -0.111，其在0.1的显著性水平下显著。说明对残疾人人数的正确了解能够显著提高社会公众对新残疾人观的具体内容、新残疾人观的核心要义的接纳度。

另一方面，模型6中，代表无障碍环境建设"天津站无障碍通道"的系数在0.1的显著性水平下不显著，但其值为正，即其对社会公众关于新残疾人观的核心要义的基本态度没有显著影响。在模型4中，该系数为0.379，在0.1的显著性水平下显著；模型5中，该系数为0.617，在0.01的显著性水平下显著。说明社会公众对无障碍环境建设的认知程度，对其关于新残疾人观的具体内容的基本态度具有显著作用。然而，其作用却是反向的，社会公众对无障碍环境建设的认知程度越高其对新残疾人观的具体内容的接纳程度也越低。这与"残疾人人数"的情况不同，也与常识相违背。

同时，"残疾人保障法"的认知程度，对社会公众关于新残疾人观的核心要义的影响也与无障碍环境建设的情况相近。其在模型6中的系数为正,"没有听说过"的系数在0.01的显著性水平显著。其未能进入模型4和5,说明残疾人保障法的认知程度对社会公众关于新残疾人观的具体内容的基本态度没有显著影响。

所以,"残疾人人数"的认知程度对社会公众关于新残疾人观的基本态度具有显著正向影响。而"天津站无障碍通道""残疾人保障法"的认知程度却对社会公众关于新残疾人观的基本态度具有重要的反向影响。可见,残疾人基本状况的认知程度对社会公众关于新残疾人观的基本态度的影响存在内在的矛盾。造成这种结果可能的原因是,普遍而言,社会公众对残疾人基本状况的认知程度较低,而且,存在一些错误认识。这使得社会公众对残疾人基本状况的认知,未能发挥其促进社会公众对新残疾人观相关内容的接纳程度的作用。

第三节 社会公众助残意愿的影响因素分析

本节主要目的是分析社会公众助残意愿的影响因素,分别以"为贫困残疾人捐款捐物"代表无条件助残意愿,和以"成为活动志愿者,为参加各类活动的残疾人提供帮助"代表有条件助残意愿来分析其影响因素。主要运用无序多分类Logistic回归模型等方法对社会公众助残意愿的影响因素进行分析。

一、模型概述

本节研究的因变量有两个,即无条件助残意愿(为贫困残疾人捐款捐物。简称为帮助贫困残疾人)和有条件助残意愿(成为活动志愿者,为参加各类活动的残疾人提供帮助。简称为活动助残志愿者)。由于原始数

第五章 | 影响因素及理论分析

据中,"很不愿意""不太愿意"两个选择的样本量极少,因此对原始数据进行处理,将这两个变量处理为 3 分类变量,并进行赋值。"一般"为 1,"愿意"为 2,"十分乐意"为 3。运用无序多分类 logistic 回归模型等对其影响因素进行分析。结合残疾人基本状况认知程度、新残疾人观的接纳程度等,并将其作为自变量纳入分析范围,将自变量分为人口学特征、家庭特征、残疾议题关注度、助残和志愿经历、残疾人基本状况认知程度、新残疾人观的接纳程度等六大类。控制变量的含义及测度见表 5-9。

表 5-9 变量的含义及测度(助残意愿)

类别	变量名称	变量类型	指标含义及测度
人口学特征	性别	二分类变量	女性=0,男性=1
	年龄	连续变量	
	户口性质	二分类变量	农业=0,非农业=1
	受教育程度	多分类变量	初中及以下=0,高中=1,大专=2,本科=3,研究生=4
	婚姻状况	二分类变量	未婚、离异、丧偶=0,已婚=1
家庭特征	家庭中是否有残疾人	二分类变量	没有=0,有=1
	家庭人均月收入	连续变量	
残疾议题关注度	生活中见到残疾人的频繁程度	多分类变量	较少=0,一般=1,较多=2
	收看残疾人相关新闻情况	多分类变量	较少=0,一般=1,较多=0
助残和志愿经历	志愿者经历	多分类变量	从来没有=0,几乎没有=1,偶尔参加=3,较少参加=3,较多参加=4
	是否曾经帮助过残疾人	二分类变量	否=0,是=1
	助残志愿者经历	多分类变量	从来没有=0,几乎没有=1,偶尔参加=3,较少参加=3,较多参加=4

续 表

类别	变量名称	变量类型	指标含义及测度
残疾人基本状况认知程度	残疾人人数	二分类变量	错误=0,正确=1
	残疾人保障法	多分类变量	没有听说过=0,听过但不了解=1,了解=2
	天津站无障碍通道	二分类变量	不知道=0,知道=1
新残疾人观的接纳程度	新残疾人观的具体内容	多分类变量	不同意=0,一般=1,同意=2
	新残疾人观的核心要义	多分类变量	不同意=0,一般=0,同意=2

对两个因变量的影响因素进行探索,发现运用有序多分类 logistic 回归模型进行分析时,其平行线检验(test of parallel lines)的 p 值小于 0.05,因此采用无序多分类 logistic 回归模型对其影响因素进行分析。以"十分乐意"作为参照水平,建立 2 个广义 logit 模型(general logits model),选择"设定/步进式"(向前进入)的方式进行模型拟合,得到模型 7 和模型 8。从模型检验结果来看,其伪 R 方值均大于 0.5,见表 5-10,说明模型拟合程度还不错。

表 5-10 无序多分类 logistic 回归模型的拟合信息和伪 R 方(模型 7 和模型 8)

模型	模型7				模型8			
	模型拟合标准-2倍对数似然值	似然比检验			模型拟合标准-2倍对数似然值	似然比检验		
		卡方	自由度	显著性水平		卡方	自由度	显著性水平
仅截距	1.975×10^3				2.143×10^3			
最终	1.816×10^3	159.367	40	<0.001	1.922×10^3	220.786	40	<0.001
Cox 和 Snell	0.565				0.613			
Nagelkerke	0.597				0.654			

无序多分类 logistic 回归模型变量的似然比检验见表 5-11。可以看到,模型 7 和模型 8 的各自变量,其似然比的显著性水平均小于 0.1,均在 0.1 的显著性水平下显著。因此,该无序多分类 logistic 回归模型(见表 5-12 和表 5-13)具有统计学上的分析意义。下面结合两个模型的结果对社会公众的助残意愿的影响因素进行分析。

表 5-11 无序多分类 logistic 回归模型变量的似然比检验(模型 7 和模型 8)

模型 7					模型 8				
效应	模型拟合标准	似然比检验			效应	模型拟合标准	似然比检验		
	简化后的模型的−2倍对数似然值	卡方	自由度	显著性水平		简化后的模型的−2倍对数似然值	卡方	自由度	显著性水平
截距	1.816×10^3	0.000	0	.	截距	1.922×10^3	0.000	0	.
dis	1.824×10^3	7.937	2	0.019	A12	1.927×10^3	5.591	2	0.061
station	1.823×10^3	6.932	2	0.031	E1	1.933×10^3	11.197	2	0.004
edu	1.834×10^3	18.628	8	0.017	dis	1.932×10^3	9.868	2	0.007
news	1.825×10^3	9.140	4	0.058	edu	1.939×10^3	17.224	8	0.028
C10.6	1.856×10^3	40.694	8	0.000	see	1.930×10^3	8.351	4	0.080
dis4	1.828×10^3	12.587	4	0.013	C10.6	1.984×10^3	61.925	8	0.000
dis2	1.846×10^3	30.646	4	0.000	age	1.935×10^3	13.267	2	0.001
C8	1.836×10^3	20.281	8	0.009	dis2	1.941×10^3	19.513	4	0.001
					C8	1.942×10^3	20.513	8	0.009

二、个体特征:年龄、婚姻、受教育程度的不同影响

个体特征对社会公众助残意愿的影响主要体现在以下 3 个方面。

一是性别和户口性质均未能进入无条件助残意愿和有条件助残意愿的模型。因此,其对社会公众无条件助残意愿和有条件助残意愿都没有显著影响。

二是年龄和婚姻状况未能进入无条件助残意愿模型。说明其对社会公众无条件助残意愿没有显著影响。但其进入有条件助残模型,说明年龄和婚姻状况对社会公众有条件助残意愿具有重要影响。模型9和模型10中,年龄的系数为正,并且均在0.01的显著性水平下显著,说明年龄对社会公众有条件助残意愿具有显著影响。随着年龄的增加,社会公众对成为活动志愿者以帮助参加各类活动的残疾人的意愿也随之显著降低,即年龄的增加,会促使社会公众有条件助残意愿显著降低。同时,婚姻状况的系数在模型10中为0.559,在0.05的显著性水平下显著,说明婚姻状况对社会公众有条件助残意愿具有显著影响。

三是受教育程度均进入以下几个模型,其在4个模型中的绝大多数系数均显著,而且系数值为负。比如,模型10中,"初中及以下""高中""大专""本科"的系数值分别为2.524、2.741、2.309、2.038,均在0.01的显著性水平下显著;而且其OR值均较大。说明受教育程度对社会公众助残意愿具有显著影响。随着受教育程度的提高,社会公众的"为贫困残疾人捐款捐物"等无条件助残意愿,和"成为活动志愿者,为参加各类活动的残疾人提供帮助"等有条件助残意愿均会显著提高。因而,受教育程度对社会公众的无条件助残意愿和有条件助残意愿都具有显著的正向影响,提高社会公众的受教育程度,能够有效提高社会公众的助残意愿。

由此可见,个体特征中的受教育程度对社会公众的无条件助残意愿和有条件助残意愿均具有显著的正向影响。年龄对社会公众的有条件助残意愿具有显著的反向影响。婚姻状况对社会公众有条件助残意愿也具有重要影响。性别和户口性质则对社会公众助残意愿没有显著影响。

三、家庭特征：人口构成的重要影响

在家庭特征中，家庭人均月收入未能进入无条件助残意愿模型，而且，其在有条件助残意愿模型9和10中的系数为0，尽管模型10的系数在0.05的显著性水平下显著。说明家庭人均月收入等家庭经济因素对社会公众助残意愿没有显著影响，家庭经济因素并不是影响社会公众助残意愿的重要因素。

然而，家庭中是否有残疾人等家庭人口构成因素却对家庭成员的助残意愿具有重要影响。4个模型中的"家庭中是否有残疾人"的系数均为正，而且，均在各个显著性水平下显著。比如，模型8中的系数为0.536，其在0.01的显著性水平下显著，其OR值为1.709。可见，家庭中是否有残疾人对社会公众的助残意愿具有显著影响。家庭中有残疾人，能够显著提高家庭成员的"为贫困残疾人捐款捐物"等无条件助残意愿和"成为活动志愿者，为参加各类活动的残疾人提供帮助"等有条件助残意愿。由此可见，残疾人对家庭成员的助残意愿具有显著的正向促进作用。

因此，家庭特征中，家庭人均月收入等家庭经济因素对社会公众助残意愿没有显著影响。但家庭中是否有残疾人等家庭人口构成因素却会显著影响社会公众的无条件助残意愿和有条件助残意愿。

四、残疾议题关注度：媒体传播的有限作用

在残疾议题关注度的相关因素方面，其对社会公众助残意愿的影响

较为有限,主要体现在以下两个方面。

一方面,"日常生活中能够见到残疾人的频繁程度"未能进入模型7和模型8。说明其对社会公众的"为贫困残疾人捐款捐物"等无条件助残意愿没有显著影响。然而,其在模型9中的两个系数在0.1的显著性水平下不显著;在模型10中,只有系数"较少"在0.1的显著性水平下显著。而且,其系数值为-0.351,其值为负,说明日常生活能够见到残疾人的频繁程度会对社会公众的有条件助残意愿产生一定的反向作用。但总的来说,"日常生活中能够见到残疾人的频繁程度"等因素对社会公众助残意愿的影响较为有限。

另一方面,"残疾人相关新闻报道收看情况"未能进入模型9和模型10。说明其对社会公众的"成为活动志愿者,为参加各类活动的残疾人提供帮助"等有条件助残意愿没有显著影响。该指标在模型1和模型8这两个模型中的"系数较少"的值均为正,并在0.1的显著性水平下显著,说明收看残疾人相关新闻报道的情况对社会公众无条件助残意愿具有重要影响。但这两个模型中系数"一般"的值为负,而且在0.1的水平下不显著,说明相关新闻报道对促进社会公众无条件助残意愿的作用也是较为有限的。由此可见,"残疾人相关新闻报道收看情况"尽管对社会公众的"为贫困残疾人捐款捐物"等无条件助残意愿具有一定的促进作用,但其作用较为有限。而且,其对社会公众有条件助残意愿的影响不显著。所以,"残疾人相关新闻报道收看情况"对社会公众助残意愿的促进作用较为有限,各种媒体有关残疾人相关议题的传播未能充分发挥提高社会公众助残意愿的作用。

总之,"日常生活中能够见到残疾人的频繁程度"和"残疾人相关新闻报道收看情况"等残疾议题关注度均对社会公众助残意愿的影响较为有限。在信息时代的今天,媒体传播未能发挥提高社会公众助残意愿的积极作用。

表5-12 社会公众无条件助残意愿影响因素无序多分类 Logistic 回归模型

类别	调查内容	模型7(一般/十分乐意)			模型8(愿意/十分乐意)		
		B	显著性水平	Exp(B)	B	显著性水平	Exp(B)
	截距	-6.039***	<0.001		-2.752***	<0.001	
人口学特征	受教育程度(初中以下=0)	2.199**	0.045	9.019	1.948***	0.002	7.014
	高中	2.443**	0.027	11.503	2.004***	0.001	7.421
	大专	2.363**	0.033	10.626	1.701***	0.007	5.480
	本科	1.749	0.114	5.749	1.546**	0.013	4.692
	硕士及以上	0^b	.	.	0^b	.	.
家庭特征	家中是否有残疾人(没有=0)	0.433*	0.057	1.563	0.536***	0.007	1.709
	有	0^b	.	.	0^b	.	.
残疾议题关注度	残疾人相关新闻收看情况(较少=0)	0.604*	0.055	1.829	0.421*	0.071	1.517
	一般	-0.105	0.718	0.900	-0.041	0.852	0.960
	较多	0^b	.	.	0^b	.	.
志愿和助残经历	志愿者经历(从来没有=0)	-0.522	0.202	0.594	-0.347	0.278	0.707
	几乎没有	-0.505	0.200	0.603	-0.241	0.421	0.786
	偶尔参加	0.700*	0.054	2.014	0.626**	0.027	1.870
	较少参加	-0.395	0.359	0.674	-0.062	0.844	0.940
	经常参加	0^b	.	.	0^b	.	.
	助残志愿者经历(从来没有=0)	3.327***	<0.001	27.865	1.348***	<0.001	3.850

续　表

类别	调查内容	模型 7(一般/十分乐意)			模型 8(愿意/十分乐意)		
		B	显著性水平	Exp(B)	B	显著性水平	Exp(B)
志愿和助残经历	几乎没有	2.930***	<0.001	18.730	1.068***	0.002	2.909
	偶尔参加	2.548***	<0.001	12.776	1.142***	<0.001	3.132
	较少参加	1.927***	0.005	6.868	0.475	0.140	1.607
	经常参加	0^b	.	.	0^b	.	.
残疾人基本状况认知程度	天津站无障碍通道(不知道=0)	0.481*	0.081	1.617	0.574**	0.011	1.776
	知道	0^b	.	.	0^b	.	.
新残疾人观的接纳程度	新残疾人观的具体内容(不同意=0)	1.051***	<0.001	2.860	0.615***	0.004	1.849
	一般	0.484*	0.069	1.623	0.779***	<0.001	2.180
	同意	0^b	.	.	0^b	.	.
	新残疾人观的核心要义(不同意)	0.841***	0.002	2.320	0.420***	0.055	1.522
	一般	0.330	0.209	1.392	−0.093	0.641	0.911
	同意	0^b	.	.	0^b	.	.

注：＊＊＊表示 $p<0.01$，＊＊表示 $p<0.05$，＊表示 $p<0.1$。

五、助残志愿经历：身体力行的显著作用

志愿者经历和助残志愿者经历两个指标都进入 4 个模型，其对社会公众助残意愿具有重要意义。但是，实际上，志愿者经历和助残志愿者经

历对社会公众助残意愿的影响作用也有所不同。

一方面,在4个模型中,志愿者经历仅仅有少数几个指标的系数显著。比如,在模型8中,只有"偶尔参加"的系数在0.05的显著性水平下显著,取值为0.626;在模型9中,只有"几乎没有"的系数在0.1的显著性水平下显著。由此可知,志愿者经历对社会公众助残意愿的影响较为有限。而且,在同一模型中,其系数值有正有负,其对社会公众助残意愿的影响方向也是不一样的。因此,志愿者经历对社会公众的无条件助残意愿和有条件助残意愿的影响较为有限,而且其不具有一致性的正向作用。

另一方面,社会公众的助残志愿者经历却对其助残意愿具有显著的影响。在4个模型中,几乎所有系数均在0.01的显著性水平下显著。在模型7中,"从来没有""几乎没有""偶尔参加""较少参加"的系数分别为3.327、2.930、2.549、1.927,均在0.01的显著性水平显著;而且各个系数的OR值也较大,系数"从来没有"的OR值高达27.865。尽管模型8中的各系数相对小一些,除了"较少参加"的系数在0.1的显著性水平下不显著外,群体各个系数均在0.01的显著性水平下显著。说明助残志愿者经历对社会公众的"为贫困残疾人捐款捐物"等无条件助残意愿具有显著的影响。随着助残志愿者经历的增加,社会公众无条件助残意愿也会随之显著提高。

模型9和模型10中,助残志愿者经历的所有系数均在0.01的显著性水平下显著,各系数值均大于1。比如,模型9中,"从来没有""几乎没有""偶尔参加""较少参加"的系数值分别为3.968、2.781、2.289、1.562,其OR值分别为22.145、16.124、9.869、4.766。可见助残志愿者经历对社会公众的有条件助残意愿具有显著影响。随着助残志愿者经历的增加,社会公众的"成为活动志愿者,为参加各类活动的残疾人提供帮助"等有条件助残意愿也会显著提高。由此可见,助残志愿者经历对社会公众的无条件助残意愿和有条件助残意愿都具有十分显著的正向作用,造成这一现象的原因可能是助残经历的累积效应,实践反作用于意愿,促进社会公众助残意愿的提高,并进一步促进更多助残志愿者经历的实现。

由此可知,志愿者经历对社会公众助残意愿的影响较为有限。然而,助残志愿者经历对社会公众的无条件助残意愿和有条件助残意愿均具有十分显著的正向作用。这充分体现了助残经历的累积效应。因而,如何促使社会公众从无到有,迈出助残志愿经历的第一步,对于提高社会公众的助残意愿和助残经历具有十分重要的意义。

六、残疾人基本状况认知程度:无障碍认识的反常作用

代表残疾人基本状况的认知程度的 3 个指标,即"残疾人人数""中国残疾人保障法""天津站无障碍通道"均未能进入模型 9 和模型 10。说明社会公众对残疾人基本状况的认知程度,对其"成为活动志愿者,为参加各类活动的残疾人提供帮助"等有条件助残意愿没有显著的影响。

同时,"残疾人人数""中国残疾人保障法"两个指标也未能进入模型 7 和模型 8,说明其对社会公众的"为贫困残疾人捐款捐物"等无条件助残意愿也不存在显著影响。"天津站无障碍通道"的系数,模型 7 的系数在 0.1 的显著性水平下显著,而模型 8 的系数在 0.05 的显著性水平下显著。说明其对社会公众的无条件助残意愿具有显著影响。但是,令人意外的是,这两个模型中的系数均为正,说明无障碍环境建设的认知程度对社会公众的助残意愿起反向作用。即随着社会公众对无障碍环境建设认知程度的提高,其无条件助残意愿反而会显著降低,这一现象与常识不符。这可能是由于大部分社会公众对无障碍环境建设及相关内容缺乏足够的了解而造成的。

所以,社会公众对残疾人基本状况的认知程度,对其助残意愿的影响极为有限。虽然,无障碍环境建设的认知程度对社会公众无条件助残意

愿具有显著影响,但其作用为反向的,深层次的原因有待进一步研究。

七、新残疾人观的接纳程度:残障意识的关键影响

社会公众对残疾及相关议题的基本态度,也可能对其助残意愿产生影响。就新残疾人观的接纳程度而言,其对社会公众助残意愿的影响主要体现在以下两个方面。

一方面,新残疾人观的具体内容的接纳程度,对社会公众助残意愿具有显著的影响。新残疾人观的具体内容,均进入4个模型,而且所有系数均显著。比如,模型8中,"不同意""一般"的系数分别为0.615、0.779,都在0.01的显著性水平下显著。而且其OR值也较大,分别为1.849和2.180。可见,新残疾人观的具体内容的接纳程度,对社会公众的"为贫困残疾人捐款捐物"等无条件助残意愿具有显著影响。随着社会公众对新残疾人观的具体内容的接纳程度的提高,其无条件助残意愿也会显著提高。再如,模型9中,"不同意"、"一般"的系数分别为0.875、0.811,都在0.01的显著性水平下显著。而且其OR值也较大。即新残疾人观的具体内容的接纳程度,对社会公众的"成为活动志愿者,为参加各种活动的残疾人提供帮助"等有条件助残意愿也具有显著的正向影响。因此,新残疾人观的具体内容的接纳程度,对社会公众助残意愿具有显著的正向作用。随着社会公众对新残疾人观的具体内容的接纳程度的提高,其助残意愿也会显著提高。

另一方面,社会公众对新残疾人观的核心要义的接纳程度,对其助残意愿的影响则较小一些。其未能进入模型9和模型10,说明有关新残疾人观的核心要义的接纳程度,对社会公众有条件助残意愿没有显著影响。尽管新残疾人观的核心要义进入模型7和模型8,其"不同意"的系数在0.01的显著性水平下显著,其值为正。但其两个模型中的系数"一般"均在 0.1 的显著性水平下不显著。说明新残疾人观的核心要义的接纳程度对社会公众无条件助残意愿的影响也作用有限。可见,新残疾人观的核心要义的接纳程度,对社会公众有条件助残意愿没有显著影响,而对社会公众的无条件助残意愿的影响也作用有限。

由此可见,新残疾人观的具体内容的接纳程度,对社会公众无条件助残意愿和有条件助残意愿均具有显著的正向影响。新残疾人观的核心要义对社会公众的助残意愿的影响则较为有限。

表 5-13 社会公众有条件助残意愿影响因素无序多分类 Logistic 回归模型

类别	调查内容	模型 9(一般/十分乐意)			模型 10(愿意/十分乐意)		
		B	显著性水平	Exp(B)	B	显著性水平	Exp(B)
截距		-5.523^{***}	<0.001		-5.065^{***}	<0.001	
人口学特征	年龄	0.018^{**}	0.022	1.018	0.025^{***}	<0.001	1.025
	受教育程度(初中以下=0)	1.518^{**}	0.039	4.561	2.524^{***}	0.001	12.474
	高中	1.724^{**}	0.020	5.606	2.741^{***}	0.001	15.505
	大专	1.388^{*}	0.058	4.006	2.309^{***}	0.003	10.067
	本科	0.928	0.193	2.530	2.038^{***}	0.008	7.677
	硕士及以上	0^b	.	.	0^b	.	.
	婚姻状况(未婚=0)	-0.006	0.983	0.994	0.559^{**}	0.016	1.748
	已婚	0^b	.	.	0^b	.	.
家庭特征	家中是否有残疾人(没有=0)	0.543^{**}	0.027	1.721	0.688^{***}	0.002	1.989
	有	0^b	.	.	0^b	.	.
	家庭人均月收入	<0.001	0.101	1.000	$<0.001^{**}$	0.036	1.000

续 表

类别	调查内容	模型 9(一般/十分乐意)			模型 10(愿意/十分乐意)		
		B	显著性水平	Exp(B)	B	显著性水平	Exp(B)
残疾议题关注度	生活中见到残疾人的频繁程度(较少=0)	−0.029	0.901	0.972	−0.351*	0.091	0.704
	一般	0.422	0.191	1.525	−0.094	0.755	0.910
	较多	0^b	.	.	0^b	.	.
志愿和助残经历	志愿者经历(从来没有=0)	0.125	0.746	1.133	−0.226	0.509	0.798
	几乎没有	0.643*	0.389	1.902	0.103	0.757	1.109
	偶尔参加	0.502	0.158	1.651	0.602**	0.041	1.826
	较少参加	−0.196	0.624	0.822	−0.165	0.619	0.848
	经常参加	0^b	.	.	0^b	.	.
	助残志愿者经历(从来没有=0)	3.098***	<0.001	22.145	1.697***	<0.001	5.456
	几乎没有	2.781***	<0.001	16.134	1.361***	<0.001	3.898
	偶尔参加	2.289***	<0.001	9.869	1.606***	<0.001	4.983
	较少参加	1.562***	0.003	4.766	1.009***	0.002	2.743
	经常参加	0^b	.	.	0^b	.	.
新残疾人观的接纳程度	新残疾人观的具体内容(不同意=0)	0.875***	0.001	2.398	0.536**	0.018	1.710
	一般	0.811***	0.001	2.251	0.726***	0.001	2.066
	同意	0^b	.	.	0^b	.	.

注：*** 表示 $p<0.01$，** 表示 $p<0.05$，* 表示 $p<0.1$。

第四节　残疾人生活的观念环境影响因素对比分析

综合以上分析结果,可将影响社会公众对残疾人基本状况的认知态度、新残疾人观的接纳程度以及助残意愿的影响因素进行汇总和归纳,见表 5-14。

表 5-14 残疾人生活的观念环境的影响因素汇总

类别	调查内容	残疾人基本状况认知程度			新残疾人观的接纳程度		助残意愿	
		残疾人概况	社会政策	无障碍环境	具体内容	核心要义	无条件助残意愿	有条件意愿
人口学特征	年龄	反向	反向	反向				正向
	户口性质	正向	正向					
	受教育程度	正向	正向	正向	正向	正向	正向	正向
家庭特征	家庭中是否有残疾人				正向		正向	正向
残疾议题关注度	生活中见到残疾人频繁程度				正向			正向
	收看残疾人相关新闻情况	正向	正向	正向			正向	
助残和志愿经历	志愿者经历	正向	正向	正向				
	是否曾经帮助过残疾人				正向	正向		
	助残志愿者经历	正向	正向	正向	正向		正向	正向
残疾人基本状况认知程度	残疾人人数				正向	正向		
	天津站无障碍通道				反向		正向	

续 表

类 别	调查内容	残疾人基本状况认知程度			新残疾人观的接纳程度		助残意愿	
		残疾人概况	社会政策	无障碍环境	具体内容	核心要义	无条件助残意愿	有条件意愿
新残疾人观的接纳程度	新残疾人观的具体内容						正向	正向
	新残疾人观的核心要义						正向	

注：正向表示为具有显著的正向影响，同理，反向表示具有显著反向影响。

总体而言，可以将影响残疾人生活的观念环境的影响因素归结为以下几个方面。

一、人口学特征的影响差异

就社会公众的个体人口学特征来说，性别和婚姻状况对社会公众关于残疾人基本状况的认知程度、残疾相关议题的基本态度和助残意愿均没有显著影响。受教育程度在各个模型的系数均显著，对社会公众关于残疾人概况、残疾人社会政策、无障碍环境建设等残疾人基本状况的认知程度，对残疾及相关议题和新残疾人观的接纳程度，对其无条件助残意愿和有条件助残意愿等助残意愿均具有显著的正向影响。即随着受教育程度的提高，社会公众对残疾人基本状况的认知程度、对新残疾人观的具体内容和核心要义的接纳程度以及其助残意愿等均会显著提高，因此，提高社会公众的受教育程度，以及在各受教育阶段采取有效措施，对进一步改善残疾人生活的观念环境具有极其重要的意义。

而社会公众的年龄和户口性质即对残疾人生活的观念环境具有某些

具体影响。就户口性质而言,其对社会公众关于残疾人概况、残疾人社会政策、无障碍环境建设等基本状况的认知程度具有显著的反向影响,则随着年龄的增长,社会公众对残疾人基本状况的认知程度会显著降低,青少年等年轻人对残疾人基本状况的认知程度显著高于中老年人。而年龄对社会公众的有条件助残意愿具有显著的正向影响,则随着年龄的增长,社会公众的有条件助残意愿会显著提高。由此可知,如何提高中老年人等群体对残疾人基本状况的了解和认知程度,以及提高中青年等年轻人的有条件助残意愿,对改善残疾人生活的观念环境具有重要的作用。

同时,户口性质仅仅对社会公众关于残疾人概况、残疾人社会政策等残疾人基本状况的认知程度具有显著影响,即非农业户口社会公众对残疾人概况和残疾人社会政策的认知程度显著高于农业户口社会公众。因而,采取相关措施提高农业户口社会公众关于残疾人基本状况的了解程度,对改善残疾人生活的观念环境具有重要意义。

二、家庭特征的影响差异

从家庭特征来看,家庭人均月收入等家庭经济因素对残疾人生活的观念环境的影响极为有限。家庭中是否有残疾人等家庭人口结构因素对社会公众关于新残疾人观的接纳程度以及其助残意愿具有显著的影响。家庭中有残疾人,会促使家庭成员对新残疾人观的具体内容的接纳程度显著提高,也会促进家庭成员的无条件助残意愿和有条件助残意愿显著提高。可见,家庭中有残疾人对家庭成员的观念和助残意愿等具有重要影响,因此,如何促使残疾人及其家庭影响周围社会公众,提高周围社会公众关于残疾人基本状况的认知程度、新残疾人观的接纳程度、助残意愿等是值得进一步探讨的重要议题。

三、残疾议题受关注度的影响差异

就社会公众对残疾人及其状况的关注度来看,其对残疾人生活的观念环境具有重要的影响。日常生活中能够见到残疾人的频繁程度对社会公众关于新残疾人观的具体内容的接纳程度、有条件助残意愿具有显著的正向影响。即随着社会公众在日常生活中见到残疾人频繁程度的提高,社会公众对新残疾人观的具体内容的接纳程度会随之显著提高,其有条件助残意愿也会随之显著提高。而对残疾人相关新闻的收看情况,其对社会公众关于残疾人概况、残疾人社会政策、无障碍环境建设等残疾人基本状况的认知程度具有显著影响,同时其对社会公众无条件助残意愿也具有显著的正向影响。则随着对残疾人相关新闻收看频率的增加,社会公众对残疾人基本状况的认知程度和其无条件助残意愿均会显著提高。

然而,值得注意的是,对残疾人相关新闻报道的收看频率的提高,并未能对社会公众对新残疾人观的具体内容和新残疾人观的核心要义等内容的接纳程度产生显著影响,也未能对社会公众有条件助残意愿产生显著影响,其背后的原因值得思考。在信息时代的今天,如何发挥报纸、电视、广播、网络、微信、微博等多种媒介对残疾人相关基本状况、新残疾人观等相关内容的传播和普及作用,以增进社会公众对残疾人基本状况的认知程度、提高社会公众对新残疾人观相关内容的接纳程度、提高社会公众助残意愿等,是改善残疾人生活的观念环境的重要方面。

四、志愿和助残经历的影响差异

志愿者经历对社会公众关于残疾人概况、残疾人社会政策、无障碍环境建设等残疾人基本状况的认知程度具有显著的正向影响。是否曾经帮助过残疾人,对社会公众关于新残疾人观的具体内容、新残疾人观的核心要义的接纳程度也具有显著的正向影响。即相对于没有帮助过残疾人的社会公众而言,曾经帮助过残疾人的社会公众对新残疾人观的接纳程度会显著提高。而且,助残志愿者经历,对社会公众关于残疾人基本状况的认知程度,新残疾人观的具体内容的接纳程度、无条件助残意愿和有条件助残意愿等均具有显著的正向影响。则随着助残志愿者经历的增加,社会公众对残疾人基本状况的认知程度、新残疾人观的具体内容的接纳程度以及其助残意愿均会随之显著提高。因此,采取相关措施,吸引和鼓励社会公众积极参加各种助残活动,甚至促使社会公众积极成为各类助残志愿者等对改善残疾人生活的观念环境至关重要。

五、残疾人基本状况认知程度的影响比较

关于残疾人基本状况的认知程度,其对社会公众关于新残疾人观的接纳程度和助残意愿具有重要影响,主要体现在以下两个方面。

一方面,对残疾人社会政策的认知程度并不会对社会公众关于新残疾人观的接纳程度和助残意愿产生显著影响。而且,无障碍环境建设的认知程度,对社会公众关于新残疾人观的具体内容的接纳程度的影响方向为反向,但对社会公众无条件助残意愿具有显著的正向影响,其结果存在矛盾性。

另一方面,关于残疾人概况的认知程度,对社会公众的助残意愿没有显著影响,但其对社会公众关于新残疾人观的具体内容、新残疾人观的核心要义的接纳程度具有显著的正向影响。随着社会公众对残疾人概况的认知程度的提高,其对新残疾人观的接纳程度也会随之显著提高。由此可见,有关残疾人基本状况的认知程度,对社会公众关于新残疾人观的接

纳程度及其助残意愿的影响较为有限,这可能是由于社会公众对残疾人基本状况的认知程度普遍较低所导致的,因此,如何增进社会公众对残疾人基本状况的了解,并促进其对新残疾人观的接纳和提高其助残意愿,其中的影响机制等有待进一步的深入研究。

六、新残疾人观接纳程度的影响汇总

新残疾人观的接纳程度,对社会公众助残意愿具有显著的影响。新残疾人观的具体内容的接纳程度,对社会公众无条件助残意愿和有条件助残意愿均具有显著的正向影响;而新残疾人观的核心要义的接纳程度,仅对社会公众无条件助残意愿具有显著影响。可见,随着社会公众对新残疾人观的具体内容、新残疾人观的核心要义的接纳程度的提高,其无条件助残意愿也会显著提高;而随着其对新残疾人观的具体内容的接纳程度的提高,社会公众有条件助残意愿也会显著提高。可见,提高社会公众对新残疾人观的接纳程度,会显著提高其助残意愿。因此,采取必要措施,多渠道促进社会公众对新残疾人观的接纳,有利于提高社会公众的助残意愿,从而改善残疾人生活的观念环境。

总体而言,影响残疾人生活的观念环境的因素是复杂的,涉及人口学特征、家庭特征、残疾议题关注度、志愿和助残经历、残疾人基本状况认知程度、残疾及相关议题的基本态度等。所以,必须根据实际情况和现实需要,采取有针对性措施以改善残疾人生活的观念环境,为残疾人的生存发展和我国残疾人事业的发展营造良好的社会环境。

第六章 ｜ 政策意涵及改善建议

- 第一节　总体规划，将改善观念环境纳入残疾人事业发展目标
- 第二节　纳入残障议题通识教学内容，提高各受教育阶段学生的残障意识
- 第三节　完善无障碍环境建设，增加残疾人能见度
- 第四节　提升媒体报道策略，充分发挥媒介传播作用
- 第五节　立足社区，多形式开展残健融合活动
- 第六节　多渠道宣传，逐步普及新残疾人观等内容
- 第七节　发挥专业人员的作用、助推观念环境改善

综合以上，可以看到，社会公众的助残意愿较高。然而，目前我国社会公众对残疾人概况、残疾人社会政策、无障碍环境建设等基本状况的认知程度普遍较低，大部分社会公众对这些内容知之甚少。同时，认为残疾是病态的、不正常的，残疾人是被动的、弱势的、隔离的等旧残疾人观的主要观念仍然深深植根于人们的脑海之中。尽管，联合国《残疾人权利公约》问世十年，但是，社会公众对基于权利模式新残疾人观的相关内容的接纳程度仍然较低，大部分社会公众对这些内容一无所知。可见，目前我国残疾人生活的观念环境有待进一步完善，以期为促进残疾人的生存发展和社会融入，以及促进我国残疾人事业的发展创造良好的外部环境。相关部门可以考虑从以下七个方面来制定相关措施，以进一步改善残疾人生活的观念环境。

第一节　总体规划，将改善观念环境纳入残疾人事业发展目标

党和政府在改善残疾人生活的社会环境方面发挥了巨大作用，然而，其重点主要是健全残疾人社会政策体系，以改善残疾人生活的政策环境；完善无障碍环境建设，以改善残疾人生活的外部物理环境；逐渐推行符合通用设计的信息无障碍标准，改善残疾人生活的信息环境等方面。改善残疾人生活的观念环境，仍然未能受到相关部门的重视。其重视程度不够，也会对残疾人生活的观念环境的改善产生消极影响。因此，为了有效地改善残疾人生活的观念环境，提高社会公众对残疾人基本状况等的认知程度，促进社会公众逐渐接纳新残疾人观的相关内容，并逐渐消除旧残

疾人观等对残疾人的观念排斥,党和各级政府应当将改善残疾人生活的观念环境作为未来残疾人事业和工作的重要内容,并将其纳入残疾人事业发展规划,出台具体的可操作性措施。

可以考虑由中国残疾人联合会牵头,会同民政部、人力资源社会保障部、卫生健康委、广电总局、铁道部等相关部门,组织有关专家对相关问题进行实地调研和深入研究,立足于目前我国残疾人生活的观念环境的具体实际情况,制定改善残疾人生活的观念环境的总体规划、指导原则以及具体实施办法,为地方政府制定更加具体的符合当地实际的执行措施提供参考和依据。并将其纳入我国残疾人事业发展规划,将其作为未来我国残疾人事业发展的重要部分,与推进无障碍环境建设等并重,鼓励地方政府将其纳入文化建设的重要内容等。可以考虑把普及以权利模式为基础的新残疾人观的相关内容作为主要目标,将提高社会公众对残疾人、残疾人概况、残疾人社会政策、无障碍环境建设等内容的认知程度作为重要内容,以提高社会公众的助残意愿为重要补充,制定科学的合理的改善残疾人生活的观念环境发展规划。

第二节 纳入残障议题通识教学内容,提高各受教育阶段学生的残障意识

与其他个体人口学特征显著不同的是,受教育程度对社会公众关于残疾人基本状况的认知程度、残疾相关议题的基本态度、助残意愿均具有显著影响,因此,提高社会公众的受教育程度,能够有效地提高社会公众关于残疾人概况、残疾人社会政策、无障碍环境建设等内容的认知程度,促进社会公众摒弃旧残疾人观并逐渐接受新残疾人观等相关观念,并且能够显著提高社会公众的助残意愿,因此,多渠道多形式地提高社会公众

的受教育水平和人力资本,可增进其对残疾人基本状况的认知程度,提高其对新残疾人观相关内容的接纳程度,并提高其助残意愿,因此具有极其重要的意义。一方面,相关部门可以根据社会公众受教育程度的现实情况及其对提升受教育程度的实际需求,通过与各个相关高等学校、职业技术学校等建立联合办学模式,为受教育水平为初中、中专、高中和高职等的社会公众提供继续教育、进修和学习的机会和平台,提升其受教育水平。同时,为受教育水平为大专、本科等社会公众提供在职教育等;另一方面,可以考虑通过政府购买服务等方式、以委托培养等多种模式,为有提升职业技能和技术水平意愿的社会公众提供必要的技能培训,大力提升其人力资本。

更加重要的是,应该在社会公众受教育的过程中,多渠道、多形式地提高其对残疾人基本状况和新残疾人观的相关内容的了解。可以考虑组织相关专家,对残疾和新残疾人观等相关议题进行深入研究,编辑《残障法》《残疾议题通识读本》等教材和读本,将残疾及相关内容纳入各教育阶段的通识教学内容当中。根据笔者了解,在国内,各教育阶段均没有涉及残疾及相关议题的教学内容。尽管一些学者已经编辑出版了《残疾人社会工作》等教材,但是,在实际中开设这些课程的高校并不多。即使是社会工作专业或者社会工作硕士(MSW)相关专业,开设残疾人社会工作课程的高校也较少。因此,为了提高各阶段受教育学生对残疾人基本状况、新残疾人观等相关内容的了解程度和接纳程度,教育部等相关部门可以考虑将残疾及相关议题等内容纳入教学内容范围,作为通识教学内容的重要组成部分。各个高等学校可以考虑将《残障法》《残疾人社会工作》等相关课程作为全校通识课、通选课、选修课等,促进大学生对残疾人及相关议题的了解,提高其助残意愿,为营造良好的社会环境添砖加瓦。

第三节 完善无障碍环境建设，增加残疾人能见度

研究发现，日常生活中社会公众见到残疾人的频繁程度，对其关于残疾人基本状况的认知程度、新残疾人观的核心要义的接纳程度、无条件助残意愿等均不具有显著的影响。然而，其却对社会公众关于新残疾人观的具体内容的接纳程度、有条件助残意愿具有显著的正向影响。随着社会公众在日常生活中见到残疾人频繁程度的提高，社会公众对新残疾人观的具体内容的接纳程度会随之显著提高，其有条件助残意愿也会随之显著提高。因此，采取相关措施，增进残疾人的出行和社会交往，增加社会公众见到残疾人的频繁程度，对改善残疾人生活的观念环境具有重要意义。

而无障碍环境设施，是残疾人出行和社会交往的不可或缺的环境条件，所以，必须改善无障碍环境，从而通过增加残疾人能见度以提高社会公众对新残疾人观的接纳程度和有条件助残意愿。就目前的实际情况而言，自《无障碍环境建设条例》颁布实施后，各省市也陆续制定了无障碍环境建设的具体办法和方案，无障碍环境建设的政策相对较为完善。然而，调查发现，现实中无障碍环境建设存在以下主要问题：一是社区中盲道、楼道斜坡、无障碍停车位等无障碍环境设施建设和改造工作有待进一步完善；二是马路盲道、公交车、人行道等公共交通无障碍设施仍然存在铺设不足和管理不善等问题；三是部分残疾人家庭中的无障碍环境设施仍然没有得到改善。这些问题严重制约了残疾人的出行、社会交往、社会融入等。所以，必须立足于社区，以改善社区无障碍环境为基础，加大财政投入，对各个社区盲道、楼道和门口坡道等进行全面改造，为残疾人走出家门，融入社区提供完善的物理条件。

同时，联合各个部门，根据城市的实际情况，对马路盲道、公交车、人

行道等相关无障碍环境设施进行改造和完善，并且加强对无障碍环境设施的管理和维护，为残疾人出行和回归社会提供良好的物理环境条件。以及完善大型商场、银行、医院、图书馆、博物馆等场馆及公园等景点的无障碍设施，为残疾人享有各项公共服务提供便利的无障碍条件，增强其社会融入感，促进残疾人回归社会。此外，到目前为止，仍然没有进行家庭无障碍环境改造的残疾人家庭提供改造服务，全面实现残疾人家庭无障碍环境改造和建设，为残疾人生活和出行提供最基础的无障碍环境条件。

总体而言，应该加大财政投入，以社区无障碍环境改造和建设为主体，以马路盲道、公交车、人行道等公共交通设施和银行、医院、大型商场、图书馆、博物馆、公园等景点等公共服务场所为重要内容，兼顾家庭无障碍基础设施改造，多渠道全面地完善无障碍环境建设，为残疾人出行、社会交往、社会参与、社会融合等提供基础的物理环境条件，增加残疾人能见度，从而提高社会公众对新残疾人观的具体内容的接纳程度，以及提高社会公众的有条件助残意愿，改善残疾人生活的观念环境。

第四节 提升媒体报道策略，充分发挥媒介传播作用

社会公众对残疾人相关新闻的收看情况，对其关于残疾人概况、残疾人社会政策、无障碍环境建设等残疾人基本状况的认知程度具有显著影响，同时其对社会公众无条件助残意愿也具有显著的正向影响。则随着对残疾人相关新闻收看频率的增加，社会公众对残疾人基本状况的认知程度和其无条件助残意愿均会显著提高。因此，增加残疾人相关新闻报道以及相关议题内容的报道，有利于提高社会公众对残疾人相关议题的

关注度,从而改善残疾人生活的观念环境。

然而,值得注意的是,对残疾人相关新闻报道的收看频率的提高,并未能对社会公众对新残疾人观的具体内容和新残疾人观的核心要义等内容的接纳程度产生显著影响,也未能对社会公众有条件助残意愿产生显著影响,究其原因,可能跟现行残疾人相关报道的特点有关。据一项由救助儿童会(Save the Children)等发布的《中国传统纸质媒介残障人教育报道的抽样调查与分析报告》显示,目前我国传统纸质媒介对残障人教育的相关内容报道较少,而且,大部分是从福利模式的视角来报道的,将残障人塑造成需要接受帮扶和帮助的弱势群体,或者是身残志坚的励志典型[1]。传统媒介从福利模式(医疗模式)的视角来报道残疾人及相关议题,容易使社会公众加深对旧残疾人观等内容的认知程度,不利于新残疾人观的具体内容和核心要义等内容的传播和普及。因此,在信息时代的今天,如何发挥报纸、杂志、电视、广播、网络、微信、微博等多种媒介对残疾人相关基本状况、新残疾人观等相关内容的传播和普及作用,以增进社会公众对残疾人基本状况的认知程度、提高社会公众对新残疾人观相关内容的接纳程度、提高社会公众助残意愿等,是改善残疾人生活的观念环境的重要方面。可以从以下3个方面来提升媒体报道策略,充分发挥媒体传播的正面作用。

一是普及对残障权利模式的认识。对相关媒体人员进行残疾福利模式和权利模式等相关内容的培训,增加他们对残障意识的了解,使媒体记者和编辑改变对残障相关问题的态度和看法。只关注残疾人的缺陷或把残疾人当作需要被"治愈"的人来对待的模式被称为残疾的医疗模式(福利模式),这种方式往往忽略了残疾人的能力。相比之下,社会模式(权利

---

[1] 救助儿童会等.中国传统纸质媒介残障人教育报道的抽样调查与分析报告[EB/OL].[2014-06-24]. http://www.savethechildren.org.cn/news/795.

模式)认为阻碍残疾人融入社会的障碍是由社会的组成和发展形式、对残疾人的态度和错误的认知以及残疾本身综合作用产生的。

因此,应该增进媒体人的残障权利意识,重点是提高媒体记者和编辑等相关人员的残障权利意识。可以从普及《残疾人权利公约》的相关内容入手,使媒体人员更加充分地认识到,残疾是一个逐渐变化的概念,残疾人是人类多样化的表现,是人类的一分子。必须保障残疾人不受歧视地充分享有一切人权和基本自由,禁止一切基于残疾的歧视。"基于残疾的歧视"是指基于残疾而作出的任何区别、排斥或限制,其目的或效果是在政治、经济、社会、文化、公民或任何其他领域,损害或取消在与其他人平等的基础上,对一切人权和基本自由的认可、享有或行使。基于残疾的歧视包括一切形式的歧视,如拒绝提供合理便利。

二是调整媒介报道的方法和策略。尽可能将有关残障议题的报道列入多种版面、多个频道节目的计划之中。目前有些媒介都是将残障议题报道放在公益版,意味着残障人群仅仅是被公益的对象,或是公益人士关心的议题。各个版面、频道及栏目的积极介入,将有利于消除社会隔离。尽可能多采用专题报道或专题采访的形式来进行残障议题的报道,一般来说,社会公众更加偏向于"听故事",专题采访与报道的故事性较强,增加了报道的可读性以及对受众的影响力。

有关残障议题报道的消息来源宜多元化。研究表明,目前消息主要来自政府机构。增加对残障人自助组织和残障人士的采访报道,使他们成为重要的消息来源。增加采访专家,以提供有关国际国内先进经验的信息,以及非残障人群和残障人群如何交流的信息,以使公众更能全面地了解残障议题。

三是扩展报道内容的范围和领域。目前有关残障议题的报道集中在健康或康复议题上。健康或康复固然重要,但集中在此议题上容易让公众认为残障仅仅是个人健康问题。应该促进媒体深入了解残障人群生活,扩展其报道内容。根据《残疾人权利公约》和《中华人民共和国残疾人保障法》,残障人士权利不仅包括健康权和生命权,还包括如下权利:自由与人身安全;免受暴力、剥削;身心完整;迁徙自由;残疾儿童出生登记;独立生活和融入社区;尽可能独立地享有个人行动能力;表达意见的自由和获得信息的机会(如以无障碍模式和适合不同类别残疾的技术,及时向残疾人提供公共信息,不再另外收费;在正式场合中允许和便利使用手语、盲文、辅助和替代性交流方式及残疾人选用的其他一切无障碍交流手段、方式和模式;鼓励包括互联网信息提供商在内的大众媒体向残疾人提供无障碍服务等);隐私权(在与其他人平等的基础上保护残疾人的个人、健康和康复资料的隐私);家庭受到尊重的权利(婚姻自由);接受包容性教育的权利和终身学习;参与政治和公共生活(确保投票程序、设施和材料适当、无障碍、易懂易用);参与文化生活、娱乐、休闲和体育活动等权利。这些权利的实施状况均可成为报道内容。

第五节 立足社区,多形式开展残健融合活动

研究发现,尽管志愿者经历对社会公众关于残疾人概况、残疾人社会政策、无障碍环境建设等残疾人基本状况的认知程度具有显著的正向影响。然而,对社会公众相关观念影响更大的是与残疾人的接触以及助残相关经历。是否曾经帮助过残疾人,对社会公众关于新残疾人观的具体内容、新残疾人观的核心要义的接纳程度具有显著的正向影响。相对于没有帮助过残疾人的社会公众而言,曾经帮助过残疾人的社会公众对新残疾人观的接纳程度会显著提高。而且,助残志愿者的经历对社会公众关于残疾人基本状况的认知程度、新残疾人观的具体内容的接纳程度、无条件助残意愿和有条件助残意愿等均具有显著的正向影响。随着助残志

愿者经历的增加,社会公众对残疾人基本状况的认知程度、新残疾人观的具体内容的接纳程度以及其助残意愿均会随之显著提高。因此,采取相关措施,增加社会公众与残疾人的接触程度,同时,吸引和鼓励社会公众积极参加各种助残活动,甚至促使社会公众积极成为各类助残志愿者等对改善残疾人生活的观念环境至关重要。

社区是影响残疾人生活的观念环境的基本单元,立足于社区可提高残疾人参与活动的便利性。因而,增加残疾人与社会公众的接触,以及开展各类助残活动等应当以社区为主体。具体可以考虑从以下3个方面多渠道、多形式地开展各类助残活动和残健共融活动。

一是以社区居民委员会(村民委员会)为基础,建立残疾人帮扶小组。让社区里面有服务和帮扶需求的残疾人及其家庭进行需求登记,包括需求内容、时间、方式等;然后,由社区居民委员会为基础的帮扶小组,组织社区内愿意为残疾人提供支持服务的社会公众,通过合理方式为有具体需求的残疾人及其家庭提供支持服务,在为残疾人及家庭提供帮助的同时,增进社会公众与残疾人及其家庭的接触和了解。

二是可以考虑以政府购买社会服务等方式,购买社区社会组织服务,或者委托社区居民委员会(村民委员会)等机构,定期在社区内开展一些以娱乐性质和欢快交流基调为主的残健融合活动,或者举办一些残疾学生和健全学生的交流和帮扶活动等。多渠道、多形式地举办各种残疾人交流和融合活动,增加残疾人走出家门的频率,使其逐渐回归社区和融入社区。同时,促进社区内残疾人及家庭与社区内居民的交流,增进彼此之间的了解和认识等。

三是以政府购买服务等方式,委托专业化的社工组织或者专业残障公益机构,以社区为单位,邀请相关专家为社区内的社会公众和残疾人家庭等,定期或者不定期地举办一些普及新残疾人观和权利模式等相关内容的培训活动,系统地普及残疾的权利模式、新残疾人观的具体内容和核心要义等相关内容,提高社会公众对新残疾人观的接纳程度,并逐渐摒弃旧残疾人观等陈腐落后的观念,从而改善社会公众对残疾及相关议题的基本态度等。

总而言之,立足于社区,多渠道、多形式地开展各种残健共融活动,促使残疾人积极走出家门,回归社区,融入社区,并促进残疾人和社区居民的相互接触和了解,进而提高社会公众对残疾人概况、残疾人社会政策、无障碍环境建设等残疾人基本状况的认知程度,提升社会公众对新残疾人观的接纳程度,并提高社会公众的助残意愿等,进而有效地改善残疾人生活的观念环境。

第六节 多渠道宣传,逐步普及新残疾人观等内容

从目前的情况来看,社会公众对新残疾人观的相关内容的接纳程度相当低。改善残疾人生活的观念环境的核心内容是增进社会公众逐步接纳新残疾人观的相关内容,从权利模式的视角来看待残疾及相关问题,并逐步摒弃旧残疾人观的相关观念。因此,必须多渠道宣传,普及新残疾人观的相关内容,逐渐促进社会公众对新残疾人观相关内容的接纳。

新残疾人观的接纳程度,对社会公众助残意愿具有显著的影响。新残疾人观的具体内容的接纳程度,对社会公众无条件助残意愿和有条件助残意愿均具有显著的正向影响;而新残疾人观的核心要义的接纳程度,只对社会公众无条件助残意愿具有显著影响。可见,随着社会公众对新残疾人观的具体内容、新残疾人观的核心要义的接纳程度的提高,其无条件助残意愿也会随之显著提高;随着其对新残疾人观的具体内容的接纳程度的提高,社会公众有条件助残意愿也会显著提高。因此,提高社会公

众对新残疾人观的接纳程度,会显著提高其助残意愿。所以,必须采取必要措施,多渠道促进社会公众对新残疾人观的接纳,从而提高社会公众的助残意愿,进而改善残疾人生活的观念环境。

而现实中,调查发现,近50%的社会公众能够清楚地知道,"♿"为残疾人专用设施标识,该比例远远高于社会公众对其他残疾人相关内容的认识。主要原因是,该标识在地铁、公交、停车场、残联、残疾人活动场所等地方较为多见,说明宣传等对增进社会公众对残疾人及其议题的认识,提高其助残意愿等具有重要意义。因此,可以通过多渠道宣传新残疾人观等相关内容,以提高社会公众的助残意识,改善残疾人生活的观念环境。

一是可以考虑与各大电视台和主要报刊等媒体合作,以奥运会、全国残疾人运动会等内容为引子,制作宣传现代文明残疾人观、普及残疾人法律知识、介绍残疾人运动会及其意义、挖掘残疾人成长故事和事迹、颂扬残疾人自强自立精神、助残故事及其光辉形象等相关专题片或者专题节目,以每周为周期,定期播出。同时,与中央人民广播电台中国之声、各省市人民广播电台等开展合作,定期广播残疾人及残疾人全国运动会的相关内容,以增进社会公众对残疾人及其生活、残疾人法律法规等内容的了解,并且提高其助残意愿等。

二是可以通过政府购买社会服务等方式,委托专业社会组织以社区为立足点,开展助残意识宣传、残健融合和交流等相关活动,促进社会公众健全人与残疾人的接触、交流以及了解。同时,逐渐增进社会公众对残疾人权利及其需求的了解,消除社会公众对残疾人的偏见和歧视,从而提高社会公众的残障意识以及助残意识。或者委托专业研究机构或相关社会组织等制作残疾人及相关法律法规知识的专题读本,无偿发送给所有社会公众,以增加其对残疾人相关议题的了解和关注,提高其助残意识等。

三是在地铁站、火车站、公交车站、各大机场、主要马路、普通高校和中小学校、医院、公园等场所悬挂宣传残疾人、全国残疾人运动会、残疾人法律法规、助残意识等相关内容的横幅和口号,张贴相关宣传画和海报等,或者在有电子显示屏的广场等公共场合不断播放相关标语等,在一切可以进行宣传的地方,全面宣传残疾人及全国运动会等内容,以提高市民对残疾人及运动会等内容的了解,从而逐步提高其助残意识。

四是与人民日报等国家级报纸和各地方相关报纸开展定期合作,通过纸质版报纸、官方网站、微博、微信等媒介定期报道残疾人及残疾人运动会等相关内容。并且可以采用举办残疾人事业发展和残疾人权益保护法律法规知识竞赛等方式普及相关知识,提升公民助残意愿。还可以鼓励各省级残疾人联合会以及各区县残疾人联合会开设微信公众号,或者残疾人运动会专题公众号等传播力度和范围较广的电子平台,每天推送残疾人议题的相关内容,以增加社会公众对残疾人的了解,提高社会公众的助残意识,从而为促进残疾人事业的发展营造良好的环境。

第七节 发挥专业人员的作用、助推观念环境改善

调查中发现,残疾人工作者、残疾人专职委员、残疾人社会工作者等相关专业人员对残疾人概况、残疾人社会政策、无障碍环境建设等残疾人基本状况的了解和认知程度较高,其对新残疾人观的具体内容和核心要义等相关内容的接纳程度也较高,助残意愿也相对较高。因此,其在改善残疾人生活的观念环境中应当发挥重要作用,并应该发挥专业性的优势和作用。一方面,应会同民政部门和社会工作协会等机构,积极开展对残疾人等专业社会工作者的残疾人基本状况、新残疾人观等相关知识的提

升培训，帮助专业社会工作者进一步熟练掌握相关的法规政策和服务残疾人的知识、方法和技巧；另一方面，社区社会工作者和在学校、医院等机构中的社会工作者应该将改善残疾人生活的观念环境等相关内容纳入其服务范围内，积极研究存在的问题，制定工作计划，协调相关部门推动改善残疾人生活的观念环境的相关工作，为其工作开展提供专业性知识帮助，并为有需要的残疾人提供专业性服务。

改善残疾人生活的观念环境，是改善残疾人生存和发展的社会环境的重要方面，其对促进我国残疾人发展和残疾人事业高质量发展具有重要意义。其涉及的内容众多，并且较为复杂，应当积极动员社会各方力量。残疾人联合会、民政部门等各有关部门应当密切配合，将其作为我国社会事业和残疾人事业的长期性工作，多渠道、多形式地改善我国残疾人的生活环境。

第七章　研究结论及未来展望

- 第一节　研究结论
- 第二节　研究创新点
- 第三节　研究不足及展望

第七章 | 研究结论及未来展望

本章对研究的结论进行简要归纳,以期更加简明扼要地呈现研究的主要内容和结论。并且对研究的创新点和不足进行总结,以期为未来进一步的深入研究提供参考。

第一节 研究结论

研究发现,目前我国社会公众对残疾人基本状况的认知程度普遍较低,大部分公众仍然从医疗模式的视角来看待残疾以及相关问题,旧残疾人观等陈腐观念仍然深深植根于人们的观念之中,严重制约了我国残疾人事业的发展。同时,社会公众的有条件助残意愿也有待进一步提高。因此,为了改善残疾人生活的观念环境,必须深入分析影响残疾人生活的观念环境的因素,以探索具体有效的措施和方法。

对残疾人生活的观念环境的区域差异分析发现,无论是城市还是农村,无论是市区还是近郊和郊区,即使居住在同一区县内,居住在不同社区(村)的社会公众对残疾人基本状况的认知程度、残疾人及其相关议题的基本态度以及助残意愿状况等方面都存在显著差异。因而,从居住和生活的区域来看,社区及其环境是影响残疾人生活的观念环境的基本单元。所以,如何立足于社区,考量社区及其环境等相关因素,是改善我国残疾人生活的观念环境的出发点和重要支点。

影响残疾人生活的观念环境的因素是较为复杂的。涉及人口学特征、家庭特征、残疾议题关注度、助残和志愿者经历、残疾人基本状况认知度、新残疾人观的接纳程度等方面。具体来说,个体特征中的受教育程度在各个模型的系数均显著,对社会公众关于残疾人概况、残疾人社会政策、无障碍环境建设等残疾人基本状况的认知程度,对残疾及相关议题和新残疾人观的接纳程度,对其无条件助残意愿和有条件助残意愿等助残意愿均具有显著的正向影响。户口性质对社会公众关于残疾人概况、残疾人社会政策、无障碍环境建设等基本状况的认知程度具有显著的反向影响。随着年龄的增长,社会公众对残疾人基本状况的认知程度会显著降低,中青年等年轻人对残疾人基本状况的认知程度显著高于中老年人。年龄对社会公众的有条件助残意愿具有显著的正向影响,随着年龄的增长,社会公众的有条件助残意愿会显著提高。

从家庭特征来看,家庭人均月收入等家庭经济因素对残疾人生活的观念环境的影响极为有限。而家庭中是否有残疾人等家庭人口结构因素对社会公众关于新残疾人观的接纳程度以及其助残意愿具有显著的影响。家庭中有残疾人,会促使家庭成员对新残疾人观的具体内容的接纳程度显著提高,也会促使家庭成员的无条件助残意愿和有条件助残意愿显著提高。

就社会公众对残疾人及其状况的关注度来看,其对残疾人生活的观念环境具有重要的影响。日常生活中能够见到残疾人的频繁程度对社会公众关于新残疾人观的具体内容的接纳程度、有条件助残意愿具有显著的正向影响。对残疾人相关新闻的收看情况,其对社会公众关于残疾人概况、残疾人社会政策、无障碍环境建设等残疾人基本状况的认知程度具有显著影响,同时其对社会公众无条件助残意愿也具有显著的正向影响。

志愿者经历对社会公众关于残疾人概况、残疾人社会政策、无障碍环境建设等残疾人基本状况的认知程度具有显著的正向影响。是否曾经帮助过残疾人,对社会公众关于新残疾人观的具体内容、新残疾人观的核心要义的接纳程度具有显著的正向影响。相对于没有帮助过残疾人的社会公众而言,曾经帮助过残疾人的社会公众对新残疾人观的接纳程度会显著提高。而且,助残志愿者的经历,对社会公众关于残疾人基本状况的认知程度、新残疾人观的具体内容的接纳程度、无条件助残意愿和有条件助残意愿等均具有显著的正向影响。

关于残疾人概况的认知程度,对社会公众的助残意愿没有显著影响,但对社会公众关于新残疾人观的具体内容、新残疾人观的核心要义的接纳程度具有显著的正向影响。随着社会公众对残疾人概况的认知程度提高,其对新残疾人观的接纳程度也随之显著提高。可见,对于残疾人基本状况的认知程度,对社会公众助残意愿的影响较为有限。

新残疾人观的接纳程度,对社会公众助残意愿具有显著的影响。新残疾人观具体内容的接纳程度,对社会公众无条件助残意愿和有条件助残意愿均具有显著的正向影响;而新残疾人观的核心要义的接纳程度,只对社会公众无条件助残意愿具有显著影响。可见,提高社会公众对新残疾人观的接纳程度,会显著提高其助残意愿。因此,采取必要措施,多渠道促进社会公众对新残疾人观的接纳,有利于提高社会公众的助残意愿,从而改善残疾人生活的观念环境。

基于上述分析,本书总体规划,并提出了改善残疾人生活的观念环境的对策建议,具体从以下 7 个方面展开:将改善观念环境纳入残疾人事业发展目标;纳入残障议题教学内容,提高各受教育阶段学生的意识;完善无障碍环境建设,增加残疾人能见度;提升媒体报道策略,充分发挥媒介传播作用;立足社区,多形式开展残健融合活动;多渠道宣传,逐步普及新残疾人观等内容;发挥专业人员的作用、助推残疾人生活的观念环境改善。

第二节 研究创新点

本研究首次尝试对残疾人生活的观念环境的基本状况、区域差异、影响因素以及完善对策等相关内容进行探索,文章的创新之处主要体现在以下4个方面。

一是从研究内容来看,文章的研究主题为残疾人生活的观念环境,文章尝试深入地对残疾人生活的观念环境的相关内容进行分析,为社会公众了解残疾人生活的观念环境以及相关部门制定政策提供了重要借鉴。残疾人生活的观念环境的相关内容是社会环境的重要部分,然而目前该相关研究主题的文献较少。本研究的尝试不但充实了我国残疾人生活的观念环境的研究材料,而且也拓展了目前我国残疾人相关研究的内容和领域,扩展了我国关于社会环境相关研究的范围。

二是从社会排斥理论视角出发,基于观念排斥是社会排斥的最基本的排斥理论基础,对残疾人生活的观念环境的相关内容进行研究,并从残疾人基本状况的认知程度、残疾及其相关议题的基本态度、社会公众的助残意愿3个方面搭建了残疾人生活的观念环境的分析框架。从权利模型的视角建立了相关评价体系,并对残疾人观念环境的相关内容进行了分析,对我国残疾人生活的观念环境的相关内容进行初步的体系性探索研究,其内容较为全面、框架较为完善,为后续进一步的研究奠定了重要基础,也为研究其他群体生活的观念环境的相关内容、基本框架、评价体系的建构等提供了重要参考。

三是基于天津市的问卷调查数据,运用均值分析、频数分析、交叉表分析等描述性统计分析方法对残疾人生活的观念环境的基本状况和主要特点进行了分析;运用聚类分析、单因素方差分析等方法对残疾人生活的观念环境的区域差异及重要特征进行了探索;并且运用二元logistic回归模型、有序多分类logistic回归模型、无序多分类Logistic回归模型等方法对残疾人生活的观念环境的影响因素进行研究。多种定量研究方法的综合运用,使得研究的深度有所拓展,研究结果可信度较高。从而也使得基于这些研究结果所提出的对策建议较为合理,能够为相关部门制定有效的措施提供重要参考。

四是从 7 个方面提出了改善残疾人生活的观念环境的对策建议,有宏观层面的建议,也有微观层面的具体建议。总的来说,这些对策建议可操作性较强,具有重要的实践指导意义和参考价值。

第三节　研究不足及展望

尽管已经尝试尽量将文章完善,但由于本研究是一次尝试性的研究,并受到研究资料不足、个人水平有限、投入时间相对较少等因素的影响,故仍然存在不少需要进一步完善的地方,主要体现在以下 3 个方面。

一是由于受已有参考文献相对较少,可借鉴的研究经验不多,以及作者理论水平欠缺等因素的限制,尽管文章构建了基本理论框架和评价体系,然而文章的理论框架可能仅仅能从某些方面来反映残疾人生活的观念环境,未能面面俱到,存在需要进一步完善的可能。由此也可能导致残疾人生活的观念环境的定量分析框架存在不够完善的地方,除了文章已经发现的影响残疾人生活的观念环境的相关因素外,可能存在其他的相关影响因素,即需要更多的测量指标。这些使得文章在研究内容方面有待进一步的探索。

二是研究所采取的调查数据主要来自天津市,其数据具有显著的地域色彩。由于天津市属于我国经济较为发达的直辖市,使得本文的研究可能仅仅反映经济发达地区的残疾人生活的观念环境的基本状况、区域差异、影响因素等相关内容,未能全面反映我国残疾人生活的观念环境的总体状况等,中西部等经济不发达地区的状况、东中西部的差异情况等相关内容有待进一步研究。期望未来有机会在我国全部范围内开展相关问卷调查,并对我国残疾人生活的观念环境的基本状况、地区差异、影响因素等内容进行更加全面的探索和研究。

三是研究采取的研究方法主要以均值分析、频数分析、交叉表分析、单因素方差分析、聚类分析、二元 logistic 回归模型、有序多分类 logistic 回归模型、无序多分类 logistic 回归模型等量化分析方法为主。尽管在问卷调查过程中,也对一些残疾人专职委员、社区委员会工作人员、社会工作者、社会公众等进行了个案访谈。但是,本研究在结合个案访谈资料进行质性分析方面笔墨较少,未能完全为定量分析提供充实的补充,使得研究的深度有待进一步加强,文章的充实性有所欠缺。

残疾人生活的观念环境,是残疾人生活的社会环境的重要方面,是我国残疾人生存和发展的重要因素,同时也是我国残疾人事业发展的关键领域。其内容较为丰富,影响因素较为复杂,此处难以穷尽,期待更多的研究者能够关注该领域,为残疾人的生存发展略尽绵薄之力。

参考文献

［1］阿马蒂亚·森,王燕燕.论社会排斥[J].经济社会体制比较,2005(3):1-7.
［2］本刊编辑部.残疾人与社会环境讨论会在京举行并发出倡议[J].建筑学报,1985(9):60.
［3］编辑部.雷毅:CAD软件发展,观念、环境、机制是关键[J].机械工业信息与网络,2008(6):36.
［4］曹慧,周俭初.南京民营企业发展的社会环境及其对策分析[J].南京社会科学,2005(增刊1):386-390.
［5］曹杨.社会排斥视角下的新生代农民工心理压力问题研究[J].安徽农业科学,2011(14):8757-8759.
［6］曾群,魏雁滨.失业与社会排斥:一个分析框架[J].社会学研究,2004(3):11-20.
［7］柴艳萍.社会环境对于名牌的影响[J].商业研究,2005(14):161-163.
［8］陈如,徐晶.社会环境对大学生入党动机的影响及对策[J].黑龙江高教研究,1996(6):88-90.
［9］陈世伟.反社会排斥:失地农民和谐就业的社会政策选择[J].求实,2007(3):92-94.
［10］陈哲力.社会环境对道德境界形成及变化的影响[J].社会科学战线,2009(5):273-274.
［11］程苏,刘璐,郑涌.社会排斥的研究范式与理论模型[J].心理科学进展,2011(6):905-915.
［12］邓大松,刘国磊.突破农民工医疗保险缺失困局——基于社会排斥理论的视阈[J].江汉论坛,2013(6):132-135.
［13］第二次全国残疾人抽样调查办公室.第二次全国残疾人抽样调查主要数据手册[M].北京:华夏出版社,2007:1-10
［14］丁开杰.西方社会排斥理论:四个基本问题[J].国外理论动态,2009(10):36-41.
［15］杜琳娜,胡琼海.民办教育法治化的观念环境问题探讨[J].辽宁教育研究,2005(1):

22-25.

[16] 樊丽明.市场、社会环境与税收调控[J].涉外税务,1999,(9):9-13.

[17] 冯志纯.现代汉语用法词典[M].成都:四川辞书出版社,2010:128.

[18] 凤凰网.庄陈有:香港历史上唯一一个盲人政务官[EB/OL].[2008-02-14]. http://phtv.ifeng.com/program/qqsrx/200802/0214_1649_399650.shtml.

[19] 傅家隽.治理外贸的观念环境与政策环境[J].中国经济问题,1989(4):28-30.

[20] 郭莉,汪浪,龚丹.基于更新教育观念环境下的外语教学改革[J].江西金融职工大学学报,2005(4):74-75.

[21] 海燕.为残疾人创造更公平社会环境[N].苏州日报,2013-12-03(A11).

[22] 韩德昌,王大海.人口统计特征、社会环境因素与中国大学生信用卡持有关系研究[J].上海金融,2007(11):79-83.

[23] 何洪泽.联大通过《残疾人权利公约》[N].人民日报,2006-12-15(3).

[24] 何绍辉.社会排斥视野下的农村青年婚配难解读:来自辽东南东村光棍现象的调查与思考[J].南方人口,2010(4):18-25.

[25] 何中华.试论人与社会环境及其关系[J].长白学刊,1999(5):40-45.

[26] 贺家红.社会环境对部队内部关系的影响及对策[J].军队政工理论研究,2007(1):91.

[27] 胡琼海.民办教育法治化观念环境研究[J].党史纵横,2003(11):43-46.

[28] 胡社荣.教育观念、环境与创造型人才成长[J].教育探索,2001(2):24-25.

[29] 黄佳豪.社会排斥视角下新生代农民工市民化问题研究[J].中国特色社会主义研究,2013(3):77-81.

[30] 记者.营造残疾人平等参与的社会环境[N].新华每日电讯,2008-03-29(1).

[31] 金炳华.马克思主义哲学大辞典[M].上海:上海辞书出版社,2003:216.

[32] 金少萍.生态和社会环境视阈下的傣族民族工艺[J].中南民族大学学报(人文社会科学版),2010(2):75-78.

[33] 救助儿童会等.中国传统纸质媒介残障人教育报道的抽样调查与分析报告[EN/OL].[2014-06-24].http://www.savethechildren.org.cn/news/795.

[34] 库少雄.人类行为与社会环境研究大纲[J].中国青年政治学院学报,2002(4):

105-109.

[35] 李斌.社会排斥理论与中国城市住房改革制度[J].社会科学研究,2002(3): 106-110.

[36] 李财富.档案事业与社会环境的关系[J].档案,1992(5):12-14.

[37] 李昌邦,陆志远,林虎,钟德辉.特区社会环境对大学生思想行为的影响:海南大学大学生调查结果分析[J].高等教育研究,1993(2):50-55.

[38] 李国红,楼超华,袁伟,高尔生.社会环境因素对妇女产后避孕的影响[J].中国公共卫生,1999(3):63-64.

[39] 李岚清.为青少年成长营造良好的社会环境[J].中国青年研究,2000(3):2.

[40] 李婉琳.论社会环境变迁对民族地区村民法律意识的影响:以法人类学为视角[J].思想战线,2010(1):139-140.

[41] 李彦和.再论经济发展的社会环境:我国经济高速发展原因探析[J].宁夏社会科学,2007(3):24-27.

[42] 李志明,徐悦.树立新型残疾人观,促进残疾人社会参与和融合[J].社会保障研究,2010(1):105-108.

[43] 联合国与残疾人权利公约.残疾人权利公约[EB/OL].[2017-03-20].http://www.un.org/chinese/disabilities/default.asp?navid=12&pid=714.

[44] 刘清泗.中国成人教育百科全书·地理·环境[M].海口:南海出版公司,1994:514.

[45] 林卡.论中国社会工作职业化发展的社会环境及其面临的问题[J].社会科学,2009(4):62-70.

[46] 刘昌明,王红瑞.浅析水资源与人口、经济和社会环境的关系[J].自然资源学报,2003(5):635-644.

[47] 刘建明.宣传舆论学大辞典[M].北京:经济日报出版社,1993:20.

[48] 刘琼莲.试论残疾人均等享有公共服务的社会环境[J].湘湖论坛,2014(4):106-114.

[49] 刘铁民,李雪.基于情理社会环境的组织内部关系网络特征及管理[J].中国人力资源开发,2008(2):16-19.

[50] 刘志春.残疾人平等参与社会的制度环境研究[J].山东行政学院学报,2012(5):30-33.

[51] 卢小驰.社会环境对高校教师科研创新能力的影响[J].江西教育科研,2007(6):69-70.

[52] 栾早春.论情报工作的社会功能和社会环境[J].情报科学,1982(1):24-27.

[53] 罗路.图书馆与其社会环境的因果关系[J].图书馆学研究,1983(6)147-148.

[54] 罗肇鸿,王怀宁.资本主义大辞典[M].北京:人民出版社,1995:1056.

[55] 马波米,哲韩雯.营造残疾人平等参与共享的社会环境实现残疾人事业与经济社会协调发展[N].天津日报,2013-07-24(1).

[56] 马长世.高校德育社会环境分析与整体性建构[J].探索,2008(6):123-125.

[57] 莫少群.风险社会环境下科学的社会责任问题研究[J].科技进步与对策,2008(12):197-200.

[58] 潘光莉.从社会排斥视角看残疾人的就业状况[J].贵州民族学院学报(哲学社会科学版),2007(2):39-42.

[59] 潘泽泉.中国城市流动人口的发展困境与社会风险:社会排斥与边缘化的生产和再生产[J].战略与管理,2004(1):87-91.

[60] 庞荣.社会排斥视角下贫困大学生就业歧视研究[J].中国青年研究,2013(5):20-23.

[61] 裴立新,武志峰,熊振强,王晔.社会主义初级阶段体育事业发展的经济、社会环境特征研究[J].天津体育学院学报,2000(4):1-6.

[62] 彭正霞,陆根书,康卉.个体和社会环境因素对大学生创业意向的影响[J].高等工程教育研究,2012(4):75-82.

[63] 全信子.韩国女性参政的社会环境浅析[J].当代亚太,2007(5):58-62.

[64] 人力资源社会保障部、卫生部关于修订《公务员录用体检通用标准(试行)》及《公务员录用体检操作手册(试行)》的通知[J].中国劳动,2010(4):62-63.

[65] 尚珂,梁土坤.按比例安排残疾人就业问题分析与思考[J].残疾人研究,2012(2):66-70.

[66] 尚珂,梁土坤.新形势下的中国残疾人就业问题研究[M].中国劳动社会保障出版

社,2011:105.

[67] 社会环境对大学生价值取向的影响[J].江苏高教 1996(1):85.

[68] 施学忠,李炽民.社会环境:心理因素对儿童少年智力发育的影响[J].国外医学(社会医学分册),1992(3):112-115.

[69] 宋光春,刘卫,刘瑛.社会环境因素对学生健康教育的影响[J].体育学刊,2002(4):86-89.

[70] 唐钧.社会政策的基本目标:从克服贫困到消除社会排斥[J].江苏社会科学,2002(3):41-47.

[71] 唐炎,周登嵩.体育教学社会环境的构成及其影响:关于体育教学的社会学分析[J].北京体育大学学报,2009(8):71-74.

[72] 万美容,杨昕.学校德育与社会环境矛盾关系之论析[J].中国教育学刊,2007(2):40-41.

[73] 王婧漪,付顺.中国当代科技发展所需社会环境之优化[J].宁夏大学学报(人文社会科学版),2010(2):194-196.

[74] 王向峰.文艺美学辞典[M].沈阳:辽宁大学出版社,1987:258.

[75] 王小云.新社会环境下的档案价值观嬗变:基于多学科视角的研究[J].档案学通讯,2013(2):28-31.

[76] 王晓刚,李金龙.普通高校体育教学社会环境的构成及其特点[J].成都体育学院学报,2008(6):80-82.

[77] 王晓华,马耀峰,李天顺.基于经济社会环境和谐发展的旅游学科核心体系的思考[J].旅游学刊,2009(8):17-23.

[78] 王峥嵘.为残疾人创造感受平等与尊严的社会环境[N].大理日报(汉),2007-05-17(A02).

[79] 卫淑霞,张宏华.循环经济发展的社会环境审视[J].理论探索,2010(2):88-90.

[80] 吴帆.认知、态度和社会环境:老年歧视的多维解构[J].人口研究,2008(4):57-65.

[81] 吴廷俊.互联网络成为大众传媒的社会环境[J].现代传播-北京广播学院学报,1998(2):7-11.

[82] 夏虹.创建舆论监督的良好社会环境[J].新闻界,1998(6):35.

[83] 向洪.国情教育大辞典[M].成都:成都科技大学出版社,1990:556.

[84] 项文荣.社会环境对军队思想政治教育的影响及对策探讨[J].南京政治学院学报,1996(3):89-90.

[85] 肖云,邹力.大学生就业社会排斥问题研究[J].中国青年研究,2009(7):80-83.

[86] 熊光清.欧洲的社会排斥理论与反社会排斥实践[J].国际论坛,2008(1):14-18+79.

[87] 杨德亮.牧区经济发展中的文化不适及社会环境问题:青海祁连畜牧业经济可持续发展的调研报告[J].北方民族大学学报(哲学社会科学版),2010(3):33-39.

[88] 杨风.城市农民工社会排斥问题研究[J].华东理工大学学报(社会科学版),2014(2):87-92.

[89] 杨菊华.社会排斥与青年乡:城流动人口经济融入的三重弱势[J].人口研究,2012(5):69-83.

[90] 杨燕翎.社会环境对作家创作的影响[J].新闻爱好者,2010(10):178-179.

[91] 姚进忠.农民工子女社会适应的社会工作介入探讨:基于生态系统理论的分析[J].北京科技大学学报(社会科学版),2010(1):22-27.

[92] 袁敬伟.人才市场建设中的社会环境创新[J].社会科学战线,2000(5):265-268.

[93] 张炳全.心理、生理、社会环境对青少年行为的影响:30例犯罪少年的调查分析[J].当代青年研究,1996(3):7-11.

[94] 张芳,刘艳虹.残疾人社会环境的调查研究:以河北省某市为例[J].中国特殊教育,2006(11):20-24.

[95] 张国忠.20年见证:从梦想到行动:《残疾人权利公约》开放签署仪式目击[J].中国残疾人,2007(5):21.

[96] 联合国经济和社会事务司.联合国《残疾人权利公约》导读[M].张国忠,译.北京:华夏出版社,2008:103.

[97] 张红.科技进步的社会环境和条件[J].中国软科学,1998(2):85-89.

[98] 张辉.企业家社会环境若干思考[J].暨南学报(哲学社会科学版),2002(4):54-56.

[99] 张建宁,何俊虎,沈信生,朱静华.社会环境对我国残疾人田径运动的影响[J].北京

参 考 文 献

体育大学学报,2002(6):737-739.

[100] 张建伟,胡隽.中国残疾人就业的成就、问题与促进措施[J].人口学刊,2008(2):49-52.

[101] 张劲松,杨玉芳,王秀玲.略论会计和当前社会环境的关系[J].商业研究,1999(4):50-51.

[102] 张文华.论高校思想政治教育社会环境的优化[J].教育理论与实践,2012(21):26-28.

[103] 张显富.努力营造良好的观念环境[J].四川党的建设(城市版),2002(1):5.

[104] 张学浪.转型期农村留守儿童发展问题的困境与突破:基于社会环境因素的理性思考[J].兰州学刊,2014(4):109-115.

[105] 张颖春.创新思维与社会环境的关系[J].未来与发展,2008(11):14-17.

[106] 中国残疾人联合会网站.2010年末全国残疾人总数及各类、不同残疾等级人数[EB/OL].[2012-06-26].http://www.cdpf.org.cn/sjzx/cjrgk/201206/t20120626_387581.shtml.

[107] 周林刚.社会排斥理论与残疾人问题研究[J].青年研究,2003(5):32-38.

[108] 朱家新,沈丽玲.对我国农村体育发展社会环境的理性分析[J].北京体育大学学报,2009(5):16-20.

[109] 卓彩琴,李颖奕.农村残疾人就业排斥及对策探讨:以广州市农村残疾人为例[J].改革与战略,2009(5):98-101.

[110] 左光霞,冯帮.社会排斥与流动人口子女的教育公平[J].现代教育科学,2009(6):5-7.

[111] 崔月犁.要重视发展残疾人的康复事业[J].医院管理,1984(6):3-4.

[112] 董兆文.我国各民族的残疾人状况[J].人口学刊,1990(6):26-27+16.

[113] 张再平.制定残疾人劳动保障条例刍议[J].政治与法律,1989(6):36-37.

[114] 张建伟,胡隽.中国残疾人就业的成就、问题与促进措施[J].人口学刊,2008(2):49-52.

[115] 许琳.残疾人就业难与残疾人就业促进政策的完善[J].西北大学学报(哲学社会科学版),2010,40(1):116-120.

[116] 王雪梅.残疾人就业问题与就业保障政策思考[J].北京行政学院学报,2006(2):67-70.

[117] 赖德胜,廖娟,刘伟.我国残疾人就业及其影响因素分析[J].中国人民大学学报,2008(1):10-15.

[118] 徐宁,李艳,李长安.我国残疾人灵活就业:现状、挑战与政策建议[J].残疾人研究,2023(1):79-86.

[119] 周沛.社会投资:残疾人辅助性就业服务的逻辑与效用[J].社会科学辑刊,2020(2):80-86+2.

[120] 唐钁.从就业能力角度探讨政府、企业和个人在残疾人就业中的作用[J].教学与研究,2008(3):59-64.

[121] 马滟宁.残疾人就业障碍及促进残疾人就业的路径选择:残障社会模式的视角[J].济南大学学报(社会科学版),2022,32(5):131-138.

[122] 杨立雄,郝玉玲.城镇残疾人就业:"问题"的转移与政策隐喻[J].西北大学学报(哲学社会科学版),2019,49(4):74-88.

[123] 祝萍.优势视角下残疾人劳动就业问题研究[J].东岳论丛,2014,35(5):55-59.

[124] 杨伟国,陈玉杰.美国残疾人就业政策的变迁[J].美国研究,2008(2):63-76+4.

[125] 杨伟国,代懋.中国残疾人就业政策的结构与扩展[J].学海,2007(4):48-55.

[126] 廖娟.残疾人就业政策效果评估:来自 CHIP 数据的经验证据[J].人口与经济,2015(2):68-77.

[127] 王健.残疾人按比例就业制度的国际比较观察与本土优化路径[J].残疾人研究,2024(1):87-96.

[128] 张蕾,张孝栋.残疾人就业统计指标体系构建:国际经验及对中国的启示[J].残疾人研究,2023(4):75-85.

[129] 吕学静,赵萌萌.经济增长对残疾人就业的影响分析[J].湖北社会科学,2012(4):85-88.

[130] 张琼,封世蓝,曹晖.中国最低工资调整与残疾人就业:基于县级邻近配对及个体追踪数据的经验证据与影响机制[J].经济学(季刊),2022,22(3):1061-1078.

[131] 肖日葵,郝玉玲.残疾人社会保障策略优化:弥合收入支持与就业融入的结构性张

力[J].南京社会科学,2022(2):71-79.

[132] 赵军利,陈功.人力资本与残疾人互联网就业质量[J].北京工商大学学报(社会科学版),2023,38(5):46-59.

[133] 廖娟.中国残疾人教育收益率研究[J].教育学报,2015,11(1):103-114.

[134] 刘璞.以基本权利功能理论完善我国残疾人教育法律制度[J].教育发展研究,2018,38(23):51-58.

[135] 彭霞光.保障所有残疾儿童的义务教育权利:《残疾人教育条例》解读[J].中国特殊教育,2017(6):13-17.

[136] 许巧仙,詹鹏.公平正义与弱有所扶:残疾人教育结构性困境及服务提升研究[J].中国行政管理,2018(11):68-72.

[137] 尹海洁.残疾人受教育状况及对其生存的影响[J].山东社会科学,2012(11):65-70.

[138] 汪斯斯,邢芸.人力资本视角下的残疾人教育成本和教育收益分析[J].中国特殊教育,2016(7):3-11.

[139] 陈颖.从应然到实然:残疾人受教育权保护之法律形塑[J].湖南师范大学教育科学学报,2016,15(5):97-102.

[140] 崔凤鸣.推动残疾人融合教育的几个关键问题[J].教育发展研究,2010,30(6):80-84.

[141] 王素芬,杨晓婷.论全纳教育赋能残疾人教育救助的法治路径[J].人权,2024(4):156-179.

[142] 庞文.我国残疾人融合教育的现状与发展研究[J].残疾人研究,2017(4):35-43.

[143] 贺祖斌,杨婷婷.残疾人高等教育发展的本土经验、实践困局及优化路径[J].社会科学家,2024(5):190-196.

[144] 张杨,佘丽.我国残疾人高等教育普通招生考试支持政策分析[J].中国特殊教育,2022(1):3-9.

[145] 李耘,王瑛,李坤.残疾人中等职业教育现状、问题与对策:基于2008—2013年的数据分析[J].中国特殊教育,2015(7):10-17.

[146] 刘璞,刘怡婷,麻敏洁,等.政府履行残疾人受教育权保障职责评估指标体系的构

建[J].中国特殊教育,2021(3):3-10.

[147] 庞文,于婷婷.论残疾人的教育增权[J].中国特殊教育,2011(7):8-12+43.

[148] 邓猛.社区融合理念下的残疾人康复服务模式探析[J].中国特殊教育,2005(8):23-27.

[149] 郭桐桐,张欣怡,嵇丽红,等.我国残疾人康复政策量化研究:基于政策建模一致性指数模型[J].中国康复理论与实践,2024,30(6):621-629.

[150] 孙树菡,毛艾琳.我国残疾人康复需求与供给研究[J].湖南师范大学社会科学学报,2009,38(1):5-11.

[151] 陶慧芬,江传曾,唐利娟.中国特色残疾人康复事业发展道路探析[J].残疾人研究,2018(2):21-29.

[152] 杨俊,庄为岛.社区和康复机构对残疾人事业影响的分析:基于残疾人"二抽"的数据[J].湖南师范大学社会科学学报,2009,38(1):18-21.

[153] 万国威.解析残疾人康复服务的区域差异:基于31个省区市的定量分析[J].青海社会科学,2012(1):135-139.

[154] 罗遐,卜普.农村残疾人接受康复治疗行为的影响因素研究[J].安徽大学学报(哲学社会科学版),2013,37(4):128-134.

[155] 王孝刚,温晋锋.论我国残疾人社区康复社会化发展的路径与策略[J].学海,2016(6):28-32.

[156] 密忠祥,张金明,程军,等.残疾人社区康复发展中关键问题的探讨[J].残疾人研究,2017(4):30-34.

[157] 吴军民.健康中国战略下农村残疾人社区康复服务的效能优化[J].社会科学家,2022(12):21-29.

[158] 周沛."+康复"残疾人精准扶贫模式及其运作路径研究:基于协同治理视角[J].社会科学研究,2017(3):97-103.

[159] 杨森,姚毓武.天津市残疾人体育现状及战略思考[J].天津体育学院学报,1992(4):76-80.

[160] 吴燕丹,王聪颖.资源配置视角下残疾人群众体育的现状、问题与对策[J].体育科学,2015,35(3):3-11.

参 考 文 献

[161] 杨立雄.残疾人体育参与的社会性障碍：基于社会—文化视角[J].上海体育学院学报,2022,46(3)：1-11.

[162] 金梅,常芙蓉.江苏省残疾人公共体育服务体系现状、经验及发展路径[J].体育文化导刊,2018(6)：63-67.

[163] 袁钢,孔维都.论我国残疾人体育权利的法律保障[J].人权,2022(4)：103-118.

[164] 张韬磊,吴燕丹.政府购买残疾人公共体育服务的实现路径研究[J].西安体育学院学报,2018,35(1)：48-55.

[165] 郑功成.残疾人社会保障：现状及发展思路[J].中国人民大学学报,2008(1)：2-9.

[166] 周沛.残疾人社会福利体系研究[J].江苏社会科学,2010(5)：27-32.

[167] 李迎生,孙平,张朝雄.中国残疾人社会保障制度现状及完善策略[J].河北学刊,2008(5)：7-13.

[168] 毛新志,李思雯.我国残疾人社会工作的伦理困境及其出路[J].武汉理工大学学报(社会科学版),2014,27(5)：741-746.

[169] 王安琪,彭建东,任鹏,等.轨道站点周边建成环境对残疾人出行行为的影响研究：以武汉市189个轨道站点为例[J].地理科学进展,2021,40(7)：1127-1140.

[170] Bridget K. Gorman, Rathi Asaithambi. Biology, Social Environment, and Health: How Family History and Social Conditions Affect Adult Asthma[J]. Social Science Quarterly, 2008, 893：156-163.

[171] Bohus B, Koolhaas J M, Heijnen C J, de Boer O. Immunological responses to social stress: dependence on social environment and coping abilities[J]. Neuropsychobiology, 1993, 281-2：101-108.

[172] Bosworth H B, Schaie K W. The relationship of social environment, social networks, and health outcomes in the Seattle Longitudinal Study: two analytical approaches[J]. The journals of gerontology. Series B, Psychological sciences and social sciences, 1997, 525：81-87.

[173] Denise Dellarosa Cummins. How the Social Environment Shaped the Evolution of Mind[J]. Synthese, 2000, 1221：527-532.

[174] F. M. Listengurt, V. V. Pokshishevskiy. Social development, urbanization and the environment[J]. GeoJournal, 1980, 41: 67-73.

[175] Faresjö T. Social environment and health-a social epidemiological frame of reference[J]. Scandinavian journal of primary health care, 1992, 102: 101-105.

[176] Galesic Mirta, Olsson Henrik, Rieskamp Jörg. Social sampling explains apparent biases in judgments of social environments[J]. Psychological Science, 2012, 2312: 132-139.

[177] Goldschmide. The influence of the social environment on the style of pathological illustration[J]. Journal of the History of Medicine and Allied Sciences, 1952, 73: 98-106.

[178] Harris Jennifer R. Genetics, social behaviors, social environments and aging[J]. Twin Research and Human Genetics, 2007, 10(2): 235-240.

[179] Hillab, Martinwj. Poliomyelitis and the social environment[J]. British medical journal, 1949, 24: 623.

[180] Hinklele, Wolffhg. Ecologic investigations of the relationship between illness, life experiences and the social environment[J]. Annals of Internal Medicine, 1958, 4: 96-102.

[181] J. E. Tiles. Mind, consciousness and the social environment: A reply to Biesta[J]. Studies in Philosophy and Education, 1996, 154: 65-73..

[182] Jane V. Wheeler. The impact of social environments on emotional, social, and cognitive competency development[J]. Journal of Management Development, 2008, 271: 95-102.

[183] Josephs Robert A, Mehta Pranjal H, Carré Justin M. Gender and social environment modulate the effects of testosterone on social behavior: comment on Eisenegger et al. [J]. Trends in Cognitive Sciences, 2011, 1511: 521-527.

[184] Kazi Ambreen, Fatmi Zafar, Hatcher Juanita, Kadir Muhammad Masood, Niaz Unaiza, Wasserman Gail A. Social environment and depression among pregnant women in urban areas of Pakistan: importance of social relations[J]. Social Science

参 考 文 献

&. Medicine,2006,636:107-113.

[185] Kobasa S C,Spinetta J J,Cohen J,Crano W D,Hatchett S,Kaplan B H,Lansky S B,Prout M N,Ruckdeschel J C,Siegel K. Social environment and social support[J]. Cancer,1991(Supp. 1):178-183.

[186] Koenen K C,Uddin M,Amstadter A B,Galea S. Incorporating the social environment in genotype environment interaction studies of mental disorders[J]. International Journal of Clinical Practice,2010,6411:1101-1109.

[187] Krukiereks. Effect of social environment on development of the female pelvis[J]. Polskitygodniklekarski,1950,5:46-57.

[188] Leigtonah. Psychiatric disorder and social environment:an outline for a frame of reference[J]. Psychiatry(New York),1955,184:435-441.

[189] Lynette Chandler,Michael D. Roe. Behavioral and neurological comparisons of neonates born to mothers of differing social environments[J]. Child Psychiatry &. Human Development,1977,81:65-73.

[190] Maike Luhmann,Felix D. Schönbrodt,Louise C. Hawkley,John T. Cacioppo. Loneliness and social behaviours in a virtual social environment[J]. Cognition and Emotion,2015,293:212-219.

[191] Marylou W. Downs,Jeanne C. Fox. Social environments of adult homes[J]. Community Mental Health Journal,1993,291:167-174.

[192] Mason Michael J,Schmidt Christopher,Abraham Anisha,Walker Leslie,Tercyak Kenneth. Adolescents' social environment and depression:social networks,extracurricular activity,and family relationship influences.[J]. Journal of Clinical Psychology in Medical Settings,2009,164:78-85.

[193] Mayar. Changes of social environment:their effect on mentally deteriorated patients[J]. The Lancet,1956,2:706-921.

[194] Mehl Matthias R,Pennebaker James W. The sounds of social life:a psychometric analysis of students' daily social environments and natural conversations[J]. Journal of Personality and Social Psychology,2003,844:214-223.

[195] Michael T. Compton, Nancy J. Thompson, Nadine J. Kaslow. Social environment factors associated with suicide attempt among low-income African Americans: The protective role of family relationships and social support[J]. Social Psychiatry and PsychiatricEpidemiology, 2005, 403: 523–529.

[196] Mueller D P. Social networks: a promising direction for research on the relationship of the social environment to psychiatric disorder. [J]. Social science & medicine. Medical psychology & medical sociology, 1980, 14A2: 120: 126–132.

[197] [美]戴维·波普诺.社会学[M].李强,等译.北京：中国人民大学出版社,1999：35.

[198] Raminashvili D, Gvanceladze T, Kajrishvili M, Zarnadze I, Zarnadze Sh. Social environment, bases social markers and health care system in Shida Kartli region [J]. Georgian Medical News, 2009, 175: 346–353.

[199] Robert Fagen. Phenotypic plasticity and social environment [J]. Evolutionary Ecology, 1987, 13: 131–137..

[200] Robert G. Cope. Diverse college environments and the effect on American social class structure[J]. Higher Education, 1973, 22: 99–107.

[201] Robin Boadway, Maurice Marchand, Pierre Pestieau. Pay-as-you-go social security in a changing environment [J]. Journal of Population Economics, 1991, 44: 58–65.

[202] Ruis, de Groot J, te Brake JH, Dinand Ekkel E, van de Burgwal JA, Erkens, Engel, Buist, Blokhuis, Koolhaas. Behavioural and physiological consequences of acute social defeat in growing gilts: effects of the social environment[J]. Applied Animal Behaviour Science, 2000, 703: 28–35.

[203] Saelzlera. Survey of there sults of measurements of weight and size in children from 0 to 3 years of age-Effect of social environment on growth in small children [J]. Zeitschriftfürärztliche Fortbildung, 1960, 54: 108–120.

[204] Saïas Thomas, Beck François, Bodard Julie, Guignard Romain, du Roscoät Enguerrand. Social participation, social environment and death ideations in later life[J]. PLoS One, 2012, 710: 110–117.

[205] Sarah Taylor, Elizabeth A. Mulroy, Michael J. Austin. Social Work Textbooks on Human Behavior and the Social Environment[J]. Journal of Human Behavior in the Social Environment, 2005, 103: 235-243.

[206] Smittjw. Physical and mental health in relation to social environment and adjustment. [J]. Social medic in skTidskrift, 1953, 307: 105-111.

[207] Szyf Moshe. The early life social environment and DNA methylation: DNA methylation mediating the long-term impact of social environments early in life[J]. Epigenetics, 2011, 6(8): 971-918.

[208] Winefield H R. Social support and the social environment of depressed and normal women[J]. Australian & New Zealand Journal of Psychiatry, 1979, 134: 54-62.

附　录

天津市社会公众助残意识及助残行为调查问卷

问卷编号_____　　　　　　　　　审核：

天津市社会公众助残意识及助残行为调查问卷

尊敬的市民朋友：

　　您好！我们是"围绕承办2019年全国残运会和特奥会，全面提升我市助残环境的研究与建议"课题组的访问员。2019年，第十届全国残疾人运动会和第七届全国特殊奥林匹克运动会将在天津举行；为了迎接此次盛会，了解天津市社会公众助残意识及助残行为情况，为进一步改善我市助残环境，受天津市残疾人联合会委托，特开展本次调查。

　　调查不涉及个人隐私，所有作答也没有对错之分。对于您的回答，我们将严格按照《中华人民共和国统计法》相关规定，进行严格保密。并且，只用于学术研究。请您不要有任何顾虑。

　　衷心感谢您的帮助与配合。

南开大学残疾人事业发展研究中心

访问员姓名		访问员编号	
访问时间			
访问地点			

A. 个人基本情况

A1. 出生年月：_____年____月。

A2. 性别：　1) 男；　　2) 女。

A3. 民族：　1. 汉族；　2) 少数民族（请注明）：_____族。

A4. 您的户口性质是：　1) 农业；　2) 非农业。

A5. 您的户口所在地是：
　　1) 本乡（镇、街道）；　2) 本县（市、区），其他乡（镇、街道）　3) 其他县（市、区）。

附　录

A6. 您的受教育程度是：

　　1) 没上过学；　　2) 小学；　　3) 初中；　　4) 高中(含中专/技校/职高)；

　　5) 大专；　　　　6) 本科；　　7) 研究生。

A7. 您的政治面貌：1) 中共党员；　2) 共青团员；　3) 普通群众；　4) 民主党派。

A8. 您的婚姻状况是：1) 未婚；　2) 在婚(有配偶)；　3) 离异；　4) 丧偶。

A9. 您觉得您的身体健康状况如何：

　　1) 很不健康；　2) 不太健康；　3) 一般；　4) 比较健康；　5) 非常健康。

A10. 总体而言,您对当前的生活感觉怎样：

　　1) 非常不幸福；　2) 不幸福；　3) 一般；　4) 幸福；　5) 非常幸福。

A11. 家庭总人口：＿＿＿＿＿＿＿人；有残疾人＿＿＿＿＿＿＿人。

A12. 家庭人均月收入：＿＿＿＿＿＿＿元；您目前月平均收入为＿＿＿＿＿＿＿元。

A13. 您目前的就业状况【注意：若有多份工作,则以作为主要收入来源的工作作答】：

　　1) 就业；　　2) 未就业

A14. 您现在的就业类型是：

　　1) 公务员；　　2) 教师；　　3) 社会组织从业人员；　　4) 企业工作人员；

　　5) 社区居委会从业人员；　　6) 其他(请说明)＿＿＿＿＿＿＿。

A15. 您目前所在企业的性质是：

　　1) 国有企业；　　　　2) 集体企业；　　　3) 私营企业；　　4) 外资企业；

　　5) 机关、事业单位；　　6) 中外合资企业；　　7) 个体户；

　　8) 其他(请注明)＿＿＿＿＿＿＿。

A16. 你现在居住类型是：

　　1) 自建房；　2) 自购房；　3) 出租房；　4) 员工集体宿舍；　5) 借助亲朋住处；　6) 公租房；　7) 廉租房；　8) 其他(请说明)＿＿＿＿＿＿＿。

A17. 住房面积大约为＿＿＿＿＿＿＿平方米,有＿＿＿＿＿＿＿人与您同住。

B. 残疾人事业认知情况

B1. 我国残疾人大约为＿＿＿＿＿＿＿万？

1) 7 500　　　2) 8 000　　　3) 8 500　　　4) 9 000　　　5) 不知道

B2. 我国残疾人大约占全国总人口的_____％?

1) 3.50　　　2) 4.24　　　3) 5.65　　　4) 6.34　　　5) 不知道

B3. 我国于_____年签署了残疾人权利公约。

1) 2000年　　2) 2003年　　3) 2006年　　4) 2010年　　5) 不知道

B4. 中国残疾人联合会于_____年成立。

1) 1985年　　2) 1988年　　3) 1993年　　4) 1995年　　5) 不知道

B5. 到目前为止,我国共开展了_____次残疾人全国抽样调查。

1) 一次　　　2) 两次　　　3) 三次　　　4) 四次　　　5) 不知道

B6. 据2006年第二次残疾人抽样调查数据,天津市大约有残疾人_____人。

1) 45万　　　2) 51万　　　3) 57万　　　4) 65万　　　5) 不知道

B7. 天津市残疾人联合会于_____年成立。

1) 1988　　　2) 1989　　　3) 1990　　　4) 1991　　　5) 不知道

B8. 现代文明社会的残疾人观,其核心内容是_____。

1) 平等·参与·共享

2) 消除残疾歧视,保障残疾人权益

3) 实现残疾人小康,促进其全面发展

4) 改善社会环境,增进残疾人社会参与和融合

5) 不知道

B9. 我国第一届全国残疾人运动会于_____年,在_____举办。

1) 1984,安徽　　2) 1985,浙江　　3) 1986,上海　　4) 1987,广东

5) 不知道

B10. 第十届全国残疾人运动和第七届特奥会将在_____举办。

1) 天津　　　2) 上海　　　3) 广州　　　4) 北京　　　5) 不知道

B11. 天津市_____设有专门招收听障人士的特殊教育学院。

1) 南开大学　　　　　2) 天津大学

3) 天津理工大学　　　4) 天津师范大学

5) 不知道

附 录

B12.（单选题）您认为这个标识代表什么？

1）轮椅使用者的专用服务设施

2）残疾人的专用服务设施

3）残疾人、老年人、病人等使用的服务设施

4）谁都可以使用的服务设施

B13. 您对下列法律法规的了解程度：

	没有听说过	听过但不了解	一般	比较了解	相当熟悉
a. 残疾人权利公约	1	2	3	4	5
b. 中华人民共和国残疾人保障法	1	2	3	4	5
c. 残疾人教育条例	1	2	3	4	5
d. 残疾人就业条例	1	2	3	4	5
e. 无障碍环境建设条例	1	2	3	4	5
f. 天津市实施《中华人民共和国残疾人保障法》办法	1	2	3	4	5
g. 中共天津市委 天津市人民政府关于加快残疾人事业发展的实施意见	1	2	3	4	5
h. 天津市残疾人法律救助实施办法	1	2	3	4	5
i. 天津市无障碍建设"十二五"实施方案	1	2	3	4	5

B14. 关于残疾和残疾人，下面的表述：

残 障 意 识	很不同意	不同意	一般	同意	非常同意	不知道
1. 残疾人是社会和家庭的负担	1	2	3	4	5	6
2. 残疾是不正常的	1	2	3	4	5	6
3. 残疾人是一个被动的、病态的、不能独立的群体	1	2	3	4	5	6

续 表

残 障 意 识	很不同意	不同意	一般	同意	非常同意	不知道
4. 残疾人所遭遇的困难主要并非由残疾本身所致,而是由社会和外部障碍所造成的	1	2	3	4	5	6
5. 残疾,主要是因为疾病和身体缺陷造成的	1	2	3	4	5	6
6. 残疾人最应该受家庭照顾,而非政府和社会	1	2	3	4	5	6
7. 残疾,是一个演变发展的概念	1	2	3	4	5	6
8. 残疾人是人的多样性的一部分	1	2	3	4	5	6
9. 盲人无法使用电脑上网等	1	2	3	4	5	6
10. 残疾人具有公民的各项权利	1	2	3	4	5	6
11. 残疾人最好在盲校、聋校等特殊教育学校接受教育	1	2	3	4	5	6
12. 随班就读等融合教育方式是残疾人教育未来发展方向	1	2	3	4	5	6
13. 盲人不能在普通高等学校上大学	1	2	3	4	5	6
14. 残疾人应该去特殊教育学院读大学	1	2	3	4	5	6
15. 盲人不能考公务员,也不能当公务员	1	2	3	4	5	6
16. 有意愿去普通学校读书的残疾人,学校应接收他们	1	2	3	4	5	6
17. 盲人、聋人等不能从事教师职业	1	2	3	4	5	6
18. 招录残疾人是企业的法定义务	1	2	3	4	5	6
19. 为残疾人提供更多救助和服务是政府和社会的责任	1	2	3	4	5	6
20. 政府投入巨资改善无障碍环境是浪费资源	1	2	3	4	5	6
21. 促进残疾人事业发展是社会文明进步的重要标志	1	2	3	4	5	6

附 录

C. 助残行为及意愿

C1.日常生活中,您是否经常见到残疾人:

　　1)从来没有　　2)几乎没有　　3)偶尔见到　　4)较少见到　　5)经常见到

C2.您是否曾经帮助过残疾人:

　　1)没有　　　　2)有　　　　D2.1(如果有)帮助方式和内容是:_____

C3.小区中是否有残疾人住户:1)没有　　2)有　　3)不知道

C4.社区中是否有残疾人专职委员:1)没有　　2)有　　3)不知道

C5.工作单位(就读学校)中有残疾人专职委员:1)没有　　2)有　　3)不知道

C6.平时是否有收看残疾人相关新闻报道:

　　1)从来没有　　2)很少　　3)偶尔　　4)较多　　5)经常

C7.您是否曾经参加过社会组织或者社区组织的公益活动:

　　1)从来没有　　2)几乎没有　　3)偶尔参加　　4)较少参加　　5)经常参加

C8.您是否曾经有从事志愿者的经历:

　　1)从来没有　　2)几乎没有　　3)偶尔参加　　4)较少参加　　5)经常参加

C9. 您对无障碍设施的观察情况是:

助 残 行 为	完全没有	几乎没有	一般	大部分有	几乎都有	不知道
1.日常生活中的马路盲道	1	2	3	4	5	6
2.所在小区楼房入口的无障碍坡道	1	2	3	4	5	6
3.工作单位(就读学校)大楼门口坡道	1	2	3	4	5	6
4.工作单位(就读学校)大楼中的无障碍洗手间	1	2	3	4	5	6
5.小区中无障碍停车位	1	2	3	4	5	6
6.天津站无障碍通道	1	2	3	4	5	6

C10. 您是否曾经有下列经历：

助 残 行 为	从来没有	几乎没有	偶尔	较多	经常
1. 为残疾人捐款或者捐物	1	2	3	4	5
2. 参加过助残社会组织的活动	1	2	3	4	5
3. 在受教育过程中帮助过残疾同学学习	1	2	3	4	5
4. 在就业工作中帮助过残疾同事完成相关工作	1	2	3	4	5
5. 在公交或者地铁上为残疾人让座	1	2	3	4	5
6. 为残疾人提供服务的志愿者经历	1	2	3	4	5
7. 为残疾人提供照料服务	1	2	3	4	5
8. 为残疾人提供心理关怀服务	1	2	3	4	5
9. 目前是定期的助残志愿者吗（定期提供服务）	1	2	3	4	5

C11. 下列活动或者行为，您的意愿是：

助 残 意 愿	很不愿意	不太愿意	一般	愿意	十分乐意	没想过
1. 愿意随时随地无偿帮助残疾人	1	2	3	4	5	6
2. 愿意为贫困残疾人捐款捐物	1	2	3	4	5	6
3. 在公交地铁上随时为残疾人让座	1	2	3	4	5	6
4. 看到盲人需要过马路时，愿意主动帮忙	1	2	3	4	5	6
5. 愿意无偿帮助有需要的残疾学生辅导功课	1	2	3	4	5	6
6. 成为社区助残志愿者，帮助社区中有需要的残疾人	1	2	3	4	5	6
7. 愿意有偿地为一些残疾人提供照料服务	1	2	3	4	5	6

附　录

续　表

助　残　意　愿	很不愿意	不太愿意	一般	愿意	十分乐意	没想过
8. 成为活动志愿者,为参加各类活动的残疾人提供帮助	1	2	3	4	5	6
9. 作为志愿者,定期到残疾人康复机构或者托养机构提供助残服务	1	2	3	4	5	6
10. 成为2019年天津全国残运会(特奥会)志愿者	1	2	3	4	5	6

D. 无 障 碍 建 设

D1. 您认为无障碍环境是为谁服务的?

　　第一选择：＿＿＿；第二选择：＿＿＿；第三选择：＿＿＿。

　　1) 老年人　　2) 残疾人　　3) 儿童　　4) 病人　　5) 孕妇

　　6) 临时残疾者　　7) 所有社会成员

D2. (单选题)您认为目前天津市无障碍环境如何? ＿＿＿＿。

　　1) 非常好　　2) 比较好　　3) 一般　　4) 差　　5) 不了解

D3. (单选题)您感觉自己所在社区的无障碍环境建设整体状况如何? ＿＿＿＿。

　　1) 非常好　　2) 比较好　　3) 一般　　4) 差　　5) 不了解

D4. 您认为自己所在社区的无障碍环境有哪些不足?

　　第一选择：＿＿＿；第二选择：＿＿＿；第三选择：＿＿＿。

　　1) 楼门口没有坡道

　　2) 超市、便利店、居委会等配套设施入口没有坡道

　　3) 小区绿地出入口没有坡道

　　4) 坡道过陡或不防滑

　　5) 铺设的坡道没有安全扶手

D5. 您认为,以下哪些场所最需要完善无障碍环境?

第一选择:_____;第二选择:_____;第三选择:_____。

1)居民小区　2)城市道路　3)城镇道路　4)公共交通工具和场所

5)公园景区　6)网站　7)各类服务电话

D6. (单选题)您认为城市各级道路都需要铺设行进盲道么?_____。

1)很有必要　2)有必要　3)无所谓　4)完全没必要

D7. 在实际生活中,您认为哪些场所的无障碍服务最有必要?

第一选择:_____;第二选择:_____;第三选择:_____。

1)社区、街道为老年人、残疾人家庭提供的便民服务措施

2)医院、商场、公交站等公共场所的导医、导乘等服务

3)电视、网站等大众媒体加配字幕、手语翻译

4)短信报警、闪光可视门铃等无障碍信息安保服务

5)图书馆、博物馆等文化场所的语音播报器、放大显示器等信息无障碍服务系统

D8. 您觉得,天津市的无障碍环境建设主要存在的问题有哪些?

第一选择:_____;第二选择:_____;第三选择:_____。

1)无障碍设施缺失或种类不齐全　　2)无障碍设施年久失修,无法使用

3)无障碍设施被占压或改作他用　　4)无障碍设施设置地点(位置)不合理

5)设计时没有充分考虑到不同人群的使用特点

D9. 您认为,天津市无障碍环境建设主要面临哪些障碍?

第一选择:_____;第二选择:_____;第三选择:_____。

1)设施运行管理维护不够　　2)社会重视程度不高

3)现有设施改造难度大　　4)无障碍设施的设计不够人性化

5)设施之间衔接不好

D10. 您认为,天津市未来几年的无障碍环境建设应该重视哪些?

第一选择:_____;第二选择:_____;第三选择:_____。

1)让现有无障碍设施物尽其用　　2)既有设施改造中更加人性化

3)保证新项目无障碍环境建设到位　　4)加大无障碍设施监管力度

附　录

D11. 您认为,推动信息无障碍发展的关键在于什么?

第一选择:_____;第二选择:_____;第三选择:_____。

1) 加快通信技术的研发进程,开发更具人性化和可操作性的应用系统

2) 加强社会宣传,营造关爱特殊群体的舆论氛围

3) 提供多样化的信息无障碍服务和多媒体沟通方式

4) 在公共场所,通过电视、广播、网络等媒体推广信息无障碍的技术应用,提升残疾人的社会生活便利程度

D12. 关于天津市无障碍环境建设,您还有什么意见建议,请写下来告诉我们。

问卷填答完毕,非常感谢您的合作!　　**被访者签名:**_____

后　记

此时此刻,当最后一个标点符号落下,此书基本完成。尽管,内容体系、理论框架、语言表述等方面仍然离目标相差甚远,但我仍然相信这样议题的学术书稿的出版是有重要意义的。本书在个人博士毕业论文的基础上修改形成,它试图为社会公众了解残疾议题和改善残疾人生活的观念环境而略尽微薄之力,也许这一切都是微不足道的,但是,对个人而言,它至少具有三个方面的重要现实意义。一是本书的初稿构成了个人毕业论文的主体,使个人顺利毕业,为个人获得有保障的生活铺垫了最坚实的基础,为个人未来的职业道路指明了重要方向;一定程度而言,本书稿从写作到出版历经十年,见证了个人从学生到教师的角色转变,是个人职业发展关键历程的重要见证者。二是本书写作的过程,也是个人生活发生翻天覆地全面变化的人生阶段。从一个人到两个人、从两个人到三个人、从城市过客到拥有容身之所的新市民,毫无疑问,本书出版的历程与个人的生活历程相随相伴,它是个人关键生命历程的无声的重要守望者。三是本书的初稿已经在箱底沉积八年,最终决定出版本书,主要源于个人对未来不确定的担忧,是为未来职业发展和人生理想而做的一种努力;它不一定能够发挥想象中那么大的现实作用,但它至少体现了个人对未来职业发展的期盼和对未来人生的持续努力,换言之,期待本书是个人职业发展关键节点的重要敲门砖。本书最终得以出版,不仅源于个人的努力,也同样凝聚了很多很多亲朋好友的无私帮助和大力支持。

首先,有机会攻读博士研究生,是博士论文得以完成和本书得以出版的基本前提和现实基础。而导师关信平教授十年前给予的机会,是本书得以完成的关键。有缘来到南开,不但圆了我的博士梦,而且,也使得多年前就开始的残障研究得以延续。在此,衷心地向导师关信平教授致以

后　记

最诚挚的感谢。是您的宽容使我获得了更多的机会！是您的信任使我的得到了更多的锻炼！是您的指导使我的科研能力有了进一步的提高！这十余年来,您费心啦,谢谢您！博士生阶段的表现不尽如人意,毕业之后的发展仍然离您的期盼有很大的差距,不好意思,令你失望了。但是,对于我个人而言,这一切已经足够。一方面,就研究的视角而言,残障相关研究得以延续,流动人口和社会政策等研究领域得以开启,定量研究及其方法得以重拾,社会政策研究的理论水平得以小幅度提高,研究视野得以进一步开阔等,这都为自己的科研之路铺垫了重要基础。另一方面,从生活和人生历程的视角来看,正是您给予的机会和支持,才使得自己有机会获得了今天的相对有保障的稳定的生活。一定程度而言,说我的这一切都是您给予的也不为过！再次向您致以由衷的感谢！

其次,十多年来的科研之路,一路走来,得益于多位导师和前辈的指导和支持。回顾过去,万丈高楼平地起。科研延续的起点是科研的启蒙。感谢硕士生导师尚珂教授当年引领我开启残疾人研究的大门,并孜孜不倦地给予指导,为后来的进步奠定了坚实的基础。每周三傍晚的指导,依然时常浮现于脑海,难以忘怀。能够遇到您,是我此生的荣幸！谢谢您一路的支持与帮忙！尽管,我已经毕业,但您依然一直关心着我,并为之提供一切可能的帮助。难以用言语表达我内心的感激之情。作为导师,您已经帮助我太多。感谢博士后合作导师郭圣莉教授的一路支持和大力帮助,正是您以广阔胸怀的吸纳,我才会来到上海,开启了个人科研工作的新阶段,才有了今天。感谢陈功教授的宽容与指导,让个人顺利地完成了北京大学的国内访问学者工作。向南开的各位老师致以最衷心的感谢,谢谢你们孜孜不倦的教导！正是你们的支持和帮助,个人才能一路向前,直至走到今天。

再次,感谢家人们的一路陪伴和全面支持,正是由于你们的存在,赋予了个人生活最核心的内在驱动力和继续前行更加丰富的生命意义。谢谢夫人陪伴我走过煎熬的毕业论文写作阶段、滑铁卢式的人生失败和低谷时期、共建温馨家庭的人生新旅程，谢谢你一路坚定的支持！期待这一切源远流长，你的唠叨和女儿的欢声笑语，都在时刻告诉我自己，仍然需要不断努力和继续前行，为家庭提供更加坚实的保障。本书的最终出版，既是自己为职业发展而做的一种努力，也算是送给家人的一个小礼物吧。人生不易，幸福是奋斗出来的，在未来人生道路上但愿我们都能够继续相互关心、相互支持、且行且珍惜。

复次，时光逝去的同时，也消磨了很多记忆。本科毕业已经近二十年，在多年的颠沛流离生活之中，很多事情已经很远了。然而记忆的碎片中，一些人、一些事、一些地方的影子却会在午夜梦回的时候，那么清晰，那么令人难以忘怀！厦门、北京、天津、上海……多个城市的生活轨迹；冰冻的地板大厅、极寒的春节、黝黑的马路、寒风中的独立哭泣；本科室友的关心、研究生同学的温情、博士生时候师兄师弟师姐师妹的一路陪伴和支持。特别感谢同窗好友张银老师在个人毕业论文写作过程中给予的论文校对和数据校正等各个方面的帮助。谢谢你们所有人当年的一路帮助与并肩前行。假如你们看到这个致谢，我想你们懂的！二十年前，我和本科室友李根说，十年，我用十年来解决自己的问题。十年后，我为自己爬出低谷准备好了各种条件。理想的阳光终照进现实，二十年后的今天，我拥有了稳定的生活、美满的家庭、可期的职业发展，努力的付出经过多次的失败之后还是有回报的，感谢你们的一路关心和支持！

最后，需要感谢自己，正是自己的不断坚持和对未来不确定的担忧及对改变现状的努力尝试，本书才最终得以出版。正是自己对命运的不甘、对有保障稳定生活的渴望、对未来的痴心妄想，自己才走到了今天。痴心妄想是强大的驱动力，但只有累败累战的持续坚持才能使自己最终得以爬出低谷、突破现状、展望未来，念念不忘，必有回响！尽管这本书仍然有

后　记

很多可以和需要改进的地方,但其能够出版,实属不易。感谢自己,感谢一路支持和帮助的所有师友!感谢出版社的杜编辑的辛苦校对和付出,使本书能够最终与大家见面!

2025 年 4 月 19 日

梁土坤

图书在版编目(CIP)数据

残疾人生活的观念环境及其治理路径研究 / 梁土坤著. -- 上海：上海社会科学院出版社，2025. -- ISBN 978-7-5520-4761-5

Ⅰ．D669.69

中国国家版本馆 CIP 数据核字第 2025A09Z36 号

残疾人生活的观念环境及其治理路径研究

著　　者：梁土坤
责任编辑：杜颖颖
封面设计：杨晨安
出版发行：上海社会科学院出版社
　　　　　上海顺昌路 622 号　邮编 200025
　　　　　电话总机 021－63315947　销售热线 021－53063735
　　　　　https://cbs.sass.org.cn　E-mail：sassp@sassp.cn
排　　版：南京展望文化发展有限公司
印　　刷：上海盛通时代印刷有限公司
开　　本：710 毫米×1010 毫米　1/16
印　　张：17
插　　页：1
字　　数：231 千
版　　次：2025 年 6 月第 1 版　2025 年 6 月第 1 次印刷

ISBN 978－7－5520－4761－5/D·763　　　　　　定价：98.00 元

版权所有　翻印必究